D1727487

Rudolf Passian

Der verhängnisvollste Irrtum unserer Zeit

Nach dem Tod ist nicht alles aus und vorbei – im Gegenteil!

amadeus-verlag.com

Copyright © 2011 by
Amadeus Verlag GmbH & Co. KG
Birkenweg 4
74576 Fichtenau
Fax: 07962-710263
www.amadeus-verlag.com
Email: amadeus@amadeus-verlag.com

Druck:
CPI – Ebner & Spiegel, Ulm
Manuskript-Bearbeitung:
Philippe Elsener
Satz und Layout:
Jan Udo Holey
Umschlaggestaltung:
Atelier Toepfer, 85560 Ebersberg
Email: info@ateliertoepfer.de

ISBN 978-3938656-36-5

„Wenn Politik nicht auf ethischen Prinzipien aufbaut, dann hat die Menschheit überhaupt keine Zukunft mehr."

Alexander Solschenizyn
(in „Die Zeit", Nr. 38 vom 17.9.1993)

„Der Kampf gegen die unabänderliche und überwältigende Majorität der Dummen und derer, die diese als Instrument benutzen, ist in der Tat ein harter und wenig aussichtsvoller. Aber notwendig ist dieser Kampf, denn ohne ihn wäre es noch schlechter um die Menschen bestellt. Auch ist dieser Kampf geeignet, diejenigen einander näher zu bringen, die der natürlichen Elite angehören."

Albert Einstein
(beim Kongress für Geistesfreiheit,
Ludwigshafen, Oktober 1953)

„Wer Dummköpfe gegen sich hat, der verdient Vertrauen!"

Jean Paul Sartre

Verwendete Abkürzungen im Buch:

NTEs   *Nahtod-Erlebnisse*
NTKs   *Nachtod-Kontakte (mit Verstorbenen)*
AKEs   *Außerkörperliche Erfahrungen*
AT   *Altes Testament*
NT   *Neues Testament*

JOHANN PHILIPP PALM
(1766-1806)

wurde auf Befehl von Napoleon Bonaparte am 26. August 1806 wegen der Herausgabe einer politisch-kritischen Schrift ermordet. Seitdem sind Millionen Mitmenschen aus politischen Gründen umgebracht worden. Für Denunzianten ist es in Diktaturen ein brutal ausgeübtes „Betätigungsfeld". Buchhändler Palm gilt daher (laut Zeitschrift „Damals", Nr. 8/2011) als

Symbol für die Bedeutung freier Rede und Schrift.

Mit diesem Buch appelliert der Autor, der selber sieben Jahre schwere Haft durchlitt, an alle Verantwortungsträger in Politik, Kirche und öffentlichem Leben, sich nachdrücklich für die volle Wiederherstellung der Presse- und Meinungsfreiheit sowie der Religionstoleranz einzusetzen.

Abb. 1: Johann Philipp Palm

John Swinton,
Chefredakteur der New York Times,
anlässlich der Feier zu seiner Verabschiedung im Jahre 1880:

„Bis zum heutigen Tag gibt es so etwas wie eine unabhängige Presse in der Weltgeschichte nicht. Sie wissen es, und ich weiß es. Es gibt niemanden unter Ihnen, der es wagt, seine ehrliche Meinung zu schreiben; und wenn er es tut, weiß er im Voraus, dass sie nicht im Druck erscheint.

Ich werde jede Woche dafür bezahlt, meine ehrliche Meinung aus der Zeitung herauszuhalten, bei der ich angestellt bin. Andere von Ihnen werden ähnlich bezahlt für ähnliche Dinge, und jeder von Ihnen, der so dumm wäre, seine ehrliche Meinung zu schreiben, stünde auf der Straße und müsste sich nach einem neuen Job umsehen. Wenn ich meine ehrliche Meinung in einer Ausgabe meiner Zeitung veröffentlichen würde, wäre ich meine Stellung innerhalb von 24 Stunden los.

__Es ist das Geschäft der Journalisten, die Wahrheit zu zerstören, unumwunden zu lügen, zu pervertieren, zu verleumden, die Füße des Mammon zu lecken und das Land zu verkaufen für ihr tägliches Brot.__

Sie wissen es, und ich weiß es, was es für eine Verrücktheit ist, auf eine unabhängige Presse anzustoßen. Wir sind die Werkzeuge und Vasallen der reichen Männer hinter der Szene. Wir sind die Hampelmänner, sie ziehen die Strippen, und wir tanzen. Unsere Talente, unsere Fähigkeiten und unser ganzes Leben sind Eigentum anderer Menschen. Wir sind intellektuelle Prostituierte!"

INHALTSVERZEICHNIS

ZWEITER TEIL
ERFAHRUNGSRELIGION

Vorwort des Verlegers

Liebe Leserinnen, liebe Leser,

wenn wir auf die letzten 3.000 Jahre zurückblicken, so blicken wir auf drei Jahrtausende der Kriege zurück. Und auch gerade jetzt, während dieses Buch entsteht, haben wir nicht nur weltweit Kriege zu verzeichnen, sondern auch neu entstehende Bürgerkriege und neuerdings auch Kleinkriege in unseren Städten. Die meisten dieser Kriege entstanden und entstehen – so auch der „Krieg gegen den Terror" – aufgrund von Religionen beziehungsweise Religionsunterschieden. So erstaunt es vor diesem Hintergrund nicht, dass die heutigen Weltreligionen keine lebendigen Religionen sind, in denen aktiv etwas mitgeteilt, geistig empfangen, jemand geheilt oder irgend ein Wunder vollbracht wird, also Religionen, bei denen man selbst „Zeuge" eines Geschehens werden kann und deshalb dann auch völlig überzeugt davon ist. Nein, es sind Religionen – vor allem die fanatischen –, deren Lehren viele hunderte Jahre alt oder noch wesentlich älter sind!

Milliarden an Gläubigen richten ihr Leben, ihre Geisteshaltung und ihre Lebensart nach Schriften aus, die uralt sind; nach etwas, was niemand beweisen kann, wo man etwas einfach *glauben muss*. Und was war und ist das Resultat? Kriege! Die Früchte, die diese Religionen hervorgebracht haben, sind Kriege, Völkermord und Unheil.

Es sind genaugenommen „tote" Religionen, keine lebendigen, da, wie bereits gesagt, seit dem Entstehen dieser „heiligen Schriften" nach deren Lehrmeinung (oder von deren Schriftgelehrten) keine Erneuerungen mehr zugelassen werden – es geschehen keine Wunder mehr, keine Engelerscheinungen, keine Auferstehungen, und es gibt auch keine neuen Propheten... Ist das nicht sonderbar?

Ja, das ist es. Vor allem in Anbetracht der Tatsache, dass heute, auch jetzt gerade in diesem Moment, auf der ganzen Welt „Wunder" geschehen, jedoch keine Beachtung finden – weder von der Wissenschaft, noch von der Medizin, noch von den Religionen. Wieso? Weil das, was

13

diese Menschen erlebt haben und wovon sie berichten können, nicht in die etablierten Glaubensschablonen passt. Die Erlebnisse dieser „Zeugen" machen nämlich Hoffnung, sie nehmen Angst und schaffen Vertrauen – Vertrauen in eine schöpfende Intelligenz und Vertrauen in einen großen Plan, in ein großes Getriebe, in dem wir alle kleine Rädchen sind und unseren Teil erfüllen.

Aber was genau ist denn nun das Thema des Buches? Nun, wie Sie dem Rückseitentext schon entnehmen konnten, geht es in Rudolf Passians Werk um keine knochentrockene Wissenschaft oder verstaubte alte Schriften, die hin- und hergedreht oder -interpretiert und mit anderen alten Schriften verglichen werden, sondern es geht um hochaktuelle Berichte von heute lebenden Menschen, die Berührung mit dem Jenseits hatten. Genauer gesagt sind es Menschen, die kürzer oder länger „tot" waren, dann aber wieder zurückkehrten und uns Erstaunliches zu berichten haben. Rudolf Passian – heute 88 Jahre alt – spricht hier von einer „Erfahrungsreligion", da im Gegensatz zu den Weltreligionen hier der einzelne Mensch – egal welcher Abstammung, Intelligenz oder Hautfarbe, und unabhängig von dem Inhalt seiner Geldbörse oder seinem Glauben – diese Erfahrung machen kann, und hier SELBST die Beweise erhält durch das Erlebte! Tja, aber damit lässt sich kein Geld verdienen, damit kann man die Menschen nicht ängstigen – wie vor einem „Teufel", vor dem man beschützt werden muss...

Ich bin so eine Person, die so etwas selbst erlebt hat, und nach meiner „Rückkehr" aus dieser „anderen Welt" habe ich mein Leben massiv geändert. Es gab keine Diskussion mehr über das „Woher" und „Wohin" des Lebens, denn ich hatte es mit eigenen Augen gesehen! Ich habe MEINEN Beweis bekommen. Deshalb benötige ich seitdem keine alten Bücher und Schriften mehr, um etwas über die Natur des Lebens oder die Existenz Gottes und eines Schicksals in Erfahrung zu bringen. Und darüber habe ich mich mit vielen Menschen weltweit ausgetauscht, die etwas Ähnliches erlebt haben wie ich – und wir sind alle einer Meinung. Darunter sind Christen, Juden, Muslime, Indianer, Schamanen, Buddhisten, Atheisten – alle möglichen Glaubensrichtungen.

Damit Sie meine Behauptungen besser nachvollziehen können, möchte ich Ihnen dieses für mich sehr einschneidende Erlebnis gerne schildern:

Ich war damals 19 Jahre alt, als ich mit meinem Auto aus der Kurve flog – dreimal überschlagen und dann um einen Baum gewickelt. Einen Moment später fand ich mich über der Unfallstelle wieder, etwa 20 Meter über der Situation schwebend, und ich habe von oben das Geschehen betrachtet. Ich sah, wie die Autos anhielten, wie die Straße gesperrt wurde, der Schulbus hielt, der Krankenwagen kam und so weiter. Und vor allem war ich überrascht, mich selbst da unten im Auto liegen zu sehen. Ich brauchte einen Moment, um zu realisieren, dass ich, also genauer gesagt mein Körper, da unten im Wagen eingeklemmt lag und ich dennoch hier oben war – in der Luft. Plötzlich hörte ich eine Stimme neben mir, die sagte: *„Jan, Du bist von Deinem Lebensweg abgekommen, besinne Dich, sonst holen wir Dich wieder ab."*

Und dann sah ich, ja, wie soll ich das sagen, es war, als wenn man einen alten Super-8-Film von der Filmrolle zieht – man sieht die kleinen Zacken am Rand und hat die Bilder einzeln untereinander, oder wie die Negative eines Fotofilms. Ich sah einzelne Bilder aus meinem Leben. Wenn ich geradeaus sah, sah ich meine gegenwärtige Situation. Wenn ich nun ein Bild nach oben wählte, sah ich Bilder aus meiner Zukunft. Ging ich nach unten, sah ich Bilder aus der Vergangenheit.

Ich möchte das näher beschreiben: Also da war ein Bild, das war aus meiner Kindheit. Es war ein Tag, an dem meine Eltern morgens am Frühstückstisch darüber sprachen, ob es nicht besser für mich sei, wenn ich auf ein Internat komme. Das war damals eine Situation als Kind, die mir sehr negativ in Erinnerung blieb, da natürlich kein Kind gerne von Zuhause weggeht. Im Endeffekt war es natürlich gut für mich, aufs Internat zu gehen, und es hatte auch richtig Spaß gemacht. Doch damals an diesem Morgen war das ein Schock für mich. So, da war also nun das Bild, und plötzlich war ich in dem Geschehen drin, sah mich im Kinderzimmer liegen, sah die alte Blümchentapete im Zimmer, sah die alten Kinderbilder. Es war alles abgespeichert.

Und so konnte ich nun in die verschiedensten Bildchen, die ich vor mir sah, hineinschlüpfen, und alle wurden sie dann wie zu einem Film, also beweglich. Ich befand mich dann wieder in der jeweiligen Situation.

Nun befand ich mich auf einmal wieder in einer Situation, bei der ich vom Rad fiel und ins Krankenhaus kam. In einer anderen Situation war ich im Mutterleib. Kurz darauf fand ich mich im Weltraum schwebend wieder und spürte, wie etwas oder jemand neben mir war – konnte aber niemanden sehen. Dieses etwas, was ich heute als meinen Schutzengel deute, zeigte mir drei verschiedene Familien, in die ich wählen durfte zu gehen. Ich weiß heute nicht mehr, was genau der Unterschied war, doch im Wesentlichen ging es darum, dass ich zwar in jeder Familie und in jedem der drei Leben ähnliche Lebenswege einschlagen würde, da die Prüfungen und Herausforderungen in etwa dieselben waren. Nur würde ich dann eben – je nach genetischem Code der Eltern – etwas anders aussehen, eventuell eine andere Kindheit haben, aber spätestens nach dem Auszug aus dem Elternhaus meinen eigenen Weg gehen. Es war also an mir zu wählen, zu welcher Familie ich als Seele hineinschlüpfe und an welchem Ort das sein würde. Es ist natürlich jetzt die Frage, ob das ein hundertprozentiger freier Wille ist, da ich nicht irgendein Leben wählen konnte, sondern nur eines von dreien, doch ich selbst hatte mich offenbar bereit erklärt, wieder auf die Erde zu kommen, weil ich etwas lernen oder verrichten wollte. Könnte also schon ein richtiger ‚freier Wille‘ sein...

Dann zeigte man mir mich selbst in einem anderen Körper. Es war der Körper meines vorherigen Lebens, und ich sah mich als erwachsenen Mann während eines Kriegsgeschehens.

Und so, wie ich in der Zeit zurückgehen konnte, so konnte ich auch in meine damalige Zukunft schauen. Es wurde mir gezeigt, was ich mir einst selbst gewählt hatte, bevor ich in den Körper des Jan schlüpfte, und was ich mir für dieses Leben vorgenommen hatte. Und ein Teil hat sich bereits erfüllt, und ein anderer wartet noch auf mich.

Nun kann man sagen: Na ja, das ist eben eines dieser Nahtod-Erlebnisse, die schon tausende andere Menschen ebenso geschildert haben. Sicherlich, als Außenstehender sagt sich so etwas leicht. Als Nicht-Betroffener liest man so einen Bericht, wie das Lesen der Bibel oder des Korans. Es hat jemand anderes geschrieben, und man kann das glauben oder nicht... Der große Unterschied ist nun, dass es in den „heiligen Schriften" der Welt immer nur wenige Zeugen gab, die von diesen „Wundern" und Ereignissen berichteten, und vor allem leben diese heute nicht mehr, sodass man sie nicht befragen und ihnen auf den Zahn fühlen kann. Man muss es so hinnehmen und es GLAUBEN. Bei den sogenannten Nahtod-Erlebnissen, Jenseitskontakten oder außerkörperlichen Erfahrungen leben die Menschen – und wir sprechen von Zigtausenden – noch heute, sie können befragt, medizinisch untersucht, hypnotisiert oder an einen Lügendetektor angeschlossen werden. Und viele haben sich auf diese Weise auch erfolgreich testen lassen.

Und genau darin liegt der große Unterschied. Es ist eine riesige Anzahl an Menschen vorhanden, die das, was ich erlebte, in ähnlicher Weise erlebt haben. Und wenn man so etwas selbst erlebt hat, dann hat man einen Beweis bekommen und muss nicht mehr glauben! Jetzt muss ich nicht mehr *glauben*, was mir ein Pfarrer, Rabbiner oder Imam aus seiner „heiligen Schrift" erzählt, jetzt *weiß* ich, worum es im Leben geht!

Logischerweise habe ich dann als damals 19-Jähriger darüber nachgedacht, was das jetzt für mich persönlich bedeutet, und kam zu folgenden Erkenntnissen:

1. Es gibt eine Seele, die getrennt vom Körper existiert und im Gegensatz zum physischen Leib weiterlebt und -denkt. Sie ist das eigentliche ICH, sie ist das, was denkt. (Meine Eltern hatten also Recht...)

2. Es gibt offenbar einen Lebensplan, den man sich selbst vor der Inkarnation ausgesucht hat, um Prüfungen und Erfahrungen zu sammeln, welche die Seele schulen sollen. Dieser Lebensplan ist in groben Etappen festgelegt, und es gilt, diese Etappen, diese Lebensprüfungen zu absolvieren (ich erinnere mich an die Bilder im „Lebensfilm").

3. Es gibt Wesen – sogenannte *Schutzengel* –, die der Seele, also sprich uns, zur Seite stehen und die mit uns kommunizieren – ja, eigentlich noch viel mehr: mit denen auch WIR kommunizieren können.
4. Es gibt offenbar die Reinkarnation, da mir zumindest **ein** vorhergehendes Leben gezeigt wurde und die Zusammenhänge, die zu meinem jetzigen Leben führten.
5. Der physische Tod ist nichts, wovor man Angst haben sollte!

Sehen Sie auch diese Konsequenzen?

Für mich wurde offensichtlich, dass es auf der Erde keine Religion gab, die sich mit dem von mir Erlebten deckt. Am ehesten passten wohl die, welche die Reinkarnation beinhalten, also die Wiedergeburtslehre.

Mir wurde bewusst, dass es so etwas wie einen *freien Willen* auf der Erde nicht gänzlich gibt. Es gibt ihn sozusagen eingeschränkt, wenn wir uns für dieses Leben entscheiden und die Eltern und das Geburtsdatum gewählt haben. Aber sind wir einmal inkarniert, also auf der Erde geboren, dann sind wir gefangen im „Plan", in einer Struktur, einer Ordnung mit Gesetzmäßigkeiten, die es zu befolgen gilt. Nur wenn wir diesem roten Faden durch unser Leben folgen, können wir wirklichen Erfolg haben und glücklich sein.

Was erkannte ich damals noch? Vor allem ergibt sich mit diesem Wissen im Hinterkopf ein gänzlich neues Verhalten im täglichen Leben – auch gegenüber unserer Familie und unseren Kindern –, da wir nun wissen, dass nicht irgendein anderer für unsere Schicksalsschläge verantwortlich ist und für unsere Unfälle, sondern gewissermaßen wir selbst. Wir selbst suchen uns die Familie aus und das Land, in welches wir geboren werden. Auch Unfälle sind nie „Zufälle", sondern Folgen von Ereignissen, die man selbst in irgend einer Weise geschaffen hat. Es wird klar, dass man vor Fernreisen oder Expeditionen oder sonstigen Unternehmungen keine Angst zu haben braucht, da die Zeit erst abgelaufen ist, wenn die Zeit dazu gekommen ist.

Wir bekommen von dieser „geistigen Welt" Hinweise auf anstehende Prüfungen (aber auch Unfälle) zugesandt – oft durch Träume, Vorahnungen oder andere Menschen, die uns etwas sagen. Es gibt Engel oder sagen wir „feinstoffliche Wesen", die uns zur Seite stehen. Und jetzt kommen wir zum Eigentlichen! Mit diesen kann man eine Verbindung herstellen und sie befragen.

Bezüglich Schutzengel:
Mir war damals klar geworden: Wenn dieses Wesen jetzt – während des Unfalls – mit mir spricht, dann tut es dies höchstwahrscheinlich auch zu anderen Zeiten, nur höre ich es nicht, weil mir andere Dinge wichtiger sind, als auf mein Gefühl zu hören. Wahrscheinlich hatte dieses Wesen schon die ganze Zeit zu mir gesprochen, mir zugeflüstert über die Intuition, die innere Stimme oder ein komisches Gefühl im Bauch. Wir kennen das alle...

Also sagte ich mir: Wenn dieses Wesen schon öfter versuchte, mit mir zu kommunizieren, dann lag es mit ziemlicher Sicherheit an mir, dass ich es nicht gehört habe, weil ich nicht *zu*gehört habe, nicht nach innen gehört habe. So war die logische Schlussfolgerung: Ich muss mich öffnen, versuchen, solche Stimmchen wahrzunehmen, damit eine Kommunikation stattfinden kann. Ist doch logisch, nicht wahr?

Nun verstand ich auch den Sinn einer Meditation. Wenn mein Köpfchen ständig mit meinen anderen Gedanken gefüllt und beschäftigt ist, kann eine andere Stimme (die des Schutzengels beispielsweise) nicht rein. Ist ein Wasserglas bis zum Rand gefüllt, kann auch kein frisches Wasser nachgefüllt werden. Auch logisch...

Also versuchte ich verschiedene Techniken, um eine solche innere Stimme wahrzunehmen. Meditation im klassischen Sinne hat bei mir persönlich nur schlecht funktioniert, eintönige Gartenarbeit hingegen oder lange, einsame Autofahrten bei Nacht schon viel besser. Am besten klappt es aber unter der morgendlichen Dusche. Wieso? Das dürfen Sie mich nicht fragen. Es hat sich über die Jahre einfach so ergeben. Hier kommen die besten Ein-Fälle – es fällt mir etwas ein beziehungsweise man lässt etwas in mich hineinfallen. ☺

Die Recherche und hunderte Gespräche mit Menschen haben ergeben, dass jeder Mensch diese Erfahrungen macht. Nur schenken die meisten diesen Wahrnehmungen keine große Aufmerksamkeit.

Nun mag der Skeptiker einwenden, dass ich mir das alles nur einbilde, dass das nur meine eigenen Gedanken oder Wunschvorstellungen sind. Drei kurze Beispiele, um dies zu widerlegen, möchte ich Ihnen hierzu kurz präsentieren, bevor Sie mit Rudolf Passian auf die Reise gehen: Als ich mich mitten in der Gesellenprüfung zur Raumausstatterlehre befand, hatte ich vor der Prüfung zum „Fachrechnen" ein Erlebnis, das ich noch heute vor mir sehe. Ich saß in Stuttgart im Schulgebäude an die Wand gelehnt und wartete, wie alle anderen Schüler, auf den Prüfer. Es gab aber noch den einen oder anderen, der über seinen Ordner gebeugt dasaß und sich nochmals den Schulstoff ansah. Ich hatte aber die Nacht zuvor noch lange gelernt, hatte gerade 100 km Anreise hinter mir und fühlte mich gut gerüstet. Deshalb war ich recht gelassen. Plötzlich vernahm ich eine Stimme in meinem Kopf, die sagte: „Geh zum Tobias!" Ich fragte still zurück: „Wozu?"

„Geh hin!", sagte die Stimme erneut. Also ging ich zu Tobias und stellte mich hinter diesen, der über seinem aufgeschlagenen Schulheft saß. „Schau hin!", sagte die Stimme. Also blickte ich über seine Schulter und sah in seinem Heft eine mir bekannte Berechnungsaufgabe mit diversen Diagrammen und Zeichnungen. Ich sah mir diese noch einmal bewusst an – und schon kam auch der Prüfer.

Als wir dann auf unseren Plätzen saßen, die Prüfungsbögen vorgelegt bekamen und ich meinen umdrehte, so war die erste Aufgabe – und das war auch die mit der höchsten zu vergebenen Punktzahl — diejenige, die ich mir gerade im Heft von Tobias angesehen hatte. Horrido!

Doch es kam noch wilder! Während der Prüfung ging plötzlich die Türe auf, und ein mir unbekannter Mann kam herein und schaute in die Klasse. Dieser zirka 50-jährige Mann mit blondem, leicht gewelltem Haar und einer Brille kam zu mir, stellte sich hinter mich und sagte: „Na, klappt alles, Jan? Die Aufgabe 5 schaust Du Dir besser noch mal an." Ich dachte, ich höre nicht recht. Wer war das? Und woher kannte er meinen Namen? War das ein Lehrer aus der Parallelklasse? Aber wieso kannte er dann meinen Namen? Und der konnte doch nicht während einer Prüfung mit einem Prüfling sprechen. Das geht doch gar nicht...

Der Mann ging jedenfalls durch die Klasse, schaute sich die anderen Schüler an und kam dann wieder zu mir zurück mit den Worten. *„Ich weiß ja, dass Du mit dem Herrn Müller nicht so gut klarkommst..."* (das war der Fachrechnen-Lehrer, mit dem ich trotz meiner ausgezeichneten Noten menschlich nicht klarkam). Dabei schaute er auch zu Herrn Müller. Ich dachte, ich müsste im Boden versinken vor Peinlichkeit. Aber der blonde Mann lächelte nur und ging dann aus dem Zimmer.

Jetzt schaute ich mir die Aufgabe Nr. 5 noch einmal an und fand – verflixt noch mal – einen Flüchtigkeitsfehler, der mich zu einer falschen Lösung führte! Diesen konnte ich auf diese Weise noch korrigieren. Nach der Prüfung fragte ich dann zwei Klassenkameraden, ob sie den Lehrer kannten, der ins Zimmer gekommen war, und ob sie dieses Verhalten nicht auch sehr eigenartig fanden. Aber diese meinten nur, dass sie niemanden gesehen hatten... In der Prüfung hatte ich dann eine glatte 1!

Das zweite Erlebnis hatte ich im Jahre 2001. Ich hatte gerade meinen Porsche verkauft und fuhr zum Übergang zum nächsten Fahrzeug den Audi meines verstorbenen Großvaters. Der war zwar schon ein paar Jahre alt, ging aber dennoch recht flott – also knapp 260 km/h. Ich war auf dem Rückweg von einer Kurzreise, es war schon gegen 20 Uhr abends und dunkel, als ich von Nürnberg kommend Richtung Heilbronn fuhr. Ich wollte nach Hause und trat daher das Gaspedal weit durch. Es war kurz vor der Ausfahrt Aurach, an einer Stelle, an der es bergab geht und der Audi die 260 km/h locker erreichte (dessen Bremsen und Bereifung allerdings nicht die besten waren), als plötzlich der Scheibenwischer anging, ohne dass ich diesen betätigt hatte. Ich hatte bei meiner flotten Fahrweise beide Hände fest am Lenkrad! Mein erster Gedanke war: *„Ha! Das ist ein Zeichen vom Opa"*, dessen Wagen ich ja fuhr. *„Da gehe ich mal besser vom Gas."* Und was sage ich, keine 500 m entfernt scherte plötzlich ein LKW, ohne zu blinken, aus seiner Fahrbahn aus, um einen anderen LKW zu überholen. Das hätte ich nicht mehr geschafft, wenn ich nicht aufgrund des Scheibenwischer-Hinweises rechtzeitig vom Gas gegangen wäre...

Das dritte Erlebnis stammt nicht von mir, sondern einem engen Freund, einem der bekanntesten Unternehmensberater Österreichs. Dessen Geschäftskollege aus den USA war einmal mit seiner Frau in Hong Kong. Es war ihr letzter Tag, und sie waren auf einem großen Marktplatz inmitten tausender Chinesen, als plötzlich ein altes Mütterchen aus der Menge auf sie zukam und folgenden Satz sagte: *„Don't take the flight tonight!"* (*„Nehmt nicht den Flug heute Nacht!"*) Die beiden hatten dann – als knochentrockene Realisten – hin- und herdiskutiert, schließlich aber entschieden, nicht zu fliegen. Und Sie können sich wahrscheinlich schon denken, was passiert ist – das Flugzeug ist abgestürzt.

Das, was Sie hier lesen, haben Zigtausende ebenfalls erlebt und sich ebenso ihre Gedanken gemacht. Das ist eine Realität! Doch die meisten Menschen sprechen nicht darüber – aus welchen Gründen auch immer. Und es gibt noch ganz andere Fälle, die noch viel beweiskräftiger sind als meine hier geschilderten, bei denen es ebenfalls weitere Zeugen gibt. Und solche finden Sie nun im vorliegenden Buch!

Damit reiche ich den Stab nun weiter an Rudolf – einen Mann, der mit seinen 88 Jahren nicht nur topfit ist und von Energie und gutem Humor nur so strotzt, sondern auch eine Seele von Mensch ist, der seine Recherchen und Erkenntnisse nicht einfach so niedergeschrieben hat, um sein erstaunliches Wissen kundzutun, sondern mit Herzblut dabei ist – ein Mann, der das auch lebt, was er uns hier auf den folgenden Seiten nahelegt.

Viel Freude und spannende Stunden wünscht Ihnen deshalb

Ihr *Jan van Helsing*

Leitgedanken – Hand aufs Herz:
Worauf ist gegenwärtig noch Verlass?

Ein kluger Beobachter schrieb: *„Die Menschen lassen sich in drei Gruppen einteilen: Erstens in die wenigen, die dafür sorgen, dass etwas geschieht. Zweitens in die vielen, die zuschauen, wie etwas geschieht, und drittens in die überwiegende Mehrheit, die keine Ahnung hat, was überhaupt geschieht."*
Das kalte Grausen könnte einem kommen, wenn man die immer verworrener werdende Weltlage betrachtet. Unfrieden, Lüge, Hass, Profitgier und Kriege überall. Wie soll aus alledem eine bessere Zukunft entstehen? Friedrich Schiller erklärte einst: *„Das eben ist der Fluch der bösen Tat, dass sie, fortzeugend, Böses muss gebären."* Treffend umschrieb er damit das für uns alle geltende Gesetz von Ursache und Wirkung. Dass dieses nicht bloß auf physischer (materieller) Ebene wirksam ist, sondern ebenso auf psychischer und geistiger, kapieren die wenigsten. Nun ja, tieferes Nachdenken sowie Umdenken ist nicht jedermanns Sache, aber viele Mitmenschen beginnen doch zu spüren, dass Schlimmes auf uns alle zukommt, wenn es im Weltgeschehen so weitergeht wie bisher. Altbewährte sittliche Werte, auf der Christenlehre fußend, gelten kaum noch etwas, das Gegenteil davon wird bejubelt und praktiziert. Einem wahrheits- und gerechtigkeitsliebenden Menschen drängt sich unumgänglich die Frage auf: Worauf ist eigentlich noch Verlass auf diesem Planeten der unheilbar Verrückten?
Machen wir uns doch nichts vor: Junge Menschen sind zu bedauern, denn wozu sollen sie eine zeitaufwendig-mühsame Berufsausbildung oder ein kostspieliges Studium (mit nachfolgender Arbeitslosigkeit) anstreben, wenn man mit Straßenstrich und Drogenhandel, mit Gaunerei und Gewaltbereitschaft viel rascher zu Geld kommen kann? Bietet nicht auch die Politszene Gelegenheiten zu toller Karriere? Soll es doch sogar schon Leute gegeben haben, die, ohne abgeschlossene Berufslehre, Minister und stellvertretender Bundeskanzler wurden? Ehrendoktor-Hüte inbegriffen...

In Anbetracht der mit Blut und Tränen geschriebenen Menschheits-
geschichte sowie zweier in ihrer Grausamkeit kaum noch zu überbie-
tenden Weltkriege, muss die bohrende Frage erlaubt sein: Worauf und
auf wen ist heutzutage überhaupt noch Verlass? – Vielleicht

a) auf **Wissenschaft und Technik?** – Gewiss, ihnen verdanken wir
vielerlei Annehmlichkeiten, die wir nie mehr missen möchten;
aber auch rücksichtslose Profit- und Machtgier, katastrophale
Natur-Ausbeutung und Zerstörung unserer Lebensgrundlagen,
grauenhafteste Massenvernichtungs-Waffen; hochgiftigen Atom-
müll, der jahrtausendelang bewacht werden muss (die Lüge vom
„billigen" Atomstrom!) und viele weitere Teufeleien ähnlicher
Art. Auch der Aberglaube vom ewigen Wirtschaftswachstum auf
der Basis rabiaten Konkurrenzdenkens schafft keine brauchbare
Vertrauensbasis zur Schaffung friedlicher, ehrenhafter und men-
schenwürdiger Verhältnisse.

b) auf **Politik, UNO, EU und Globalisierung?** – Die Weltlage ist
hoffnungslos verfahren. Demokratie und Parlamentarismus ent-
arteten zum System lukrativer Selbstversorgung und persönlicher
Nichtverantwortung. Wer anständig bleiben möchte, hat es
schwer. Nach Paul Valéry (1871-1945) ist Politik „*die Kunst, die
Leute daran zu hindern, sich um das zu kümmern, was sie angeht*".
Und irgendwo las ich: „*Erfolgreiche Politik besteht vor allem darin,
den andern so rasch wie möglich über den Tisch zu ziehen, so dass
die dabei entstehende Reibungshitze als Nestwärme empfunden
wird.*" In der Praxis: Versprochen wird uns „*eine gesicherte Zu-
kunft*". In Wahrheit fehlt jegliche Garantie für eine ausreichende
Rente, auch wenn man 50 Jahre lang einzahlte. Doch schon in
Psalm 35,20 wird geklagt: „*Was sie reden, dient nicht dem Frieden.
Gegen die Geringen im Lande ersinnen sie listige Pläne.*"[1]

c) auf die **Wahrheitsliebe von Historikern, Informationsdiensten
und Massenmedien?** – Mit denen sind wir wohl am übelsten
dran, denn praktisch täglich wird gelogen und getäuscht. Oft ist
das Gegenteil vom Behaupteten wahr.[2]

d) auf **Religion und Kirche?** – Kirchen, besonders christliche, sind moralisch verpflichtet, nötigenfalls an das Gewissen von Politikern und Staatsregierungen zu appellieren. Tun sie es? Warum schweigen sie (von geringen Ausnahmen abgesehen) zum Beispiel zur grausamen Verfolgung von 200 Millionen Christen in rund 140 Ländern? In Gottesdiensten vernimmt man kaum etwas darüber. Ist unseren Seelsorgern und Theologen das Schicksal ihrer Glaubensgeschwister in fernen Ländern so egal? Kann man sich demzufolge auch auf viele unserer Geistlichen kaum noch verlassen? Wenn ja, so sollte man ins Vater-unser-Gebet einfügen: *„Und bewahre uns vor untauglichen Theologen!"*

Wahre, entwicklungsfähige Religion orientiert sich an erfahrbaren und erforschbaren Fakten. Zu Letzteren gehören unbedingt die Ergebnisse der Sterbe- und Weiterlebensforschung. Auch das Vernachlässigen oder Ausklammern der Mystik ist von Übel. Mein hinübergegangener Freund, der Zürcher Jurist und Religionsforscher Dr. Robert Kehl, schrieb: *„Eine Frömmigkeit, die sich den Ergebnissen der Forschung verschließt, ist eine falsche Frömmigkeit, denn Gott ist immer auf der Seite der Wahrheit!"* Worauf ist also nach wie vor Verlass? Vielleicht stimmen Sie mir zu, wenn ich aus meiner nunmehr 88-jährigen Lebenserfahrung heraus sage: Die einzigen Menschen, auf die man sich in jedem Fall und hundertprozentig verlassen kann, sind diejenigen, die unserem Herzen am nächsten stehen: Lebenspartner, Kinder und Enkel, liebevolle Großeltern, bewährte Freunde und Weggefährten. Vom Jenseits kommen noch unsere getreuen Schutzengel und Schutzgeister hinzu. Diese sind erfahrbare Realität, kein blindgläubiges Fürwahrhalten.[3]

Ein junger katholischer Priester, der über den starken Andrang zu einem meiner Schutzengel-Vorträge staunte, erklärte, dass während seiner Priesterausbildung nie eine Vorlesung über Engel angeboten worden sei. Das ist vor allem deshalb unverständlich, da die Bibel doch voll von Engelerlebnissen ist... Von einem 93-jährigen Kaplan vernahm ich dasselbe. Wie ist so etwas möglich? Bei Kontakten mit Engeln bezeichnen diese sich selbst als „Gottesboten". Es gibt an und für sich keinen Grund, daran zu zweifeln.

Wir sollten uns vielmehr fragen: Wozu ein so riesiger „Personalaufwand", wenn es doch gar keinen Gott (nach christlicher Auffassung) gibt, wie es die Atheisten behaupten?

Letztendlich gibt es aber noch etwas, auf das wir uns absolut verlassen können, nämlich, dass wir eines Tages sterben müssen! Nur, wen interessiert das schon? Den Urknall-Theoretikern zufolge sind wir Menschen ja weiter nichts als Fabrikationsfehler beziehungsweise Zufallsprodukte der Evolution. Mit dem Tode ist *alles aus und vorbei*", zumal *von den Toten noch niemand zurückgekommen ist*" (was jedoch gar nicht stimmt!). Angebliche Jenseitserfahrungen klinisch tot gewesener Menschen gelten bei den Medizinern als „Erwartungs-Halluzinationen". Auch ein Gott nach christlicher Auffassung ist pure Fantasterei; wie kann man nur so rückständig sein?

Solch primitiv-materialistisch-atheistischem Geplapper wird leider nur zu gerne geglaubt. Allein schon deswegen, weil es den geringsten Verstandesaufwand erfordert und uns jedweden tieferen Nachdenkens über den Sinn des ganzen Theaters, das wir „Leben" nennen, enthebt.

Dennoch bleibt diese Philosophie ein überaus verhängnisvoller und folgenschwerer Irrtum: Das Todesrätsel ist nämlich längst gelöst! Die Forschung begann vor rund 160 Jahren mit dem Ergebnis:

1. Wir besitzen einen Seelenkörper, der sich beim Sterbeprozess aus dem physischen Leib herauslöst (Astralkörper).

2. Während oder nach dem Sterbevorgang werden wir mit unserem gesamten irdischen Lebensverlauf konfrontiert (Lebensrückschau).

3. Dabei erfolgt eine klare ethische Bewertung unseres Verhaltens im Erdendasein.

4. Das Jenseits (zunächst die Astralwelt) besteht aus zahlreichen Existenzstufen unterschiedlicher Frequenz, Zustände und Lebensbedingungen.

5. Wir gravitieren in jenen Bereich, in den wir gemäß unserer Wesens- und Charakterstufe gehören. (Gleiches zieht Gleiches an.)

6. Spätestens hier wird das Prinzip der ausgleichenden Gerechtigkeit erkennbar: Kein Verbrechen, und mag es noch so raffiniert

verübt worden sein, bleibt verborgen und ungesühnt. Man beachte hierzu das Buchkapitel „Nicht nur Wasser speichert Informationen".

7. Erkannt wird ferner die Liebe als Schöpfungsgrundprinzip.

Unter platzsparendem Verzicht auf eine systematische Auflistung aller Pro- und Contra-Fakten, worüber es genügend Literatur gibt, führe ich nur einen winzigen Teil aus dem vorhandenen riesigen Material an. Wem dies für eine weltanschauliche Kurskorrektur nicht genügt, der findet leicht zahlreiche Info-Quellen im Internet.

Den ersten Teil dieses Buches widme ich in Dankbarkeit und Hochachtung einem wahrhaft aller Ehren werten Schweizer, dem überaus mutigen und erfolgreichen Natur- und Tierschützer Franz Weber, samt Familie und all seinen opferbereiten Helfern.[4] Sie und alle, die sich vehement engagieren im Tier-, Natur- und Umweltschutz, taten und tun weit mehr für eine lebenswerte Zukunft unserer Nachkommen als alle Regierungen, Institutionen und „Volksvertreter" zusammen. Ausnahmen mögen wohl auch hier nur die Regel bestätigen.

Mit dem zweiten Teil dieses Buches würdige ich, durchaus zu Recht, den an sich bitter nötigen kirchlichen Reformator unserer gottlosen Zeit, den hervorragenden Aramäisch-Experten Dr. Günther Schwarz. Seine umfangreiche Arbeit ist allein schon deshalb wichtig, weil die vorhandenen ältesten neutestamentlichen Dokumente keine aramäischen Urschriften sind, sondern bloß (sehr fehlerhafte) Übersetzungen ins Griechische. Durch die sorgfältige Rückübersetzung der Texte ins Aramäische, die Muttersprache Jesu (die teils noch heute gesprochen wird), lassen sich viele dunkle Stellen im NT aufhellen und ergeben einen oft überraschenden, völlig anderen Sinn! Dies um so mehr, als Worte und Begriffe, die es im Aramäischen nicht gibt, Jesus logischerweise nicht gebraucht haben kann. Mehr darüber später im Buch.

Zur Entstehung des vorliegenden Werkes sei lediglich bemerkt, dass mir jedwedes Belehrenwollen und Streitmotive fernliegen. Weltanschaulich mag jeder nach seiner Fasson glücklich werden. Der Wissende streitet nicht, und wer streitet, der weiß zu wenig oder gar nichts. „*Du wirst es einst im Licht erkennen, was hier auf Erden dunkel war*", heißt es in einer Mitteilung aus der anderen, der feinstofflichen Welt. In der Hauptsache geht es mir darum, wesentliche Ergebnisse der Weiterlebensforschung zu betonen und hierdurch das Gottvertrauen bei anderen zu wecken oder zu stärken. Denn es gibt Lebenssituationen, in denen man sonst nichts mehr hat, als sein bisschen Gottglauben. Wenn der verloren geht, so bleibt letztlich nur... der Selbstmord. Ich spreche da aus vieljähriger leidvoller Erfahrung.

Dieses Buch möge allen jenen Mitmenschen *Kraft* vermitteln, denen ein hartes Schicksal zuteil wurde. Ich schrieb es für:

- Einsame, Trauernde, Verlassene, Schmerzen leidende, Verzweifelte;
- für allein erziehende Mütter oder Väter, die unverzagt ihren Pflichten nachkommen;
- für Hinterbliebene, die bitterlich um einen Verstorbenen trauern, der ihnen alles bedeutete;
- für religiös Entwurzelte, die keinen Sinn mehr für ihr Leben- und Leidenmüssen erkennen;
- speziell auch für solche, die meinen, ein Selbstmord würde alle Probleme lösen;
- für Menschen, deren Dasein von Ängsten, Not und Hoffnungslosigkeit verdunkelt wird;
- auch für solche, die um ihren Arbeitsplatz bangen müssen oder „gemobbt" werden;
- ferner für alle, deren Partnerschaft zerbrach oder sich in Gefahr befindet
- oder diejenigen, die nie wahre uneigennützige Liebe und richtige Freundschaft erfuhren respektive zu geben vermochten.

Desgleichen für Angehörige von Ordensgemeinschaften, die irgendwo in der Welt, in Vorbildfunktion und zumeist lebenslang, einen fast aussichtslosen Kampf zu bestehen haben bei der Linderung seelischer und geistiger Not. Vom drohenden Märtyrertod gar nicht zu reden – ebenso für all jene, die sich im eigenen Heimatland zunehmend als Fremde zu fühlen beginnen und spüren, dass der „Diabolus", der Durcheinanderwerfer, mal wieder am Werk ist. Mögen die Verantwortlichen vor und hinter den Kulissen des Öffentlichkeitsgeschehens begreifen, dass auch sie den Schicksalsgesetzen einer höheren Ordnungsmacht nicht entfliehen können. Auch ihnen schlägt einmal „die Stunde der Wahrheit". Und um das, was dann unausweichlich auf sie zukommt, sind sie wahrlich nicht zu beneiden! Friedrich Schiller schrieb: „Der Mensch begehre nimmer zu schauen, was die Götter gnädig bedeckten mit Nacht und Grauen!" Dieses Buch kann zu einer gründlichen Kurskorrektur verhelfen, um aus dem Teufelskreis von Schuld und Sühne herauszukommen, indem man lernt, fortan Ursachen zu setzen, die zeitlos Gutes zur Folge haben: Zu unser aller Heil tue jeder seinen Teil!

Liebe Leserinnen und Leser, wir sind bloß schwache Menschen und empfinden Angst beim Gedanken an die große Umwandlung, „Sterben" genannt. Vor dem Tod selbst jedoch brauchen wir uns nicht zu fürchten, im Gegensatz zu den Umständen, die ihn uns als willkommenen Erlöser erscheinen lassen. Man vergesse jedoch niemals das vertrauensvolle Gebet, besonders beim oder nach dem Hinübergang. Es stärkt unsere „Geburtshelfer in die jenseitige Welt". Diese sind da! Für einen rechtschaffenen Menschen öffnet sich dann eine herrliche Welt des Friedens, der Liebe und der Vergebung, sofern er selber anderen zu verzeihen bereit war. Sodann gibt es ein beglückendes Wiedersehen mit allen geliebten Seelen, die uns vorangingen – auch mit Freunden aus dem Tierreich. Nunmehr beginnt ein Leben, das überhaupt erst „Leben" genannt werden kann, in einem Licht, von dem so viele Nahtod-Erfahrene so begeistert berichten.

Jedenfalls verdienen die Aussagen all jener, die sich „mit einem Fuß bereits im Jenseits" befanden, unser vollstes Vertrauen. Lassen wir uns von anderen, die dies alles als Humbug ablehnen, nicht täuschen. Es geht hier um absolute Wirklichkeiten, nicht um Wunschfantasien.

Möge Ihnen, wenn es mal soweit ist, liebe Mitwanderer, ein Verbleibendürfen im liebe- und friedvollen „Licht am Ende des Tunnels" beschieden sein!

Ihr *Rudolf Passian*

Wem die Stunde schlägt...
Was geschieht eigentlich beim Sterben?

Um dieses klären zu können, sollte man zuerst versuchen, Näheres über das Wesen des Menschen zu erfahren: Sind wir bloß ein rein zufällig entstandenes Lebewesen, vergänglich wie alles andere, oder steckt mehr dahinter?

Grob umrissen bestehen wir aus zwei Wesenshälften, dem festmateriellen *äußeren* und dem feinmateriellen *inneren* Leib. Beides wird erkennbar und genauestens erfasst von unserem *Geist* mit seinem Persönlichkeitsbewusstsein. Woraus unser physischer Körper besteht und wie er funktioniert, ist hinlänglich bekannt. In uns jedoch befindet sich ein zweiter, schon in der Antike bekannt gewesener und für uns unsichtbarer Organismus von nichtmaterieller Beschaffenheit, der im Laufe der Zeit verschiedene Namen erhielt. Im Volksmund spricht man von der *Seele*, doch die Parapsychologie kennt mehrere feinstoffliche Körper, wobei der Begriff *Astralkörper* der wichtigste und gleichzeitig auch gebräuchlichste ist. Forscher im seinerzeitigen Ostblock sprachen wiederum vom *Energie-*, oder *Bioplasmakörper*, weil er von bioplasmatischer Struktur ist, im Gegensatz zur atomar-molekularen Materie unseres physischen Leibes. Unter anderem wurde festgestellt, dass unser Astralkörper auf Gedanken und Gefühle reagiert, auf Töne, Licht und Farben, auf Energiefelder wie Elektrizität oder Magnetismus und vieles andere mehr.

Mit dem Astralkörper ist der Mensch aber noch nicht komplett. Es besteht Veranlassung, auf das Vorhandensein von mindestens *drei* feinstofflichen Strukturen im Menschen zu schließen. Jedes einzelne dieser innerkörperlichen Systeme scheint frequenzmäßig einer eigenen Existenz-Ebene zugeordnet zu sein. Deshalb wird

1. vom *Ätherkörper* (auch *Vitalkörper* genannt) gesprochen, der angeblich Träger der Lebens- und Regenerationskraft sowie Bindeglied zwischen Astral- und physischem Leib ist;[5]
2. vom *Astralkörper* als dem Träger unserer Empfindungen und Begierden, gewisser telepathischer Funktionen und unseres Traum-

lebens. Und natürlich als Träger unserer Ich-Persönlichkeit nach dem körperlichen Tode (wird auch oft *Emotionalkörper* genannt).

3. Ferner sind uns die Begriffe *Mentalkörper* und *Kausalkörper* geläufig.

Im Zusammenhang mit dem Sterbegeschehen verbleiben wir der Einfachheit halber am besten bei der Bezeichnung „Astralkörper". Es empfiehlt sich auf jeden Fall, sich mit der Vorstellung vertraut zu machen, dass sich in uns ein zweiter Organismus befindet, ein „Double" sozusagen, das in Form und Aussehen völlig unserem Erdenkörper entspricht. Beide aber, äußerer und innerer Leib, können sich erfahrungsgemäß voneinander trennen, aber nur vorübergehend; bei endgültiger Trennung tritt das ein, was wir „Tod" nennen. Ein zeitweiliges Getrenntsein kann unbewusst auch im Schlaf geschehen, in Narkose, im Zustand der Erschöpfung oder in Momenten der Lebensgefahr (vgl. Nahtod-Erlebnisse). Bewusst außerhalb ihres Körpers agieren können viele Leute in Drittwelt-Ländern, und zwar nicht bloß Yogis, Schamanen oder Magier.

Da nun unser Astralkörper das Licht nicht reflektiert, so bleibt er unseren Augen unsichtbar. Wenn er sich jedoch, sei es bewusst oder unbewusst, ausreichend *verdichtet*, kann er auch gesehen werden. Dies ist, nebenbei bemerkt, die Ursache des weltweiten Geister- und Gespensterglaubens. Ferner bleibt der ausgetretene Astralkörper stets verbunden mit dem physischen Leib durch eine Art „Nabelschnur", die von hellsichtigen Personen, manchmal auch vom Ausgetretenen selber, beschrieben wird als *„silbern glänzendes Band"*. Ein diesbezüglicher Hinweis findet sich auch in der Bibel, in Prediger 12,6: *„Ehe noch der silberne Faden zerreißt"*, das heißt, ehe noch der Tod eintritt. Wenn nämlich diese „Silberschnur" reißt oder zertrennt wird, dann ist keine Rückkehr in den physischen Leib mehr möglich. Keineswegs unrichtig, verglich man von alters her den Tod, den Sterbevorgang, mit einer Geburt: Wie bei der Geburt das Erdenleben mit dem Abtrennen der Nabelschnur beginnt, so fängt für uns mit dem Reißen der „Silberschnur" ein neues selbstständiges Dasein an in einer andersartigen, nämlich nichtmateriellen Welt! Und wie das Kind im Mutterleib bereits so beschaffen ist, dass es sofort nach seiner Geburt in unserer Welt leben und atmen kann, so ist auch unser innerer feinmaterieller Leib schon vor dem „Tode" so beschaffen, dass er uns nach Abschluss des Sterbeprozesses das sofortige Weiterleben – in einer entsprechend angepassten Welt – ermöglicht. Mit anderen Worten: Unser *Ich*, das heißt unser persönlichkeitsbewusster Geist mit seinem nunmehrigen Seelenkörper, empfindet den so sehr gefürchteten „Tod" nur als eine (allerdings grundlegende) Veränderung der Lebensbedingungen und der Umwelt. Unsere *Seele* kann man bei alledem definieren als die Gesamtheit der feinstofflichen Strukturen in uns (Seele = Astral-, Äther-, Mental- und Kausalkörper). Zumal diese verschiedenen feinstofflichen Körper insgesamt den „Körper des Geistes" bilden und äußerlich dessen Wesensstufe veranschaulichen. Geist kann nicht direkt auf Materie einwirken, es bedarf hierzu eines Zwischenfaktors, nämlich des *seelischen* Prinzips. Näher auf all dies eingehen zu wollen, ist wenig sinnvoll. Man informiere sich anhand der reichhaltigen Literatur zur Sterbe- und Weiterlebensforschung. Hier im Buch geht es uns mehr um die Praxis...

Beobachtungen an Sterbebetten

Beim Sterben ist man genauso wenig allein wie beim Geborenwerden, auch wenn kein Mensch zugegen ist: Es sind jenseitige Besucher da, die Geburts- oder Sterbehilfe leisten. Von Hellsichtigen, also Menschen, die aufgrund einer Begabung auch feinstoffliche Ereignisse und Begebenheiten wahrnehmen können, wurde der Sterbevorgang schon des Öfteren beschrieben. Besonders aufschlussreich und beruhigend sind die Aufzeichnungen der britischen Krankenschwester Joy Snell in ihrem Büchlein *„Der Dienst der Engel"*.[6] Betrachten wir uns dazu das Erlebnis eines Ehemannes, das er beim Heimgang seiner Gattin hatte. Es war nachts, und er befand sich mit seiner sterbenden Frau allein im Zimmer, als er von einem eigenartigen Müdigkeits- und Schweregefühl übermannt wurde. Er blieb aber voll wach und sah, von der Tür herkommend, drei senkrecht-längliche Nebelwolken, die sich dem Sterbebett näherten. Er beobachtete, wie diese Wolken das Bett vollständig umhüllten. Der Mann wusste natürlich nicht, wie ihm geschah. Er schrieb:

„Als ich in den Nebel hineinstarrte, gewahrte ich am Kopf meiner Frau eine weibliche Gestalt, durchsichtig, und dennoch wie ein lichter Schein von leuchtendem Gold. Eine Frauengestalt, so erhaben, dass mir die Worte fehlen, sie genauer zu beschreiben. Sie war eingehüllt in ein griechisches Gewand mit langen, lose herabfallenden Ärmeln, auf ihrem Haupte eine strahlende Krone. So stand die Gestalt in ihrem Glanze und ihrer Schönheit da, ihre Hände über meine Frau erhoben, mit heiterer, stiller Miene würdevoll Ruhe und Frieden ausstrahlend. Zwei andere Gestalten in Weiß knieten an der Seite meiner Frau. Andere Gestalten schwebten über dem Bett, mehr oder weniger deutlich.“

Schließlich bemerkte der Mann, wie sich oberhalb seiner Gattin schwebend eine unbekleidete Gestalt bildete, die durch ein silbern glänzendes Band mit dem Körper der Sterbenden verbunden war, und zwar von der Stirn ausgehend.[7] Diese Schau wurde auch dann nicht unterbrochen, als der Arzt den Raum betrat oder Freunde kamen. Das Ganze dauerte rund fünf Stunden. Während der ganzen Zeit, so versicherte der Beobachter, seien die Geschehnisse dermaßen beständig und lebensvoll gewesen, dass er meinte, seinen Verstand zu verlieren, was er dem Arzt auch mehrmals sagte.

Der Astralleib seiner sterbenden Gattin wand sich hin und her, als ob er sich losmachen wollte vom irdischen Leib. Interessanterweise veränderte er hierbei auch öfters seine Größe. Endlich trat der Augenblick des sogenannten „Todes" ein: Ein letztes Keuchen, die Frau hörte auf zu atmen, und nachdem das silberne Lebensband gerissen war, verschwand der Astralleib plötzlich und mit ihm auch die lichten Geistergestalten. Zugleich war der Mann das merkwürdige Druckgefühl in Kopf und Körper los und dadurch in der Lage, alle erforderlichen Anordnungen zu treffen. Was er erlebt hatte, begann er erst zu verstehen, als er sich mit der Sterbeforschung befasste.

Der im englischen Sprachraum sehr bekannte Forscher R. Crookall erfuhr von einer Frau, die beim Sterben ihres Kindes zugegen war:

„Ich sah Nebel über seinem Körper, der die Form des Körpers annahm, der auf dem Bett lag. Beide waren durch einen feinen Silberfaden miteinander verbunden. Der neue Körper bildete sich etwa einen Meter über dem sterbenden Kind, dann richtete er sich langsam auf und schwebte davon."[8]

Somit dürfte über den Sterbevorgang bereits allerlei ausgesagt sein. Er besteht lediglich in der Trennung unseres inneren Leibes vom äußeren; in der nicht nur zeitweiligen, sondern endgültigen Trennung unseres Astralkörpers vom physischen Leib. Weiter nichts! – Alle großen Wahrheiten pflegen einfach zu sein, mögen sie in Einzelheiten auch kompliziert anmuten.

Heute sind es gerade die zunehmend diskutierten *Nahtodes-Erlebnisse* (NTEs) klinisch tot gewesener Menschen, die „reanimiert", das heißt zurückgeholt werden konnten, die uns aufzeigen, dass es nach dem Körpertode weitergeht. Sie sollten uns eigentlich genügen. Ebenso beweiskräftig sind *außerkörperliche Erfahrungen* (AKEs), ohne dem Tode nahe gewesen zu sein. Denn was ohne Benutzung des Leibes möglich ist, sollte logischerweise auch ohne Besitz desselben möglich sein, das heißt nach dem Gestorbensein. An sich erübrigt sich das Diskussionsthema, ob Menschen, die den Zustand „klinisch tot" überlebten, nun „wirklich tot" waren oder nicht: Ausschlaggebend ist die nunmehr zur Genüge erwiesene Tatsache, dass die menschliche Psyche (besser gesagt: unser *Ich*) ohne unseren Körper existieren kann! Ob man in Letzteren zurückkehrt oder nicht, ist erst in zweiter Linie von Belang.

Im Erlebnisbericht jenes Mannes, der beim Dahinscheiden seiner Gattin jenseitige „Sterbehelfer" wahrnahm, erwähnt dieser eine wunderschöne Frauengestalt mit einer strahlenden Krone auf dem Haupt. Erstaunt mag man sich hier fragen, ob denn in himmlischen Gefilden noch immer das Bedürfnis nach „Schmuck, Glanz und Gloria" besteht? Die christliche Mutter Maria pflegt man ja ebenfalls gekrönt darzustellen. Und an einigen Stellen des NT ist von der *„Krone des Lebens"* die Rede, die der Christgläubige zu erwerben bestrebt sein soll.

Was sagt uns die Thanatologie, die Sterbe- und Weiterlebensforschung hierzu? Sie sagt uns vor allem eines, nämlich, dass der Astralkörper nach seiner endgültigen Trennung vom irdischen Gegenstück in seinem Erscheinungsbild das wahre Wesen seines Besitzers erkennen lässt.

Da hilft kein Verstellen und Täuschenwollen mehr. Und dies überträgt sich, psychischen Gesetzen folgend, nicht nur auf das Aussehen unserer Astralgestalt, sondern zugleich auch auf das Qualitätsbild unserer jenseitigen Umwelt. Das Tragen einer „Lebenskrone" bei spirituell hochstufigen Wesen in der jenseitigen Welt ist also kein Zeichen nichtüberwundener Eitelkeit, sondern ein Merkmal sittlicher Höherentwicklung und gelebter Liebe. Dies mag der nachfolgende Bericht veranschaulichen, den wir der Krankenschwester Mary Sukfüll verdanken:

„Engelmutter" nannte man sie...

„Es ist schon Jahre her. Ich war damals gebeten worden, die Nachtwache bei einem greisen Mütterchen zu übernehmen, dessen letzte Erdenstunde nahe bevorstand. Sie wohnte bei einem ihrer vielen, vielen Kinder, denen sie Ziehmutter gewesen war. Denn sie selbst hatte keine eigenen Kinder gehabt, und da sie mit irdischen Gütern nicht gesegnet war, nahm sie für ein bescheidenes Entgelt ständig arme Waisenkinder in ihre Obhut, die dann bei ihr blieben, bis sie selbst ihr Brot verdienen konnten. Kaum war eines ihrer Schützlinge flügge geworden und von dem winzigen alten Dorfhäuschen hinaus in die weite Welt gezogen, war die Lücke schon wieder von einem kleinen Engel ausgefüllt. Sieben weiß überzogene Bettchen waren des Nachts belegt und sieben Stühle rings um den runden Mittagstisch besetzt. Man nannte sie deshalb weit und breit die Engelmutter.
Als das Haar dieser wunderbaren Frau schneeweiß geworden war und sie nicht mehr Kraft genug besaß, diesen heiligen Dienst der Liebe auszuüben, zog eben eines dieser, unterdessen erwachsenen Kinder zu ihr, alles mit ihr teilend, was es verdiente.

Ich kannte die Engelmutter schon lange. Schon als in ihrem altmodischen Feierabendgärtlein unter den Fenstern bunte Kinderkittelchen flatterten.

Als ich meinen Dienst antrat, brannte auf dem Nachttischchen eine dunkelgrün überschirmte Petroleumlampe, der Hintergrund des Zimmers lag im Halbdunkel. Mit großem abwesenden Blick war das edle Antlitz der Scheidenden meinem Eintreten zugewandt. Die wächsern anmutenden Mutterhände, gezeichnet vom Griffel eines Lebens, das nur Liebe war, hielt sie über den Leib gefaltet auf der Bettdecke. Durch das weit offene Fenster drang, getragen vom leisen Nachtwindrauschen, der wonnige Atem eines blühenden Baumes ins Zimmer.

Ich hatte mein Nachtquartier auf dem uralten Lehnstuhl neben dem Bett aufgeschlagen. Der Scheidenden zugewandt, konnte mir keine Veränderung entgehen, und so wurde ich Augenzeugin eines außerordentlich herrlichen Geschehens: Gegen Mitternacht begann sich plötzlich, vom Kopfe der Bewusstlosen ausgehend, eine bläulich-silberne Helle auszubreiten, die die Form eines Diadems annahm. Dieses wuchs sozusagen aus ihrem Haupt heraus! Doch das wundersame Geschehen setzte sich fort: Es bildete sich ein zweiter Kopf, mit engelschöner Haarpracht und einem Angesicht, schimmernd, mit wie im Schlafe geschlossenen Augen! Dann kamen Hals, Arme und Schultern zum Vorschein und schließlich die ganze Gestalt, in ruhigen, leicht wogenden Bewegungen.

Diese sanft emporwogende Lichtplastik in Menschenform, die voller Leben war, erschien mir anfangs unbekleidet, bis sie sich von selbst (nämlich ohne die leiseste Bewegung ihrer über der Brust gekreuzten Arme) mit einem schleierartigen Komplement des Nachtgewandes überzog!

Den Vorgang zu beschreiben, ist mir unmöglich. Ich kann nur sagen, was ich sah: Der Lichtkörper (oder könnte man ihn 'Auferstehungskörper' nennen?) überzog sich mit einem Gewand aus sehr feinem Stoff. Sodann begann sich die silbrig schimmernde Schleiergestalt unter der Zimmerdecke, wie schwimmend, fortzubewegen, dem offenen Fenster zu, durch welches sie in die Nacht entschwebte. Als ich ans Fenster

trat, war sie nicht mehr zu sehen. Die Engelmutter war heimgegangen ...
Dass sie selbst es gewesen war, davon bin ich überzeugt, denn die
Schleierfrau war das getreue Abbild eines Mädchenfotos der Engelmut-
ter, das in einem altmodischen Rahmen am Nachtkästchen stand! In
marmorner Ruhe lag die leere Hülle da. Nichts anderes mehr als eine
Puppe, aus welcher der schimmernd schöne Schmetterling entwichen
war."

Augenzeugen eines so erhabenen und herrlichen Vorganges können
sich einfach nicht mehr konventionell ausdrücken, wenn über Sterben
und Tod gesprochen wird. Sie werden kaum sagen: Der oder die *„liegt*
im Sterben", sondern: Der oder die *„ist dabei, in die andere Welt zu ge-*
hen". Auch der Text von Traueranzeigen wird ein wahrer und somit
völlig anderer sein.

Wir sollten die Hinübergegangenen, sofern sie *gute* Menschen waren, nicht beweinen, sondern beglückwünschen! Denn sie sind ja Auf-
erstandene, Neugeborene im wahrsten Sinne des Wortes! Sie haben ein
herrliches Geschenk Gottes bekommen, nämlich einen jenseitigen Körper, schimmernd rein und jugendschön wie Morgenlicht, mit neuen
Organen, die keinem Altern und Erkranken unterworfen sind. Mögen
sie, nach vollzogener Geburt in eine bessere Welt, entschweben dürfen
wie die Engelmutter! Mögen sie abgeholt und davongetragen werden
von himmlischen Wesen in eine Glückseligkeit, die unsere Vorstel-
lungskraft überfordert.

Selbstverständlich sind die Geschehnisse beim sogenannten „Sterben" nicht bei allen Menschen so wie bei der Engelmutter. Ich habe
auch schon viel Schreckliches erfahren, je nachdem, wie der Mensch
hier auf der Erde gelebt hat, wie ehrlich er war, wie er mit seinen Mitmenschen umgegangen ist... Die Geschichte des Sterbens jener Frau jedoch ist die eines Menschen, dessen ganzes Erdenleben licht und rein,
ja selbst heilig zu nennen war – heilig im Sinne jener Liebe, die allein
das Licht ist, in Zeit und Ewigkeit.

Der Bericht von Mary Sukfüll steht (glücklicherweise) nicht allein
da. Im Material der modernen Weiterlebensforschung finden sich ähnli-

che Beobachtungen – leider in der Minderzahl, denn es betrifft stets nur Menschen, die ein vorbildlich-gottverbundenes Leben der praktizierten Nächstenliebe führten. Hier wäre zu fragen: Warum? Ist Religion *„nur zur Volksverdummung erfunden"* worden?

Die bei Erfahrungen in Todesnähe oft geschilderte Lebensrückschau („Lebensfilm"), die alle Einzelheiten des bisherigen Erdenlebens in bestürzender Deutlichkeit umfasst, ist begleitet von einer ethischen Beurteilung dessen, was wir aus unserem Erdenleben gemacht haben. Nichts bleibt verborgen, alles wurde aufgezeichnet, so, als besäßen wir eine Art geistig-seelischen Fahrtenschreiber beziehungsweise eine Computer-Festplatte während unseres Erdendaseins.

Nachdem ich im Rahmen grenzwissenschaftlicher Forschungen diese Dinge seit fünf Jahrzehnten eingehend studiere, empfehle ich eindringlich, die Berichte über Nahtodes-Erfahrungen sehr ernst zu nehmen; sie sind weder Religionspropaganda noch Halluzinationen. Sie zeugen vielmehr von einer anderen Realität. Es ist eine Realität, die uns alle erwartet, den Atheisten ebenso wie den Gottgläubigen. Denn unser Persönlichkeitsempfinden endet nicht mit dem Tode unseres physischen Leibes.

Das Jenseits – Vermutung oder Wirklichkeit?

Die Frage, ob das Jenseits nur Spekulation, also *„reine Glaubenssache"* sei oder Realität, wird allein schon von der Logik unserer Sprache her beantwortet. Denn wenn es ein *Diesseits* gibt, muss logischerweise auch ein *Jenseits* vorhanden sein. So wie das Unten ein Oben bedingt, genauso setzt das Plus ein Minus voraus, rechts-links, heiß-kalt, lang und kurz, schmal und breit, usw.. Doch die sprachliche Logik allein ist noch kein wissenschaftliches Faktum. Beim Begriff des Jenseits kommt es darauf an, wie man es definiert. *Meine* Definition lautet folgendermaßen: Das *Diesseits* ist die Welt unserer fünf Sinne, ist jener Teil der Schöpfung, den unsere Sinne uns zugänglich machen. Zum *Jenseits* hingegen gehört all das, was über die begrenzte Wahrnehmungsfähigkeit unserer physischen Sinne hinausgeht. Also ist das Jenseits nicht irgendwo hinter den Wolken oder im Weltall zu suchen, sondern es beginnt schon im Diesseits, nämlich da, wo unsere Sinne aufhören, uns Eindrücke zu vermitteln. Wenn wir diese Definition für akzeptabel halten, so ist das Jenseits kurz und bündig zu definieren als ein *jenseits der Wahrnehmungsfähigkeit unserer Sinne*". Weiter nichts!

Nach wissenschaftlicher Ansicht leben wir in einem vierdimensionalen Raum-Zeit-Kontinuum, denn die drei Dimensionen des Raumes (der Länge, Breite und Höhe) sind gekoppelt an die *Zeit* als vierte Dimension. Auf der Basis des Kausalitätsprinzips, des Gesetzes von Ursache und Wirkung, verläuft für uns die Zeit *geradlinig*, nämlich aus der Vergangenheit in die Zukunft. Auf dieser linearen Kausalität beruht die Auffassung, dass die Materie das Maß aller Dinge sei. Namhafteste Quantenphysiker erklären uns aber, dass die Welt, in der wir leben, erwiesenermaßen von *mehr*dimensionaler Beschaffenheit ist. In der Quantenphysik rechnet man bereits mit mehr als sechs Dimensionen! Und es scheint, als ob all diese Dimensionen als eigenständige Wirklichkeitsebenen zu betrachten sind, in denen andere Naturgesetzmäßigkeiten herrschen als in unserem materiellen Weltsystem. Im Erfahrungsbild der Quantenphysik zeigte sich beispielsweise, dass es im Bereich der kleinsten (bis jetzt bekannten) Materieteilchen *keine* lineare Kausalität gibt! Das Gesetz von Ursache und Wirkung kommt dort nicht mehr zum Tragen. Dort ist auch keine Wiederholung des Gleichen feststellbar, sondern bloß des Ähnlichen!

Die Festigkeit der Materie, wie wir sie kennen, ist demnach eine nur scheinbare. Auf der Ebene ihrer kleinsten Teilchen erweist sich Materie als ein schwingendes Feld von in Bewegung befindlichen Atomstrukturen und pulsierenden Kernteilchen. Der Stuhl, auf dem man sitzt, ist in Wahrheit bloß ein immateriell schwingendes Energiefeld.

Friedrich Doucet[9], der sich auf Aussagen der berühmtesten Atomforscher wie Heisenberg, Pauli, Schrödinger und Max Planck bezieht, schreibt in seinem Buch *„Die Toten leben unter uns"*, dass es in der atomaren und der subatomaren Dimension die strenge kausale Verknüpfung von Ursache und Wirkung *nicht* mehr gibt. Energie kann sich zu höchst unterschiedlichen Elementarteilchen verdichten und besitzt hierbei – man höre und staune – die Freiheit der Wahl! Bei alledem betonen die Atomwissenschaftler ausdrücklich, dass die erkannten Naturgesetzlichkeiten im mikrophysikalischen Bereich von *ursprünglichem* Charakter sind, denn sie liegen der gesamten Natur des Universums zugrunde! Mit anderen Worten (ich zitiere wiederum Doucet): *„Die Dimension der Atome, Elektronen und Kernteilchen ist die wahre Wirklichkeitsebene. Sie ist die Basis, auf der sich alles andere aufbaut.* "[10] Unsere materielle Daseinsebene ist demnach nur *eine* Dimension von vielen! *„Diese unsere Lebens- und Wirklichkeitsdimension"*, so heißt es bei Doucet weiter, *„ist überdies keine feste, geschlossene Schicht. Wir müssen sie uns eher als ein durchlässiges Gewebe oder in der Art eines unregelmäßigen Gitters vorstellen, mit unzähligen Löchern. Durch diese (Löcher) ist jederzeit ein Informationsaustausch mit sonstigen Wirklichkeitsebenen möglich."*

Was hier als Ergebnis modernster Forschung erstaunlicherweise gesagt wird, ist nichts anderes als das, was im so sehr verachteten *Spiritismus* seit jeher zur Grundüberzeugung gehört, nämlich, dass es Möglichkeiten des Informationsaustausches gibt zwischen unserer und der anderen, der jenseitigen Welt.

Wolfgang Pauli erklärt in seinem gemeinsam mit C. G. Jung herausgegebenen Buch *„Naturerklärung und Psyche"*, dass es zwischen der atomaren und der subatomaren Ebene eine noch unerforschte Dimension ohne Raum und ohne Zeit gibt, die mit dem *Jenseits* gleichzusetzen ist. Dort gibt es keine durch die Lichtgeschwindigkeit bedingte Zeitmauer! Eine überlichtschnelle Verschiebung von Informationsmatrizen sei dort jederzeit möglich. Unsere *Seele* nun, die quantenphysikalisch definiert wird als *„Informationsverarbeitungssystem und Komplex psychischer Energie"*, kann – so wird uns versichert – durchaus in eine andere Wirklichkeitsdimension überwechseln.

Warum, so fragt Doucet (und das meinen auch Parapsychologen, die nicht einseitig animistisch orientiert sind), sollte unsere Seele *„unbedingt in der physikalischen Raum-Zeit-Dimension verbleiben müssen, an* *die unser vergängliches körperliches Leben gebunden ist"*? Ja, warum eigentlich? Das bisher von mir Dargelegte kann man nur dann für puren Unsinn halten, wenn man das Denken als ein Produkt des Gehirns betrachtet und das *Ich* des Menschen mit seinen Körperfunktionen gleichsetzt, was in letzter Konsequenz zur totalen Sinnlosigkeit unseres Daseins führt sowie zur fadenscheinigen „Ganz-Tod-Theorie" der protestantischen Ausverkaufs-Theologie des 20. Jahrhunderts.

Unsere Seele als Energiekomplex gehört ganz gewiss einer eigenen Seinsebene an und unser ichbewusster Geist wiederum einer anderen. Ist es denn wirklich so undenkbar und unvorstellbar, dass wir schon vorgeburtlich existiert haben könnten? Dass wir aus einer anderen Dimension auf diese Welt – in die Materie – gekommen sind und einen physischen Leib angenommen haben, gemäß der hier wirksamen Naturgesetze, also einen materiellen Körper, nach dessen Ablegung wir wiederum in jene andere Dimension zurückkehren?

Bekanntlich gibt es in der Natur nichts Sinnloses, also kann auch unser Dasein nicht bloß den Sinn der Fortpflanzung und des Geldverdienens haben. Im Unterschied zu allen anderen Geschöpfen sind wir *Geist*wesen, denn wir arbeiten ja geistig. Der so sehr gefürchtete Sterbevorgang besteht somit lediglich im Ablegen und Zurücklassen unseres physischen Leibes, der – aus Materie bestehend – in der materiellen Welt verbleiben muss! Wir geben der Mutter Natur nur zurück, was sie uns geliehen hat.

Auch der Bibel zufolge ist unser Körper „*von Erde genommen und wird wieder zu Erde*", das heißt, die Bestandteile unseres Körpers kehren nach dessen Tod in den Kreislauf der Natur zurück.[11] Das bedeutet aber nicht zwangsläufig, dass die beiden anderen Komponenten des Menschen, nämlich Seele und Geist, ebenfalls der Auflösung anheimfallen! Absolut nichts spricht dagegen, dass das „Prinzip der Erhaltung der Energie" ebenso und gleichermaßen für den seelisch-geistigen Bereich gilt! Auf jeden Fall lassen die vorliegenden Forschungsergebnisse der Quantenphysik wie auch der Parapsychologie keinen Zweifel mehr zu an der Existenz anderer Seinsebenen und somit eines Jenseits.

Wenden wir uns nun der parapsychologischen Forschung zu, das heißt, ich möchte die hauptsächlichsten Phänomene anführen, die auf ein ichbewusstes Weiterleben nach dem körperlichen Tode hinweisen und damit – logischerweise – auf das Vorhandensein von Welten, für deren Wahrnehmung uns sowohl die erforderlichen Sinne fehlen als auch die entsprechenden Apparaturen, um sie festzustellen. Ohne Anspruch auf Vollständigkeit sind folgende Phänomene zu nennen:

1. Das sogenannte *Abmelden* Sterbender, wenn zum Beispiel das Bild des in diesem Augenblick Sterbenden von der Wand fällt, ohne erkennbare Ursache. Doch kann dies eine gedankenenergetische Fernwirkung sein und somit kein in jedem Fall schlüssiger Beweis für das nachtodliche Weiterleben.

2. Das Erscheinen Verstorbener, wozu das im katholischen Bereich unter der Bezeichnung *Arme Seelen* bekannte Phänomen gehört. Der Sensitiven Margarete Schaffer (aus Gerlachsheim, gest. 1949) zum Beispiel erschienen *Arme Seelen* 68 Jahre lang! Es gab und gibt noch mehr solchermaßen begabter Menschen.

3. Die Vielfalt der *Spukphänomene*, und zwar jene, bei denen C. G. Jungs Hypothese von (ich zitiere) *„querulatorischen Impulsen des negativ-Unbewussten eines Mediums"* einfach nicht ausreicht, vor allem nicht beim sogenannten ortsgebundenen Spuk, bei welchem kein Medium vorhanden ist.

4. Beobachtungen an Sterbebetten.

5. Sogenannte *Extras*, das sind Fotos, auf denen sich überraschenderweise die Gestalten von Verstorbenen zeigen. Das ist natürlich nur für den überzeugend, der die Aufnahmen gemacht hat.

6. Nah-Toderlebnisse von klinisch totgewesenen oder sonstwie dem Tode nahe gewesenen Menschen.

7. Das Phänomen der *Bilokation*, des zeitweiligen Verlassens des physischen Körpers. Das ist nicht immer bloß eine *„nach außen verlegte Projektion der Wahrnehmung"* in Form von Hellsehen. Hunderttausende, die solches erlebt haben, wissen es besser! Zudem lässt sich so etwas auch willentlich praktizieren. Yogis, Schamanen, Medizinmänner und manche Magier können das

auch! Und eben da liegt der Schlüssel zum Todesproblem, zum Sterbevorgang: Denn wenn man während des zeitweiligen Austretens aus dem Körper auch ohne denselben existieren, denken, empfinden und handeln kann, so muss das nach dem Wegfall des Körpers ebenso möglich sein! Als

8. Punkt wäre anzuführen, dass es schon gelungen ist, amputierte Gliedmaßen im ultravioletten Licht sichtbar zu machen.[12] Ähnliches kennen wir vom sogenannten *Bouvier-Effekt* her (siehe auch S. 52).

9. Dann haben wir das weitläufige Gebiet der *Materialisations-Phänomene*. Bei dem Italo-Brasilianer Carlos Mirabelli entstanden am hellichten Tage menschliche Gestalten quasi „*aus dem Nichts*". Lebensecht! Man konnte sich mit ihnen unterhalten, und dann lösten sie sich wieder auf. Wir nennen solche Gestalten „Phantome".

10. Das Tonbandstimmen-Phänomen, ja überhaupt die sogenannte „Instrumentelle Kommunikation" (ITK), wobei hier über technische Hilfsmittel wie Tonbänder, Radio- oder TV-Geräte mit Verstorbenen und anderen Wesen im Jenseits kommuniziert wird.

11. Die Phänomene der unterschiedlichen Bewusstseinszustände wie Hypnose, Schlafwandeln, Trance oder tiefe Meditation.

12. Hellsichtiges Wahrnehmen jenseitiger Gestalten, Szenen und Bereiche.

13. Das Phänomen des *Automatischen Schreibens* und ähnlicher Automatismen, deren sich Jenseitige bedienen können. Beim Automatischen Schreiben führt ein jenseitiges Wesen oder ein Verstorbener die Hand des Mediums und teilt Botschaften mit.

14. Das Phänomen der sogenannten „Kreuz-Korrespondenzen", der verteilten Botschaften. Hier erfolgen über mehrere Medien, die einander womöglich gar nicht kennen, Mitteilungen, die erst zusammengesetzt einen Sinn ergeben.

15. Das Phänomen der *Direkten Stimme*, das heißt die Originalstimmen Verstorbener werden – frei im Raum – vernommen.

16. Das Phänomen der *Direkten Schrift*: Auf rätselhafte Weise erscheinen schriftliche Mitteilungen, zumeist in geschlossenen Behältnissen oder Räumen (vgl. Mathew Manning).

17. Paraffin-Abdrücke von Händen oder Füßen sogenannter *Phantome*, also materialisierter Gestalten. Solche Abdrücke wurden auch auf berußten oder mit Mehl bestreuten Platten erzielt. Die gewonnenen Abdrücke waren mit keinem der Anwesenden identisch.

18. Das Phänomen des totalen Persönlichkeitswechsels im *Tieftrance-Zustand*, wozu auch das altbekannte Phänomen der *Besessenheit* gehört.

19. Erfahrungen mit experimenteller *Magie*.

20. *Traum-Begegnungen* mit Jenseitigen (nicht alle Träume sind Schäume). Und schließlich, als letzter Punkt,

21. *Schutzengel-Erlebnisse*.

Damit nannte ich mehr als anderthalb Dutzend Phänomen-Gruppen, die allesamt (mit Ausnahme der Instrumentellen Kommunikation) nicht bloß zum ältesten Erfahrungsgut der Menschheit gehören, sondern die auch seit mehr als 100 Jahren von der Parapsychologie erforscht werden. Es ist bezeichnend, dass das dreibändige, systematische Grundlagenwerk von Dr. Emil Mattiesen, das 1936-1939 unter dem Titel „Das persönliche Überleben des Todes" erschien, bis heute unwiderlegt blieb! Mithin scheint es dem Lager der Animisten, Materialisten und Geistleugner (so, wie den meisten Politikern) an Wahrheitsliebe zu fehlen, denn ein wahrer Forscher, so schrieb Dr. Kindborg, „*ist derjenige, der es über sich gewinnt, sich den Tatsachen zu beugen; nicht der, der sie dauernd mit Spitzfindigkeiten und Verdächtigungen aus der Welt zu schaffen sucht*".[(13)]

Freilich, das exakt-wissenschaftliche Verfahren des Messens ist in der Parapsychologie in bloß begrenztem Rahmen anwendbar, bei Spontanphänomenen entfällt es ganz. Trotzdem sind diese Phänomene real, wie wir aus Erfahrung wissen, und haben nichts mit Halluzinationen zu tun. Oft ist es auch sehr schwierig, zwischen objektiver Tatsache und subjektiver Erfahrung zu unterscheiden. Eine objektive Tatsache ist wissenschaftlich beweisbar, während eine subjektive Erfahrung zumeist nur den Wert einer persönlichen Überzeugung hat. Ebenso problematisch ist die *Beurteilung* dessen, was da auf medialem Wege an Mitteilungen zustande kommt. Im Einzelfall weiß man nie, inwieweit die Botschaft vom Unbewussten des Mediums beeinflusst worden ist.

Auf weitere Unwägbarkeiten paranormaler Phänomene eingehen zu wollen, würde zu weit führen. Sie dürfen jedoch sicher sein, dass seriöse Parapsychologen keine leichtgläubigen Schwärmer sind, die hinter jedem Vorhangrascheln ein Gespenst vermuten, sondern sehr wohl kritisch zu prüfen verstehen und die genügsam bekannten Einwände von ernstzunehmenden Skeptikern berücksichtigen. Es liegen zigtausende von Berichten und Erfahrungen vor über Vorkommnisse, die mehr oder weniger deutlich auf ein Weiterleben nach dem Tode hinweisen und darauf, dass unsere materielle Welt nicht die einzige Ausdrucksform menschlichen Lebens ist.

Zwar mögen im Einzelfall solcher Vorkommnisse Zweifel angebracht sein, die Aussagekraft des Gesamtmaterials der parapsychologischen Forschung aber lässt so gut wie keinen Zweifel mehr zu, dass der Tod kein Ende unserer Persönlichkeit darstellt, sondern lediglich eine Wende in unseren Lebensbedingungen. Ob uns das passt oder nicht, spielt keine Rolle; die Naturgesetze richten sich nicht nach unseren Wünschen und Vorstellungen. Es gibt ja Leute, die an der Idee eines nachtodlichen Weiterlebens absolut nichts Verlockendes finden! Und in Anbetracht mancher Lebensläufe ist das verständlich... Wie dem auch sei, ich persönlich halte die seriöse Parapsychologie für die Königin der Wissenschaften, denn von ihr allein können wir vernünftige Antworten erwarten auf die Fragen nach unserem *Woher* und *Wohin* und nach dem *Wozu* unseres Daseins. Das ist der Grund, warum sich jeder tiefer denkende Mensch für diese Forschung interessieren sollte.

Das Doppelgänger-Phänomen: Unser „zweiter Leib" – Tragen wir unseren „Auferstehungsleib" bereits in uns?

Fast alle, die im Rahmen einer außerkörperlichen Erfahrung (AKE) die Überzeugung gewannen, sich außerhalb ihres physischen Leibes befunden zu haben, berichten übereinstimmend dasselbe: Sie seien überaus perplex, aber bei vollkommen klarem Verstand gewesen und konnten alles genau beobachten. Nach chirurgischen Eingriffen beispielsweise verblüfften sie die Ärzte mit genauen Angaben über das Operationsgeschehen. Sie fühlten sich im Raum schwebend und vermochten mühelos, die Wände oder Raumdecke zu durchdringen. Viele solcher Patienten entfernten sich aus dem Spital. Sie suchten ihre Familie oder andere vertraute Personen auf und konnten diesen später zutreffend genau sagen, was sie zu jenem Zeitpunkt taten beziehungsweise wo sie sich aufhielten.

Wie ihre Rückkehr in den physischen Körper geschah, wissen die Betreffenden meistens nicht zu sagen. Ebenso unzureichend pflegen die Auskünfte zu sein auf die Frage, ob sie während ihres „Außersichseins" eine körperliche Gestalt besaßen oder nicht. In der Regel waren die Erlebenden zu überrascht, um ihre Situation eingehend zu analysieren. All die Aussagen diesbezüglicher Erlebnisberichte (und es sind Hunderttausende!) gestatten jedoch keinen Zweifel mehr an der Tatsache, dass unser Ichbewusstsein nicht unbedingt und in jedem Falle auf unseren physischen Leib angewiesen ist. Uns wohnt offenbar ein zweiter Organismus inne, der – wiewohl unsichtbar – in solchen Ausnahmezuständen als Träger unseres Ichs fungiert: der schon erwähnte Astralkörper beziehungsweise die Seele.

Neu ist dies alles nicht, es wurde nur vergessen. Im christlichen Kulturkreis vertraten die Astralkörper-Lehre unter anderem Tertullian, Synesios, Plotin, Porphyrius, Jamblichus, Prochus, Alfabi und Origenes. Auch aus dem 15. Kapitel des 1. Korintherbriefes (Vers 44) geht hervor, dass der Mensch nicht bloß aus seinem sichtbaren Körper besteht. Wenn wir die Existenz einer in uns befindlichen feinstofflichen Komponente, die der Form unseres physischen Leibes entspricht, annehmen können, so bedeutet dies, dass der Mensch aus *zwei* Wesenshälften besteht: aus einem sichtbaren und einem unsichtbaren Organismus. Unter bestimmten physiologischen Voraussetzungen ist eine zeitweilige Trennung dieser beiden „Wesensteile" möglich, und so kommt es günstigenfalls zur so genannten „Bilokation", der sichtbar werdenden Bildung eines „Doppelgängers", eines gespenstartigen „Doubles". Wenn sich nämlich der ausgetretene Astralleib genügend verdichtet, so wird er normal sichtbar. Im unverdichteten Zustand ist dies aus dem Grunde nicht der Fall, weil er das Licht nicht reflektiert und deshalb auch keinen Schatten wirft.

Im Katholizismus kennt man das Phänomen der Bilokation seit jeher, nur hat man jetzt kaum noch den Mut, darüber zu sprechen. Vielen sogenannten „Heiligen" wurde diese Begabung zugeschrieben; sie vermochten sich an andere Orte zu versetzen, an denen sie sich körperlich nachweislich nicht befanden. In neuerer Zeit wurde Pater Pio hierfür bekannt. Bei kirchlichen Heilig- und Seligsprechungs-Prozessen jedoch gilt die Fähigkeit zur Bilokation nicht als ein Merkmal von Heiligkeit, denn auch andere, möglicherweise recht unheilige Leute konnten und können so etwas ebenfalls.

Die meisten AKEs erfolgen spontan, unbeabsichtigt und unbewusst. Oft ist dies auch im Traum möglich, wie die folgende Begebenheit zeigt: Familie L. war dabei, sich ein Ferienhaus zu errichten. Als das Fundament gelegt wurde, verreiste ein Nachbar für längere Zeit. Während seiner Abwesenheit wurde das Haus fertig. Eines Abends, bei beginnender Dämmerung, sah Frau L. einen Mann auf das Haus zugehen, der einen blauen Pyjama trug und genau wie der erwähnte Nachbar aussah. Er schritt mitten durch Fichtenstämme hindurch bis zum Haus, das er mit in die Seite gestemmten Armen betrachtete. Doch plötzlich löste sich der Mann in Nichts auf! Eine Zeitlang danach war jener Nachbar wieder daheim. Er nahm, durch den Wald gehend, genau den Weg, den die Gestalt im blauen Pyjama genommen hatte, aber jetzt wich er den Fichten aus. Geradezu entsetzt blickte er das neue Haus an und sagte: *„Aber das hab ich doch alles schon gesehen! Ich sah es im Traum!"* Er sei im Traum denselben Weg gegangen wie jetzt, erzählte er, und Frau L. habe auf der Treppe gesessen, so wie jetzt auch! – Ja, und das mit dem blauen Pyjama stimme ebenfalls!

Hier liegt demnach ein sogenanntes „Deja-vu-Erlebnis" vor, das heißt, eine Gegend oder ein Gebäude kommt einem dermaßen bekannt vor, dass man meint, dort schon einmal gewesen zu sein (was irrtümlich zuweilen als Hinweis auf Szenen eines früheren Erdenlebens gedeutet wird). Auf die Frage, wieso Doppelgänger immer bekleidet wahrgenommen werden, komme ich noch zurück.

Über einen typischen Doppelgängerfall berichtete der evangelische Theologe Dr. Karl Vogt: Ein Freund von ihm erlebte schon als Kind allerlei „Übersinnliches". Einmal begab er sich im Traum zu seiner entfernt lebenden Schwester. Wie gewohnt betrat er das Haus und begab sich in die im ersten Stock gelegene Wohnung. Dort sah er seine Schwester am Tisch sitzend, beim Zeitungslesen. Er erkannte den Titel des Blattes. Um sich ihr bemerkbar zu machen, wollte er ihr die Zeitung aus der Hand nehmen. Da schaute sie erschrocken hoch, erblickte die Phantomgestalt ihres Bruders, schrie auf und fiel in Ohnmacht. – Der Träumer erwachte. Zwei Tage darauf erreichte ihn ein Brief seiner Schwester mit der Anfrage, wie es ihm gehe. Sie habe abends in einer Zeitung gelesen, da sei er plötzlich vor ihr gestanden und habe ihr das Blatt wegnehmen wollen. Vor lauter Schreck sei sie bewusstlos geworden.

Der französische General Barthaud verbürgte sich für die Wahrheit folgenden Vorkommnisses: Sein Freund befand sich als Offizier an der Front. An einem Abend betrat dieser Offizier unerwartet die Wohnung seiner Eltern. Nachdem er die Tür hinter sich geschlossen hatte, begab er sich wortlos zu einer im Zimmer befindlichen Wandtafel. Dort nahm er ein Stück Kreide, malte damit auf der Tafel einen Kreis, setzte einen Punkt in dessen Mitte und verließ den Raum, ohne ein Wort zu sagen. Es stellte sich heraus, dass der Offizier zum Zeitpunkt jenes rätselhaften Geschehens schlief. Er wusste von dem Vorgang nichts. Dass aber seitens seiner Eltern keine „Halluzination" vorlag, bewies der Kreidekreis mit dem Punkt auf der Wandtafel.

Während einer „Exkursion unseres Ichs", das heißt in der außerkörperlichen Befindlichkeit, bleiben wir voll ichbewusst, denk-, empfindungs- und handlungsfähig. Besonders aussagekräftig sind Fälle wie der folgende: Eileen, die Gattin von Lucien Landau, erlebte häufig Körperaustritte. Ihr Mann experimentierte deshalb oft mit ihr. Einmal, im September 1955, bat er seine Frau, während des nächsten „Außersichseins" zu versuchen, einen kleinen Gegenstand aus ihrem Zimmer in das ihres Mannes zu transportieren. Als nun Lucien Landau im Dämmerlicht eines heraufkommenden Tages erwachte, sah er das „Phantom", das heißt, die vollmaterialisierte Gestalt seiner Frau im Zimmer. Wie in solchen Fällen üblich, wirkte sie völlig normal und natürlich, war jedoch auffallend blass. Als sie − rückwärtsgehend − aus dem Raum glitt, folgte er ihr bis in ihr Zimmer, wo er sie doppelt erblickte: Die körperliche Eileen lag schlafend im Bett. Als die Phantomgestalt sich ihr näherte, verschwand diese plötzlich. In sein eigenes Zimmer zurückgekehrt, sah Lucien einen kleinen Spielzeughund aus Gummi am Fußboden liegen, der seiner Frau gehörte und sonst seinen Platz auf ihrem Schreibtisch hatte. Eileen erklärte schließlich, sie sei erwacht und habe sich außerhalb ihres Körpers befunden. Sogleich erinnerte sie sich an das besprochene Experiment mit dem Wunsch, es auszuführen. Offenbar rein willensmäßig gelang es ihr, das Hochheben und Transportieren des Spielzeugs zu bewerkstelligen. Sie sagte: *„Ich erinnere mich, dass ich ihn durch die Tür trug, über den Treppenabsatz ins andere Zimmer. Ich empfand den Hund nicht als schwer, und es war auch nicht schwierig, ihn festzuhalten."*

Sir Ernest Bennet[14] berichtet über Begebenheiten mit einem Mann namens Samuel Bull, der an Krebs gestorben war. Seine Witwe blieb, zusammen mit einem Enkel, weiterhin im Hause wohnen. Bald jedoch erkrankte Frau Bull so schwer, dass sie ans Bett gefesselt blieb. Um sie betreuen zu können, zog eine Tochter mit Mann und fünf Kindern zu ihr. Somit lebten dort neun Personen. Plötzlich begannen gespensterhafte Manifestationen des verstorbenen Mr. Bull. Man sah ihn die Treppe zum zweiten Stock hinaufgehen und durch die geschlossene (!) Tür in sein Sterbezimmer eintreten. Dies wiederholte sich öfters, und die anfängliche Reaktion der neun Hausbewohner bestand in entsetztem Schreien und Aufgeregtheit. Schließlich aber gewöhnte man sich daran, ja man empfand sogar einen gewissen Respekt der Erscheinung gegenüber, obwohl dies alles verständlicherweise bedrückend blieb. Manchmal hielt sich die Phantomgestalt des Mr. Bull bis zu einer halben Stunde im Haus auf, lebensecht und für alle sichtbar.

Die Bekleidung entsprach jener, die der Verstorbene nach dem Heimkommen von der Arbeit zu tragen pflegte. Ohne zu reden, nahm er stets einen Platz neben dem Krankenlager seiner Frau ein. Mitunter legte er eine Hand auf ihre Stirn. Sie empfand die Hand als fest, aber kalt. Zweck und Sinn der sichtbaren Besuche des Abgeschiedenen bei seiner schwerkranken Frau war wohl, sie zu begleiten, denn sie starb, kurz nach seiner letzten Manifestation, am 9. April.[15]

Bemerkenswert ist in diesem Fall der hohe Grad an Beweiskraft, denn die Phantomgestalt wurde nicht nur einmal, sondern erstaunlich oft und von insgesamt neun Personen gesehen und erlebt. Hier noch von Halluzinationen reden zu wollen, wäre reichlich unglaubwürdig! Dieses beliebte Gegenargument wird auch durch die häufige Beobachtung entkräftet, dass Tiere auf (für uns) unsichtbare Erscheinungen reagieren.

Dass der Doppelgänger auch schon fotografiert werden konnte, sei nur am Rande vermerkt. Forscher und Institute konnten überzeugendes Material erarbeiten und die Existenz nicht nur des Astralkörpers nachweisen, sondern auch das Vorhandensein weiterer feinstofflicher Strukturen, die offensichtlich zur Konstitution des Menschen gehören. Pionierarbeit leistete unter anderem das De-la-Warr-Laboratorium in Oxford. Prof. Dr. Hornell Hart (gest. 1970) von der Duke-Universität gründete 1953 ein Forschungszentrum zur Untersuchung von AKEs. Mit 15 Mitarbeitern verschiedener Nationalität und nach Abwägung aller in Frage kommenden Hypothesen gelangte man zu dem Ergebnis, dass unser Körper ein feinmaterielles Gegenstück birgt, das sich vom physischen Leib zeitweilig trennen kann und relativ unabhängig ist von Raum und Zeit.[16] Während derlei Forschungen im Westen weitgehend ignoriert werden, interessierten sich die Sowjets um so mehr dafür.

In deutscher Sprache steht von Prof. Dr. Dr. Andreas Resch, Innsbruck, ein umfangreiches Angebot an Fachliteratur aus dem Gesamtgebiet der Grenzbereichforschung zur Verfügung, einschließlich der Zeitschrift „Grenzgebiete der Wissenschaft". Eine interdisziplinäre Fundgrube für ernsthaft Interessierte.[17]

Befohlener Körperaustritt in Hypnose

Im Juli 1908, ein Jahr vor seinem Tode, gab der französische Forscher Dr. Hippolite Baraduc (1850-1909) einer Frau einen post-hypnotischen Auftrag mit folgenden Worten: *„Am kommenden Montag werden Sie um 21 Uhr müde, legen sich zu Bett und schlafen sofort ein. Dann verlassen Sie Ihren Körper und Ihre Wohnung*[18] *und kommen hierher, steigen durch jenes Fenster herein, setzen sich auf jenen Stuhl und drücken eine Seite der Waage soweit herunter, dass dadurch ein Stromkreis geschlossen wird und die elektrische Klingel ertönt."*

Zu dem betreffenden Abend hatte Dr. Baraduc einige Wissenschaftler sowie eine Hellseherin eingeladen. Das erwähnte Fenster war mit einem in Schwefelkalzium getränkten Stoff bespannt worden. Ein gleichermaßen behandelter Stoff war über einen Stuhl gespannt. Im Zimmer herrschte totale Dunkelheit. Mitten im Raum stand eine einfache Tafelwaage, und zwar unter einer Glasglocke, so dass sie von niemandem berührt werden konnte. Kurz nach 21 Uhr ließ sich die Hellseherin vernehmen: *„Ich sehe ein Gespenst in menschlicher Gestalt durch das Fenster hereinsteigen."* Zugleich sahen alle Teilnehmer den Schwefelkalzium-Schirm in den Umrissen eines Menschen aufleuchten! Danach verdunkelte sich der Stoff wieder.

Nun meldete die Hellseherin: *„Jetzt setzt sich das Gespenst auf den Stuhl."* Und sofort sah man auch dort das entsprechende Aufleuchten. *„Nun geht das Gespenst zur Waage"*, und gleich darauf läutete der Klingelapparat! – Als jetzt Licht angemacht wurde, sah man die Waage in lebhafter Bewegung. Um den Klingelkontakt auszulösen, musste man eine Seite der Waage mit einem Gewicht von 26 Gramm belasten. Mit dieser Gewichtskraft hatte also der Astralleib einer *lebenden* Person den Waagebalken heruntergedrückt.

Bemerkenswert im Zusammenhang mit dem Doppelgänger-Phänomen ist der sogenannte „Bouvier-Effekt": Der seinerzeitige französische Magnetopath und Heiler Alphonse Bouvier ließ sich 1917 sein Verfahren patentieren, welches darin bestand, amputierte Körperteile magnetopathisch zu behandeln und sodann zu fotografieren. Auf den Bildern war zum Beispiel ein fehlendes Bein umrisshaft deutlich erkennbar. Unter Einsatz modernster Kontrollapparaturen würde es sich gewiss lohnen, derartige Versuche wieder aufzunehmen. Da ich infolge einer Kriegsverwundung selber beinamputiert bin, ist für mich der innere Feinstoffkörper keine gewagte Hypothese: Noch nach mehr als 60 Jahren spüre ich meinen Fuß und kann die (nicht mehr vorhandenen) Zehen bewegen! Ärztlicherseits versichert man, die Ursache dieser Empfindungen sei eine unbewusste Ganzheitsvorstellung im Gehirn und kein irgendwie gearteter „zweiter Körper". Nun, ich glaube dies besser zu wissen und freue mich schon jetzt, dereinst, nach meinem Abschied von dieser Welt, wieder „komplett" zu sein!

Der rätselhafte Tod des Zugführers Novotny

In einem Prager Lazarett wurde im Ersten Weltkrieg ein erkrankter Soldat eingeliefert, der Zugführer Novotny. Er kam von der italienischen Front und litt an hohem gastritischen Fieber. Am Abend stieg sein Fieber an. Im Delirium fantasierte er, als ob er sich an der Front in einem Gefecht befände. Mehrmals rief er den Namen seines Freundes Wenzel aus, der bei derselben Kompanie im Einsatz war. Am Morgen darauf fand man Novotny apathisch im Bett liegen, mit einer frischen Schusswunde: Das Geschoss war dicht unter der linken Brustwarze eingedrungen, hatte das Herz gestreift und den Körper dann zwischen zwei Rippen wieder verlassen. Es war aber kein Schuss gehört worden. Das blutige Bettzeug war an keiner Stelle durchlöchert. Man fand auch kein Projektil. Novotny starb an dieser Verwundung.

Kurze Zeit später erhielten die Eltern des Gestorbenen eine Feldpostkarte von Wenzel, dem Freunde ihres Sohnes. Wenzel schrieb, er habe leider die traurige Pflicht, ihnen den vermutlichen Heldentod ihres Sohnes mitzuteilen. Er, Wenzel, habe ihn bei einem Sturmangriff am

16. jenes Monats plötzlich neben sich auftauchen und mitstürmen gesehen. Auf einmal sei er jedoch, von einer Kugel getroffen, zusammengestürzt. Nach dem Kampf sei er aber, trotz eifrigen Suchens, nicht gefunden worden. Wenzel habe die Gesichtszüge und die Stimme seines Kameraden deutlich erkannt. Es könne also kein Irrtum vorliegen. Nur sei er, Wenzel, erstaunt gewesen, dass sein Freund so rasch aus dem Lazarett zurückgekommen sein sollte.

Diese Begebenheit kann man nur so deuten, dass Novotny – im Fieberzustand – seinen Körper unbewusst verlassen hatte. Erstens tritt bei hohem Fieber eine Lockerung unseres inneren Körpers ein, und zweitens weilte er gedanklich bei seinen Kameraden an der Front. Dies bewirkte, dass er sich astralkörperlich wirklich dort befand. Dabei verdichtete er (wiewohl unbewusst) seinen Astralleib bis zu einem Grade, dass er nicht nur erkannt wurde, sondern dass die dem Astralkörper zugefügte Verletzung sich auf den physischen Leib übertrug. Die Seltenheit mancher Vorkommnisse mindert in keiner Weise ihre Realität...

Ein seltener Fall von Schlafwandeln

Die Eltern eines 16-jährigen Mädchens kamen abends spät nach Hause. Da erblickten sie ihre Tochter schlafwandelnd auf einem Mauervorsprung *vor* ihrem Schlafzimmer! Als die Eltern das Zimmer betraten, war das Fenster geschlossen, und ihre Tochter lehnte starr und steif an der Fensterseite der Zimmerwand. Sie antwortete nicht. Gleichzeitig aber schlafwandelte sie draußen auf dem Mauersims! Das, was im Raume an der Wand lehnte, war ihr *physischer* Leib. Was draußen vor dem Fenster agierte, war ihr vollmaterialisierter *Astralleib*. Glücklicherweise wussten die Eltern, dass sie ihre Tochter in besagter Situation nicht anrufen durften; sie wäre erwacht und abgestürzt. Des Morgens war das Mädel sehr erschöpft, hatte aber keinerlei Erinnerung an das Vorgefallene.

Auch während des Schlafes können Körperaustritte erfolgen, das heißt im Traum. So etwas passierte uns allen sicherlich schon oft, nur nahmen wir keine Erinnerung mit hinüber ins Wachbewusstsein.

Der spätere parapsychologische Forscher Emil Lattinger aus Graz erlebte als Student Folgendes: Auf dem Sofa liegend, war er eingeschlafen. Im gleichen Raum machte seine jüngere Schwester ihre Schulaufgaben. Lattinger träumte nun von einem Stadtspaziergang. Da sah er seinen Vater kommen, und er sprang rasch ins nächste Haustor, um ihm nicht zu begegnen. Als er annehmen konnte, dass der Vater vorbeigegangen sei, trat Lattinger wieder hervor. Da näherte sich eine Dame, stieß einen Schrei aus und fiel in Ohnmacht! Damit endete der Traum.

Der Vater kam heim und begann, seinem Sohn Vorwürfe zu machen, wegen dessen Benehmens soeben auf der Straße. Aber Lattingers Schwester bezeugte, dass ihr Bruder die ganze Zeit auf dem Sofa gelegen hatte. Nächstentags meldete die Lokalpresse, eine Dame sei auf der Straße einem jungen Mann begegnet, der sich plötzlich in Luft aufgelöst habe. Mit einem Aufschrei sei die Dame ohnmächtig zusammengebrochen...

Das Sich-selber-sehen

Vom deutschen Dichter J. W. von Goethe ist bekannt, dass er während eines Rittes zwischen Sesenheim und Drusenheim sich selber zu Pferd entgegenkommen sah, *„und zwar in einem Kleide, wie ich es nie getragen: Es war hechtgrau, mit etwas Gold"*. Nach acht Jahren ritt Goethe noch einmal diesen Weg, und zwar in jener Kleidung, die er damals gesehen hatte!

Ob hier das Phänomen des Sich-selber-sehens (*Autoskopie*) im Sinne der Doppelgängerei vorlag oder spontan auftretendes Hellsehen in die Zukunft, bleibe dahingestellt. Ähnliches muss aber ehedem öfters vorgekommen sein, denn im Volksmund entstand die Meinung, dieses Phänomen würde den baldigen Tod der betreffenden Person bedeuten. Dies war mitunter der Fall, aber nicht immer. Aus Heidelberg stammt folgender Bericht dazu:

„Als Schüler hatte mein Vater im elterlichen Haus ein kleines Studierzimmer, mit einem Fenster und einem Bücherregal längs an der Wand.

Eines Tages kam er aus dem Garten herauf, öffnete die Tür und sah sich selber am Bücherregal stehen. Er stutzte, ging auf die Erscheinung zu und – alles war weg! Später, als junger Pastor, kam er einmal eilig die Treppe herauf und trat in sein Studierzimmer. Da sah er sich am Fenster stehen. Er erschrak, ging ans Fenster – nichts war da. Diesmal machte es ihn nachdenklich.

In seinem 76. Lebensjahr – er war schon in Pension – kam er einmal mühsam die Treppe herauf, öffnete seine Tür zum Studierzimmer und sah sich am Schreibtisch sitzen, wie ein Mensch sitzt, wenn er ein wenig müde ist. Er blieb stehen, da verschwand die Gestalt. Nun rief er meine Mutter und erzählte ihr alles, von allen drei Selbstbegegnungen. Sie meinte, der Herrgott wolle wohl einen Wink geben: Vater solle sein Haus bestellen. Das sagten aber die beiden uns Kindern nicht, sondern er begann, sich unmerklich auf die Ewigkeit vorzubereiten. Sechs Wochen nach dieser letzten ‚Verdoppelung‛ starb mein Vater an einer Lungenentzündung.‟

Der evangelische Theologe Hermann Dalton erzählt in seinen Lebenserinnerungen von seinem Vater, der allwöchentlich ein paar gesellige Stunden mit einem Freundeskreis zu verbringen pflegte. Als dies auch am Abend vor seinem 57. Geburtstag der Fall war, betrat er totenbleich und mit schreckerstarrtem Gesicht den Raum. Erschrocken über sein Aussehen, wurde er gefragt, was denn geschehen sei? *„Vater wehrte ab, blieb still und in sich gekehrt. Früher als sonst verließ er die Versammlung.‟*

Auf dem Heimweg berichtete er dem ihn begleitenden Hausarzt: Als er langsam die breite, hell erleuchtete Treppe zum ersten Stock emporstieg, klopfte ihm jemand auf die Schulter. Er wandte sich um und sah, eine Stufe tiefer, deutlich sich selbst stehen! Unwillkürlich habe er die Augen geschlossen und sei weitergegangen. Da, ein zweites Mal die sachte Berührung an der Schulter, und als er sich umdrehte, die gleiche Erscheinung! Irgendwelche Spiegel gab es hier nicht, auch hatte die Phantomgestalt den Hut in der *Hand*, während er selbst ihn auf dem Kopf trug...

Der Bericht schließt mit den Worten:

„Der rätselhafte Vorgang sprach sich herum. Sich selber zu sehen bedeute, noch vor Ablauf des Jahres zu sterben. Nüchternen Sinnes sah mein Vater in jenem Vorgang den Wink einer höheren Macht. Er ordnete daher alle seine weltlichen Angelegenheiten. Zu Weihnachten erkrankte er ernstlich, und am 31. Dezember ist er friedlich hinübergegangen in die andere Welt."

In dem dreibändigen, bislang nie widerlegten Werk des verdienstvollen Forschers Dr. Emil Mattiesen mit dem Titel *„Das persönliche Überleben des Todes – Eine Darstellung der Erfahrungsbeweise"*[(19)] ist von einem 18-jährigen Studiosus die Rede, der sich vom Schreibtisch erhob, um aus der Bibliothek im Nebenzimmer ein Buch zu holen. Als er, mit dem Buch in der Hand, zurückkehren wollte, gewahrte er – an der Schwelle stehend – sich selbst an dem eben verlassenen Schreibtisch sitzend! *„Ich sah mich... den Satz schreibend, den ich im Geiste gerade überlegte. Ich weiß nicht, wie lange es dauerte, aber es fehlte nichts an der Erscheinung, weder die Lampe mit ihrem grünen Schirm noch die Bücherreihe mir zu Häupten, die Hefte... es war alles da. Ich hatte das klare Bewusstsein, auf der Türschwelle zu stehen, aber gleichzeitig hatte ich das Gefühl, auf dem Stuhl dort zu sitzen und mit meinen Fingern den zum Schreiben nötigen Druck auf den Federhalter auszuüben."* Der junge Mann sah sich nicht nur dort sitzen, sondern er sah und las auch den Satz, den er schrieb. *„Darauf bin ich an den Tisch gegangen, und – die Verdoppelung war zu Ende."*

Vorkommnisse dieser und ähnlicher Art deuten abermals auf das Vorhandensein mehrerer „Körper" oder Persönlichkeitsschichten in uns hin, mit jeweils eigener biologisch-physiologischer Funktionsweise. Im letztgenannten Fall blieb das Ichbewusstsein im physischen Leib. Beim „normalen" Doppelgänger-Phänomen jedoch scheint es sich in den Astralkörper zu verlagern. Dieser kann sich in mehrere Persönlichkeitsstrukturen spalten, worauf seinerzeit schon die Experimente von Forschern wie Hector Durville und Albert de Rochas hindeuteten. An dieser Stelle mehr sagen zu wollen, würde zu weit führen. Man wird wohl oder übel um das Studium entsprechender Fachliteratur nicht herumkommen, wenn man sich eine gut fundierte eigene Meinung bilden möchte. Auf jeden Fall empfiehlt es sich, Begriffe wie *Äther-*, *Astral-* oder *Mentalkörper* nicht voreilig als „esoterischen Unfug" abzutun. Immerhin widerlegen Phänomene wie jene der AKEs, der Bilokation sowie der nachtodlichen Erscheinung Verstorbener zur Genüge die Behauptung, es gäbe keine Beweise für die Unabhängigkeit unseres Ichbewusstseins oder der Psyche vom Körper.

Im 2. Korintherbrief, Kap. 12, 2-4, spricht Paulus von einem Mann (vermutlich er selbst), der bis in den dritten Himmel entrückt worden sei: *„Ich weiß allerdings nicht, ob es mit dem Leib oder ohne den Leib geschah."* (Einheitsübersetzung, 1979) Luther: *„Ist er in dem Leibe gewesen, so weiß ich's nicht, oder ist außer dem Leibe gewesen, so weiß ich's auch nicht. Gott weiß es."* Ähnlich Vers 5, wo von einer Entrückung ins Paradies die Rede ist. Zweifellos handelt es sich hier um außerkörperliche Erfahrungen. Solche passen aber „modernen" Theologen ganz und gar nicht, deshalb vermerkten die „Experten" der Einheitsübersetzung in einer Fußnote: *„Den bildhaften Ausdruck von der Entrückung ‚in den dritten Himmel' (Vers 2) oder ‚ins Paradies' (Vers 4) übernimmt Paulus aus zeitgenössischen Jenseitsvorstellungen."* – Aha! Später wird man vermutlich mal über die zeitgenössischen Vorstellungen unserer Einheitsbibel-Übersetzer lächeln. Aber modernistische Theologen eines Besseren belehren zu wollen, ist, wie Pfarrer Dr. Carl Andreas Skriver einmal schrieb: *„...uferlos und sinnlos. Den Leuten ist nicht zu helfen."*

Der Volksmund pflegt zu sagen: *„Da ist Hopfen und Malz verloren."* Derber drückte sich mir gegenüber ein Theologe aus, der seine psychoanalytisch verbildeten Kollegen schlicht „Hornochsen" nannte...

Ein weiteres interessantes Beispiel hierzu ist folgendes: Ein deutscher Soldat namens Radek stand nachts auf Wache, neben einer hohen Betonmauer. Es tobte ein orkanartiger Sturm. Der Mann schaute zu einer Tür hin, gegenüber von seinem Standort, als er dort, total überrascht, sich selber stehen sah! Er ging auf die Erscheinung seines Doppelgängers zu, und kaum hatte er seinen Platz verlassen, als die Betonmauer umstürzte, und zwar nach jener Seite, wo er eben gestanden hatte: Sein Doppelgänger hatte ihm also das Leben gerettet! Ob es wirklich sein eigener innerer Leib war, sei dahingestellt. Von „drüben", also durch ein Medium aus dem Jenseits mitgeteilt, war einmal erklärt worden, dass gegebenenfalls auch ein *Schutzgeist* das Aussehen seines Schützlings annehmen kann.[20] Manche Geister- oder Doppelgänger-Manifestationen können aber auch weiter nichts als regelrechte *Gespenster* sein, nämlich seelenlose Phantomgestalten oder gedankliche Vorstellungsformen. Die Welten außerhalb der Wahrnehmungsfähigkeit unserer Sinne sind ebenso vielfältig und variabel wie alles in der Natur.

Einen speziellen Fall des Sich-selber-sehens erlebte der Münchner Architekt Dipl.-Ing. Dr. Karl Sch.: Als er eines Tages nach Hause kam, sah er an seinem Schreibtisch einen fremden Mann sitzen. Über das Reißbrett gebeugt, arbeitete er eifrig und konzentriert. Im ersten Moment ärgerte sich Dr. Sch. über seine Haushälterin, die da einen Fremden in die Wohnung gelassen hatte. In der Absicht, den Eindringling zu beobachten, blieb Sch. an der Tür stehen. Doch zu seinem größten Erstaunen erkannte er in dem unbekannten Besucher... sich selbst!

Dies alles geschah bei vollem Tageslicht: Der Mann trug dieselbe Kleidung wie Sch. selbst. Etwa zehn Minuten lang beobachtete er seinen Doppelgänger, der emsig weiterarbeitete. Dann sank die Gestalt allmählich unter den Tisch: Zuerst verschwanden die Füße, dann lösten sich die Unterschenkel auf, bis die Figur ganz verschwunden war. Währenddessen spürte Sch. an sich selbst nicht das Geringste. Als er schließlich ans Zeichenbrett trat, fand er zu seiner größten Überraschung die zeichnerische Lösung eines schwierigen Konstruktionsproblems vor, das ihn seit Tagen stark beschäftigte − es ging um den Entwurf einer Theaterkuppel. Sein eigener Doppelgänger zeigte somit in einer richtig entworfenen Bauzeichnung eine Lösung auf, an die er selbst nicht im Geringsten gedacht hatte! In diesem Fall agierten also zwei Intelligenzen derselben Person gleichzeitig, wobei interessant wäre zu wissen, in welchen von beiden körperlichen Erscheinungsformen (physischer und Astralleib) der Persönlichkeitskern verblieb.

Diese Frage bleibt auch beim folgenden, ähnlich gelagerten Fall ungeklärt. Herr von W. berichtet:

„Ich saß in einem Kreise interessanter Menschen und sprach über irgend etwas. Plötzlich fühlte ich mich rechts neben mir stehen und hörte mir interessiert und kritisch zu, ob meine Ausführungen auch klar wären. Nach etwa einer Minute war ich wieder in meinem Körper. Ich habe mich nicht gesehen, sondern nur gehört, und auch keinerlei unangenehmes Gefühl beim Verlassen und Wiedereinschlüpfen in den Körper gehabt. Auch habe ich mich gar nicht gewundert, dass ich mir zuhören konnte, das kam erst nachher. Meine Zuhörer hatten nichts gemerkt."

...wie wenig wissen wir doch über unser eigentliches Wesen!

Wieso zeigt sich der Astralkörper bekleidet?

Die häufig beobachtete Tatsache, dass sowohl aus ihrem Körper ausgetretene *Lebende* als auch *Jenseitige* bei ihrer Sichtbarwerdung (Materialisation) *bekleidet* auftreten, ist einer der Gründe, warum man derlei Unglaubwürdigkeiten als „Halluzinationen" abtut. Man hält es für Phantasterei, dass in der außerkörperlichen Welt – dem Jenseits – andere Naturgesetze herrschen sollen, doch ist dies nichts weniger als logisch: In den jenseitigen Seins-Ebenen hängen sowohl das Aussehen unseres Astralkörpers als auch unsere (astralweltliche) Umgebung von der ethischen Qualität unserer persönlichen Entwicklungsstufe ab!

Ob uns solches passt oder nicht: Hier handelt es sich um ein Beobachtungswissen, welches zumindest als denkbare Hypothese in Betracht gezogen werden sollte. M. Kahir bemerkt hierzu in seinem Buch *„Nahe an 2.000 Jahre – Gegenwart und Zukunft in prophetischer Schau"*: Nach dem Körpertode formt sich *„die neue Wohnwelt genau nach den entsprechenden Seeleneigenschaften, die jeder Mensch in sich entwickelt hat. Das Wort ‚Innewerden' drückt doch gerade jenes ‚innere Werden' aus... Weil aber die Schöpfungen der lebendigen Seele keine toten Gebilde sind, so können die Sphären (Lebensbereiche) Gleichgearteter gleichsam ineinanderfließen... Damit entstehen jene großen ‚Geistersphären' guter oder böser Art, wie sie alle großen Seher übereinstimmend schildern."*

In der Paraforschung kennen wir den Begriff „Ideoplastie". Es hat dies mit Gedanken- und Vorstellungskräften zu tun und den damit verbundenen psychosomatischen Wechselwirkungen. Durch Hypnose beispielsweise kann man ohne weiteres körperliche (organische) Veränderungen bewirken, wie zum Beispiel mit der Suggestion: *Die Münze auf dem Arm wird immer heißer und heißer!"* Ergebnis: Es bildet sich eine Brandblase, hier als Folge einer Fremdsuggestion. Umgekehrt kann bewusste oder unbewusste Autosuggestion zu Krankheit führen oder zum Wohlbefinden beitragen. Hierher gehört auch das Phänomen der *Stigmatisation* (das Erscheinen der Wundmale Christi), welches keineswegs nur unter Katholiken vorkommt. Unechte Stigmata beruhen zumeist auf falschen Vorstellungen des Kreuzigungsvorganges (Nagelschlag durch die Hand-Innenfläche) und dürften also autosuggestiven Ursprungs sein; echte Stigmata strömen Wohlgeruch aus und bleiben ohne Entzündungen und Eiterungen.

Im Zusammenhang mit dem Bekleidetsein des ausgetretenen Astralkörpers verdient noch bemerkt zu werden, dass sich auch sogenannte „Astralwanderer" (Menschen, die ihren physischen Leib bewusst und häufig verlassen) bei ihren „Ausflügen" nicht unbekleidet finden. Einer von ihnen, Sylvan Muldoon, machte sich Gedanken darüber, wieso er bei seinen Exkursionen Kleider trägt. Ebenso wie andere, bemerkte er schließlich, dass er sie unbewusst selber schuf. *„Die Gedanken"*, sagt er, *„haben in der astralen Welt schöpferische Kraft und nehmen Formen an."*[21]

Somit ist auch *bewusste* Gestaltung möglich. Das folgende Beispiel, das zugleich einen beeindruckenden Identitätsbeweis der sich manifestierenden jenseitigen Person darstellt, schildert der Forscher Dr. Julian Burton: Beim Hantieren in der Küche sah er plötzlich seine an einem Schlaganfall gestorbene Mutter dastehen. *„Sie war voll sichtbar und sah viel jünger aus als zur Zeit ihres Todes. Sie trug ein durchsichtiges, hellblaues, mit Marabu-Federn verziertes Kleid, das ich nie an ihr gesehen hatte."* Die Gestalt der Mutter löste sich langsam auf.

Als Burton am nächsten Tag seiner Schwester telefonisch dieses Erlebnis schilderte, begann diese zu weinen und sagte, es müsse wirklich die Mutter gewesen sein. Denn zwei Wochen vor deren Hinscheiden sei sie mit ihr in einem Kleidergeschäft gewesen. Dort habe die Mutter eben dieses hellblaue Kleid anprobiert, das ihr ausnehmend gefiel. Wegen des hohen Preises aber sah sie sich leider gezwungen, auf den Kauf zu verzichten.

Bei ihrer nachtodlichen Manifestation muss sich diese Frau also ihren Herzenswunsch erfüllt haben. In jenseitigen Bereichen von höherer Stufe ist erfreulicherweise kein Geld mehr erforderlich; es genügt, sich das Erwünschte klar vorzustellen. [22]

Hier könnte man nun den Einwand bringen: *„Ja, dann sind vielleicht auch die vielen Himmels- oder Höllenvisionen während Nahtod-Erlebnissen (NTEs) weiter nichts als eigengedankliche Schöpfungen aufgrund persönlicher religiöser Vorstellungen?"* Die gesamte Thanatologie wäre somit wertlos? – Gemach! Erstens machen auch unreligiöse, ja sogar betont atheistisch eingestellte Personen solche Nahtod-Erfahrungen und zweitens wird man sich wohl kaum, wenn man dem Tode nahe ist, höllische Szenarien wünschen.

Immer bevor jemand starb: Der Harmonika-Lipp

Die nachfolgende Begebenheit handelt von einem echten Spuk-Erlebnis, welches ein älteres Ehepaar aus Kärnten schilderte. Im dortigen Sprachgebrauch ist das Wort „Keusche" üblich. Darunter versteht man ein einfaches Haus oder Häuschen.

Der Kärntner wuchs in einem kleinen Landstädtchen auf. Etwa zwei Wegstunden davon entfernt war ein Dorf. Man bekam dort zur Zeit der Obstreife einen ausgezeichneten Most. Deshalb waren seine Eltern oft mit ihm dorthin gepilgert. Er erzählt:

„Das Dorf war nicht klein, weit zerstreut lagen die Häuser und Keuschen. Unweit der waldbestandenen Landstraße, schon nahe der dichteren Siedlung, stand eine Ruine, genannt die Schusterkeusche. Nur die

*geborstenen Grundmauern ragten noch empor, die Tür- und Fenster-
öffnungen waren eben noch zu erkennen. Meterhoch wuchsen rundher-
um Gras und Nesseln, Schlingpflanzen bedeckten Steine und Ziegel.
Etwas unsagbar Düsteres ging von diesem zerfallenden Mauerwerk aus.
Die Mutter nahm mich stets fester bei der Hand und führte mich ra-
schen Schrittes an dieser Ruine vorbei, wenn es schon dämmerte oder
gar die Nacht herabsank. Nach Möglichkeit mied man nachts diesen
Weg. Man erzählte sich nämlich, dass zuweilen – Schlag Mitternacht –
die Schusterkeusche erleuchtet sei und dann töne ganz deutlich Harmonikaspiel heraus. Das sei dann immer ein Vorzeichen dafür, dass im
Dorf bald jemand sterben würde."*

Der Erzähler erfuhr diese Dinge nicht von seinen Eltern. Die liebten
solche Gespräche nicht. Aber *„es ging im Dorf herum"* und weckte bei
ihm brennendes Interesse, Näheres zu erfahren. Von einer alten, ge-
beugten Näherin, die bei den Leuten Flickarbeiten erledigte, erfuhr er
schließlich Folgendes: *„Manchmal"*, so sagte die alte Aga (so wurde sie
genannt), *„wird ein Mensch schon bei der Geburt heimgesucht. Was für
ein Glück ist es doch, wenn einem der Herrgott gerade Glieder gegeben
hat. – In der Schusterkeusche"*, so fuhr sie fort, *„lebte zuletzt ein Ehepaar,
dem viele Jahre hindurch ein Kind versagt blieb. Endlich war es doch so
weit, ein Bub kam zur Welt. Aber es war eine Missgeburt: Der Kopf zu
groß, die Arme zu lang, die Beine verkrüppelt. Ein bisschen wuchs sich der
arme Lipp – man hatte ihn Philipp getauft – noch zurecht. Der Kopf wurde
fast normal, die Arme passten sich dem aufwachsenden Körper an, aber die
Beine! Sie schlotterten immer einwärts; auch ein längerer Spitalaufenthalt
vermochte nichts zu ändern."*

Der Lipp war nicht dumm. Er hätte einen besseren Beruf ergreifen
können, wenn seine Eltern das Geld dazu gehabt hätten. Das Erstaunliche an ihm war, dass er wunderschön singen und pfeifen konnte. Lernen musste er schließlich etwas, und so nahm ihn der Flickschuster des
Dorfes in die Lehre – zumal man beim Schustern sitzen kann. Und
weil er so schön sang, wurde er in den Kirchenchor aufgenommen.
Manch einer, der unten in der Kirchenbank saß, wischte sich die Augen,

wenn er daran dachte, *wer* es war, der zur Ehre Gottes wie ein Engel sang.

Die Eltern vom Lipp starben. Er blieb allein. Im Dorf war er sehr beliebt, und zu Weihnachten gab es für ihn, mit den anderen Armen der Gemeinde, kleine Geschenke. Wieder einmal nahte die Weihnachtszeit. Der Ortsvorsteher ließ sich vom Lipp ein Paar Schuhe reparieren und fragte leutselig, was Lipp sich heuer zu Weihnachten wünsche. Es dürfe durchaus etwas Besonderes sein, als Dank für das schöne Chorsingen. Da legte Lipp sein Werkzeug hin, faltete bittend die Hände und sagte treuherzig, wenn er wirklich um etwas bitten dürfe, dann bitte er... um eine Ziehharmonika (Akkordeon)!

Dem Vorsteher blieb der Mund offen: Was, so etwas Teueres?! Er hatte gemeint, der Lipp würde sich eine warme Weste oder dicke Strümpfe wünschen. Verstimmt ging er weg und erzählte, halb erbost, halb lachend, während der nächsten Gemeinderatssitzung von Lipps Wunsch. Der Inhaber eines Kaufladens aber zog nachher den Pfarrer und den Gemeindevorsteher beiseite: Er wolle versuchen, eine gebrauchte Harmonika zu beschaffen. Der arme Lipp sei doch so ein braver Bursch und so übel dran mit seinem unverschuldeten Gebrechen...

Am Weihnachtsabend erfolgte, wie alljährlich, eine Bescherung für die Armen. Auch der Lipp bekam ein Paket mit Äpfeln, Nüssen, Kletzenbrot und einem Paar warmen Strümpfen. Der Pfarrer war da, der Dorfvorsteher und jener Kaufmann. Schon wollte sich der Lipp mit einem leisen „Dankeschön" auf seinen Watschelbeinen davonmachen, als ihn der Kaufmann beim Ärmel nahm: *„Schau Lipp, da ist noch was für dich!"*

Unterm Lichterbaum lag ein Kasten. Der Pfarrer machte ihn auf. Der Lipp konnte nicht schnell genug alles, was er in den Händen hatte, weglegen, stürzte fast über seine armen Beine, eilte hin, sah mit Augen, aus denen die Tränen stürzten, bald den einen, bald den andern an, zog die Harmonika heraus, küsste sie, drückte sie an seine Brust – kurz: Er geriet in einen wahren Freudentaumel! Wie sollte er danken? Die Herren hatten sich, selber die Augen nass, leise davongemacht. Lipp jedoch war im Himmel! Er hatte eine Harmonika!

Von da an hörte man den Lipp im Schusterhäusl täglich üben. Bald schon beherrschte er das Instrument. Nun spielte er auf, wann und wo immer man wollte. Oft stand er vor der Kirche, selbst bei Schnee oder Regen, wenn ein armes Paar heiratete, das sich keine Orgelmusik leisten konnte (!). Die Flickschusterei hatte er aufgegeben, nur seine Harmonika liebte er noch; sie war sein Ein und Alles. Bei einer Tanzerei zur Winterszeit muss er sich eine Grippe geholt haben. Er legte sich nieder, *„für ein paar Tage"*, wie er meinte, *„dann spiele ich euch wieder auf"*. Neben sich am Bett hatte er seine Harmonika stehen. So fand ihn eine Nachbarin, die ihn ein wenig betreute. Er lag schon lange steif und tot, die Finger fest um die Lederschlaufe seiner Harmonika gekrallt...

„Nicht lange darauf", so erzählte die alte Näherin weiter, *„wurde getuschelt, im Schusterhaus geistere es. Um Mitternacht brenne Licht, und man höre den Lipp Harmonika spielen. Ich selber hab's gehört und gesehen, und jedes Mal ist jemand in der Gemeinde gestorben. Der Lipp hat eine schier sündhafte Liebe zu seiner Harmonika gehabt; das darf man auch nicht, sein Herz so stark an etwas Irdisches hängen."*

Der Erzähler dieser Begebenheit hätte nun gern einmal selber das Licht in der Schusterkeusche gesehen und die gespenstische Musik des Lipp vernommen. *„Allein hinzugehen in tiefer Nacht, fürchtete ich mich. Und ich hatte niemanden, den ich ins Vertrauen ziehen konnte."*

Jahre vergingen. Der alte Pfarrer war inzwischen gestorben, und ein neuer junger Geistlicher kam, mit dem sich unser Berichterstatter rasch anfreundete.

„Einmal, als wir zu später Stunde beisammensaßen, kam mir der Geisterspuk um das Schusterhaus in den Sinn, und ich erzählte dem Priester die Einzelheiten. Er war ein lebhafter, aufgeschlossener Mensch. Entgegen vielen anderen seines Standes glaubte er an die Möglichkeit von Geistererscheinungen. Nur meinte er im Falle des Lipp, es müsse durchaus keine sündige Liebe zu einem irdischen Gegenstand – der Harmonika – die Ursache seiner Ruhelosigkeit nach dem Körpertod sein. Der Lipp sei doch ein guter, dankbarer Mensch gewesen. Vielleicht wolle er sich auch noch nach seinem Hinübergang dankbar erweisen,

indem er die Mitmenschen seiner Gemeinde vor einem unvorbereiteten Sterben bewahren möchte und sie rechtzeitig warnt."

Der junge Priester äußerte den Wunsch, der Sache auf den Grund zu gehen. Er wolle in den folgenden Nächten zum Schusterhäusl gehen, natürlich ohne jegliches Aufsehen. Wenn er (unser Berichterstatter) wolle, könne er mitkommen.

Es war Sommer und Ferienzeit. Immer wieder stiegen die beiden zur Ruine des Schusterhauses hinauf und standen die ganze Mitternachtsstunde davor. Nichts geschah. Meistens gingen sie schweigend wieder zurück, um am nächsten Abend den Gang zu wiederholen.

„Schon hatten wir jede Hoffnung auf das Erleben des Spuks aufgegeben. Die Ferien neigten sich dem Ende zu. In einer Vollmondnacht stiegen wir wieder die wie ein weißes Band dahinziehende Straße hinan. Da ergriff der Pfarrer meinen Arm: ‚Dort, schau hin, es brennt Licht im Schusterhaus!' – Ich blieb stehen, starrte hin; kein Zweifel, ein trübgelber Lichtschein fiel in einem breiten Kegel auf die Wiese vor dem zusammengefallenen Gemäuer! Ein Schauer ging mir über den Rücken. Am liebsten hätte ich kehrtgemacht und wäre geflohen. Aber mein Begleiter lockerte seinen Griff nicht und zog mich vorwärts. Wir gingen über die Wiese, und da, horch: deutlich langgezogene wehmütige Töne einer Ziehharmonika! Dann standen wir am Ort der Ruine. Aber es war keine Ruine da! Mit meinen eigenen Augen habe ich es gesehen: es war eine Bauernkeusche mit niedrigem strohgedeckten Dach und kleinen vergitterten Fenstern! Aus einem der Fenster fiel das trübe Licht einer schlecht brennenden Petroleumlampe heraus und erklang diese wehmütige Weise. Wir wollten noch näher, heftig riss mich der Geistliche vorwärts. Doch eigenartigerweise kamen wir trotz aller Anstrengungen nicht voran. Wir stolperten über Steine und Gebüsch, verfingen uns in Brennnesseln, Dornenranken schlugen uns ins Gesicht...
Da blieb der Pfarrer stehen, atmete tief ein, zog ein Kruzifix hervor, machte das Zeichen des Kreuzes in die Richtung des Lichtes und der Töne und rief mit kräftiger Stimme: ‚Lipp! Im Namen des Ewigen! Geh' ein in den himmlischen Frieden. Wir wissen, dass du es gut

meinst. Aber lass' es jetzt sein, jetzt und in der Stunde des Sterbens, Amen!"

Sachte begann das Licht zu verlöschen, das Harmonikaspiel hörte auf, fing aber ganz leise wieder an. Angestrengt lauschten die beiden. *„Er ist ein guter Geist"*, sagte der Priester nach einer Weile, während ihm Tränen über die Wangen rollten. *„Was er jetzt spielt, ist die schöne Hymne von Beethoven: Die Ehre Gottes."*

So allmählich, wie das Licht erloschen war, verklang auch die Musik, und nur das Sausen des Windes in den Baumkronen des nahen Waldes war noch zu vernehmen. Vom Kirchturm drunten im Dorf erklangen zwei Glockenschläge. *„Halb eins"*, sagte der Pfarrer. Tief erschüttert schritten die beiden talwärts. Nach einer Weile sprach der Geistliche: *„Ich bin sicher, im Schusterhäusl wird's nicht mehr spuken."* Er hat recht behalten: Niemals mehr wurde dort im alten Gemäuer Licht wahrgenommen, niemals wieder erklang von dort die Harmonika...

Noch in der gleichen Nacht musste der Priester den Versehgang zu einem sterbenden alten Bauern antreten. Ihm also hatte der letzte Liebesdienst des Harmonika-Lipp gegolten. Von da an jedoch gab es keine solchen Vorwarnungen mehr.

Das Licht am Ende des Tunnels – Nahtod-Erlebnisse und ihr Aussagewert

Nahtod-Erlebnisse (NTEs) werden definiert als *„innere Erfahrungen an der Grenze zwischen Leben und Tod"*. Der deutsche Sterbeforscher Dr. Michael Schröter-Kuhnhardt definiert sie als *„veränderte Wachbewusstseinszustände in unmittelbarer tatsächlicher oder nur erwarteter Todesnähe"*. NTEs können nämlich nicht nur im klinisch toten Zustand auftreten, sondern auch ohne unmittelbare Lebensgefahr. Ob nun solche Erfahrungen als ein inneres Erleben empfunden werden oder sich – äußerlich beobachtbar – in unserer Umwelt abspielen, ist als gleichwertig zu betrachten. In beiden Fällen ist ja unser *Ich* der wahrnehmende, empfindende und seelisch-geistig verarbeitende Faktor.

Dank der modernen Apparate-Medizin sind NTEs heutzutage nichts Besonderes mehr. Früher war so etwas selten. Die Erfahrungen selbst, ihre Phasen und Komponenten, bleiben jedoch immer gleich, obwohl keine zwei NTEs einander völlig gleichen. Hier ein älterer Fall aus dem „Kirchlichen Monatsblatt für Rheinland und Westfalen" von 1909. Es handelt sich hier um einen Dr. C. B., der bei einem Pistolen-Duell schwer verwundet wurde. Er berichtet in einem Brief:

„Man legte mich auf die Erde, und da merkte ich, wie es um mich dunkel wurde und sah bald nichts mehr. Nur mein ganzes Leben, mit allen Verfehlungen, stand vor mir wie eine vom grellen Blitz beleuchtete Szene. Was ich da in diesem Moment seelisch gelitten an Reue und Unzufriedenheit mit mir selbst, war ganz furchtbar und wiegt eine Ewigkeit in der Hölle reichlich auf... Kurz darauf war ich wieder bei mir. Ich hatte noch gehört, wie die beiden Ärzte sagten, es stehe sehr schlimm. Auch die Tatsache, dass der zweite Arzt zugezogen wurde, hatte in mir den Gedanken ausgelöst, dass es zu Ende sei. Nach zwei Monaten war ich ziemlich geheilt, doch litt ich ein ganzes Jahr unter dem Eindruck jenes schrecklichen Augenblicks."[23]

In einem späteren Brief kommt Dr. B. nochmals darauf zurück:

„Je mehr mir während des ganzen Vorgangs das Bewusstsein schwand, desto klarer wurde mein Geist, mein Gewissen. Wie ein greller Blitz in dunkler Nacht, so ging an meinem geistigen Auge all mein Leben vorbei, und ich musste die traurige Entdeckung machen, dass ich beinahe nichts sah, woran ich mich freuen konnte. Dagegen standen meine unrechten Taten mit einer unheimlich großen, schreckhaften Deutlichkeit und Größe vor mir! Mir war geistig so elend, ich hatte einen so fürchterlichen Eindruck, wie ich es nie für möglich gehalten hätte. Nie habe ich geglaubt, dass man moralisch so viel leiden kann in so kurzer Zeit! Ich war nur etwa eine Minute ohne Bewusstsein, aber diese Minute hat mich für mein ganzes weiteres Leben verändert."

Im Jahre 1968 kam die damals 20-jährige spätere Historikerin Dr. Magdalena Bless bei einem unverschuldeten Autounfall beinahe ums

Leben. Eine große schweizerische Konsumentenzeitung brachte ihren Bericht:

„Mit Erstaunen realisierte ich, dass ich am Sterben war. Ich fühlte mich rasch durch einen dunklen Tunnel gezogen, bedrängt von einem dröhnenden, metallischen Geräusch. Aus dem Tunnel draußen, fühlte ich mich frei und leicht. Kurz sah ich meinen leblosen Körper von oben. Er interessierte mich nicht mehr. Wie in einem plastischen Film zog mein Leben an mir vorbei: Alle meine Empfindungen, Erlebnisse, Taten und Gedanken erfasste ich sozusagen mit einem Blick. Selbst längst vergessene Bilder, Gerüche und Töne aus frühester Kindheit tauchten wieder auf. Nun gingen mir plötzlich innere Zusammenhänge auf, die mir im Leben verborgen geblieben waren. Alles hatte einen Sinn! Ich erkannte, dass es auf die Beweggründe ankommt, die hinter unserem Handeln stehen...

Positive und negative Gefühle wirken wie Wellen und lösen Freude oder Leid bei anderen aus. Mir wurde klar, dass letztlich allein die Liebe zählt, der Urgrund unseres Lebens! Bei Lieblosigkeiten in meinem ‚Lebensfilm' empfand ich Scham und Reue. Das Erkennen und Beurteilen meines Lebens war aber kein peinvolles Selbstgericht, sondern es war eingebettet in ein großzügiges Verstehen und Verzeihen der menschlichen Unvollkommenheiten. Ich fühlte die tröstliche Nähe eines licht- und erbarmungsvollen Wesens, das mich kannte und annahm, wie ich war. Ich hielt es für Christus. Helle Gestalten, die unbeschreiblich gelöst und heiter wirkten und eine wunderbare Harmonie ausstrahlten, näherten sich mir, und ich erkannte unter ihnen liebe Verwandte, allen voran meine geliebte Großmutter.

Von den Fesseln meines Leibes und Lebens befreit, erweiterte sich fortwährend mein Bewusstsein. Mit ungeheurer Schnelligkeit liefen in mir mehrere Schichten von präzisen Gedankengängen ab. Auf alle meine Fragen, zum Beispiel ‚Wie sieht ein Atom aus? Welches sind die Grundgesetze des Makrokosmos?', erhielt ich blitzschnell eine Antwort. Die Rätsel des Universums schienen sich zu lösen. Leider konnte ich dieses Wissen nicht mit zurücknehmen ins Leben. Wogen des höchsten Glücks, der Liebe und Harmonie überrollten mich. Noch immer spürte ich einen starken Sog, der mich zu einem unbeschreiblichen, gewaltigen, pulsierenden, lebendigen Licht zog. Es war Energie, Kreativität und strömte gleichzeitig eine überwältigende Liebe aus. Ich wollte darin eintauchen und glitt auf eine Art ‚Grenze' zu, hinter der ich eine unsäglich glückliche Erfüllung erahnte. Doch da drang in mein Bewusstsein störend mein Name ein, immer wieder gerufen von meinem Vater, in höchster Panik. Ich wollte einerseits nicht mehr in die beschränkte Erdenexistenz zurück, andererseits stellte ich mir die Trauer meiner Angehörigen vor. So versuchte ich zurückzukehren. Denn irgendwann später würde ich den Weg zum Licht wieder antreten.

Ich stemmte mich gegen den Sog, überschritt den Scheitelpunkt. Da verebbte die Glut meiner Gefühle, meine klaren Gedankengänge verwirrten sich, ich fiel in dumpfe Schattenhaftigkeit. Ein Ruck, und ich fühlte wieder meinen Körper schwer und schmerzend an mir hängen. Erschrocken stellte ich fest, wie beschränkt wir hier leben, wie wenig wir unser geistiges und seelisches Potential im normalen Leben ausschöpfen können. – Rasch überwand ich die Enttäuschung über das Zurückkommen, ich freute mich über das zweite, geschenkte Leben. Heute bin ich überzeugt, dass es ein Weiterleben nach dem Tode gibt. Angst vor dem Tod hab' ich nicht mehr, und viele Ängste, die unbewusst damit verbunden waren, sind weg. Ich habe mehr Lebensfreude, bin gelassener. Natur, Landschaften und Menschen bedeuten mir viel. Ich versuche, Menschen, die mir begegnen, zu verstehen."

Soweit Frau Dr. Magdalena Bless, deren NTE als informationsreiches Musterbeispiel verdient, mehrmals gelesen zu werden. Und wie reagiert ein „Seelsorger" darauf? Oft mit dem typischen pseudotheologischen Blabla eines Menschen, der seine Meinung abgibt über etwas, wovon er nur sehr unzulänglich Ahnung hat. Der Pfarrer und Krimi-Autor (!) Ulrich Knellwolf erklärte beispielsweise auf die Frage, ob er an ein Leben nach dem Tode glaubt: *„Wenn ich sterbe, sterbe ich als Ganzes. Aber ich habe die Zusage des Schöpfers, dass keines seiner Werke verloren gehen soll, weil er alle liebt. Er schafft diese unvollkommene Welt neu und macht sie zu seinem vollkommenen Werk. Der Tod ist darum nur die letz-*

te Station in dieser vorläufigen Welt. Wir sind auf dem Weg zur Vervollkommnung, die mit dem Vertrauen zum Schöpfer bei uns schon angefangen hat. ‚Jüngstes Gericht' heißt, dass der Schöpfer sein Werk nicht verwirft, sondern in Ordnung bringt.“[(24)]

Besonders nachdenkenswert sind NTEs mit einer prophetischen Komponente, wovon ich drei Fälle wiedergeben möchte. Den folgenden verdanken wir dem US-Arzt Dr. Melvin Morse: Ein amerikanischer Bergarbeiter war in ein schweres Grubenunglück geraten und lag nach seiner Rettung eine Woche lang im Koma. Während seiner Bewusstlosigkeit hörte er eine Stimme sagen: *„Hab' keine Angst! Dir wird's wieder gut gehen, und mit deinem Sohn wird auch alles o.k. sein.“* Dabei besaß jener Bergmann gar keinen Sohn, nur Töchter, und Ärzte hatten erklärt, seine Frau könne keine Kinder mehr bekommen. *„Ein paar Monate später erfuhren wir, dass meine Frau schwanger war, und unser Sohn kam beinahe auf den Tag genau ein Jahr nach meinem Unfall auf die Welt.“*

Bei Frau Michelle Sorenson hatte das Nahtod-Erleben zur Folge, dass sie Forscherin auf diesem Gebiet wurde: Als junge, ledige Frau verletzte sie sich bei einem Skiunfall am Bein und musste operiert werden. Es kam zu Komplikationen. Beinahe wäre sie an einer Blutvergiftung gestorben. Als ihr Herz aussetzte, war ihre Familie gerade anwesend. Während der folgenden Panik verließ Michelle ihren Körper. Sie befand sich plötzlich über ihm und schaute aus einer oberen Zimmerecke auf das Geschehen unter ihr. Dabei fühlte sie sich von einer wunderbaren Wärme durchdrungen. Es schien ihr, diese wohltuende Wärme ginge von einem Mann aus, der hinter ihr stand. Sie drehte sich aber nicht zu ihm um, denn sie empfand ein sehr erleichterndes Gefühl, als sie ihren leblosen Körper auf dem Bett betrachtete. Michelle erzählt: *„Ich hatte Frieden. Ich wusste, dass ich tot war.“* Die Stimme des Unbekannten sprach: *„Du weißt, dass du tot bist?“* – *„Ja, ich weiß es. Es ist alles so wunderbar.“* – *„Willst du es wirklich sein?“* Die Frau bejahte. *„Aber schau mal, was du verpassen wirst.“* Nun sah Michelle einen großen blonden Mann mit zwei Kindern. Sie gingen spazieren. Das Mädchen hüpfte fröhlich herum. *„Das andere Kind war ein Bub. Ich erkannte in ihnen meine zukünftige Familie!"* Da begann sie, sich nach ihrer Familie zu sehnen. Die Freude des Befreitseins vom irdischen Leib ließ plötzlich nach. *„Ja, ich will zurückkehren"*, sagte sie, und plötzlich befand sie sich wieder in ihrem Körper auf dem Bett...

Während der relativ kurzen Dauer ihres NTEs erkannte Michelle Wesentliches – vor allem, dass unser Leben einen höheren Sinn und Zweck hat und dass man vor dem Tod keine Angst zu haben braucht. *„Die einzig wirkliche Angst"*, so ist diese Frau seitdem überzeugt, *„ist die, dass man seine Lebensaufgabe nicht erfüllt!"* Mittlerweile ist Michelle mit einem blonden Mann glücklich verheiratet und beide freuen sich über ihre Kinder, einen Jungen und ein Mädchen...

Als drittes NTE prophetischen Charakters lasse ich den Bericht einer Ehefrau und Mutter jüdischen Glaubens folgen, wobei sich, ihrer festen Überzeugung nach, niemand anderer als *Jesus* manifestierte. Die Berichterstatterin war mit ihrem Mann und zwei kleinen Söhnen im Auto unterwegs und erzählt uns:

„Ein entgegenkommendes Fahrzeug rutschte über drei Fahrbahnen hinweg und prallte frontal auf uns. Unser Autodach brach durch. Mein Kopf steckte zwischen Windschutzscheibe, Armaturenbrett und Dach fest. Für jedermann war deutlich, dass ich bewusstlos war, und dennoch geschah etwas Verrücktes mit mir: Ich befand mich in einem Lichtkreis. Ich schaute nach unten und sah mich im Auto eingeklemmt und bewusstlos. Einige Autos hielten an. Ich sah, wie eine Frau unsere Kinder in ihren Wagen legte, bis die Ambulanz kommen würde.
Da berührte eine Hand die meine, und ich drehte mich um, um zu sehen, wo dieser Frieden, diese Ruhe und glückselige Stimmung herkam... und da stand Jesus Christus! Ich meine, so wie er in all den Bildern dargestellt wird; und ich wollte diesen Mann und diesen Ort nie mehr verlassen! Er jedoch begann, mich in eine andere Gegend zu führen. Die war grausig und furchterregend. Warum führte er mich von einer Ebene der Glückseligkeit in eine solche des Elends und des Entsetzens?

Ich wollte nicht hinschauen, aber er machte mich sehend. Ich war ange-
ekelt, erschrocken und voller Angst... es war so hässlich! Die Leute wa-
ren dunkel, verschwitzt und auf einen Fleck fixiert. Einen sah ich, der
war regelrecht festgekettet. Er litt große Schmerzen. Ich wollte, dass je-
mand von den anderen ihm hilft, doch niemand tat etwas! Und ich
wusste auf einmal, dass ich eine von diesen Kreaturen werden würde,
wenn ich hier bliebe. Ich hasste es dort und konnte nicht abwarten,
wieder auf die andere Seite, auf die schöne, zu gelangen...
Er führte mich hin, doch ließ er mich alleine gehen und beobachtete
mich. Jemand anderes folgte mir und schritt dann vor mir her, um mir
über den Schutt am Boden (da waren auch Schlangen oder so etwas)
hinwegzuhelfen. Auf einmal befand ich mich über jener Ebene, und
während Jesus eine Hand auf meinen Rücken legte, blickte ich nach
unten. Da sah ich drei Kinder, die ,Mama, Mama, Mama' riefen. ,Wir
brauchen dich, bitte komm zu uns zurück!' Es waren zwei Jungen und
ein Mädchen. Die beiden Jungen waren viel älter als meine zwei Klei-
nen und Mädchen hatte ich keines. Das kleine Mädchen schaute zu mir
hoch und bat mich, wieder ins Leben zurückzukehren...
Dann war ich plötzlich wieder in dem Lichtkreis (seine Hand spürte
ich noch auf meiner Schulter), und ich sah wieder die Unfallstelle. Ich
weinte, denn ich wollte ihn nie mehr verlassen. Doch ich wusste, ich
musste gehen und zurückkehren. – Ich erwachte in unserem Auto. Ich
stöhnte vor Schmerzen und schrie nach meinen Kindern. Zwar wusste
ich, wo sie sich befanden, aber ich wollte wissen, ob das Wirklichkeit
gewesen war, was ich gesehen hatte und bat meinen Mann, mir von der
Dame, die unsere Kinder in ihren Wagen nahm, zu erzählen.
Nun, einige Jahre später bekam ich ein Baby. Ich wusste und weiß, es
ist jenes kleine Mädchen von damals..."

Die hier gekürzt wiedergegebenen mit Prophetie verbundenen
NTEs lassen erkennen, dass es die Vorausschau von künftigen Ereignissen wirklich gibt – von Ereignissen, die zur Zeit der Ankündigung niemand ahnen konnte. Ob sich hieraus die Folgerung ableiten lässt, dass
unser Leben bis in jede Einzelheit unabänderlich vorausbestimmt ist, ist

eine andere Frage. Für unsere heutige Hirnforschung stellt sich dieses Problem ja nicht, denn da wird allen Ernstes behauptet, unser Gehirn würde selbständig denken und auch die NTEs würden von ihm bewerkstelligt... Somit kann man jener Mutter zu ihrem wundervollen Gehirn nur gratulieren: Es hat ihr sogar die Geburt eines Mädchens vorausverkündet!

Im Übrigen dürfen NTEs bei Unfällen als beweiskräftiger gelten für die Echtheit solcher Erlebnisse, denn Unfälle geschehen unerwartet, im Gegensatz zu NTEs im OP-Saal oder auf der Intensivstation.

Noch bemerkenswerter sind Nahtod-Erfahrungen von *Blinden,* selbst bei von Geburt an blinden Menschen. Eine 70-jährige Patientin zum Beispiel vermochte nach ihrer Wiederbelebung (Reanimation) nicht bloß die zum Einsatz gekommenen medizinischen Geräte genau zu beschreiben, sondern konnte auch deren Farbe angeben. Dabei ist diese Frau seit ihrem 18. Lebensjahr blind, und die meisten jener Apparate gab es in der Zeit vor ihrer Erblindung noch gar nicht! Wie will man dies wissenschaftlich erklären, wenn man außerkörperliche Erfahrungen als reales Erleben anzuerkennen ablehnt?

In einem anderen Fall wäre ein Junge infolge eines Herzstillstandes beinahe gestorben, zumal die fahrbare Wiederbelebungs-Apparatur streikte. Gerade als man aufgeben wollte, kam der Bub zu sich. Recht ärgerlich sagte er, im Himmel habe es ihm Spaß gemacht, und er habe nicht zurückkommen wollen. Aber dann habe er so ein Licht gesehen und das habe ihm gesagt, er müsse umkehren. Die Krankenschwester, der er das sagte, versuchte, ihm klarzumachen, dass es die Ärzte gewesen seien, die ihn zurückholten, und kein irgendwie redendes Licht. Das müsse er wohl geträumt haben. „Nein", widersprach der Junge, „*das stimmt nicht, was Sie sagen. Der Apparat, den Sie da nehmen wollten, der war ja gar nicht angeschlossen!"* Die Schwester prüfte daraufhin die Anschlusskabel, und siehe da: Der Bub hatte recht!

Aussagen über NTEs von Kindern gewinnen noch an Glaubwürdigkeit, wenn die Kinder weltanschaulich noch gar nicht oder kaum „programmiert" worden sind. Ihre NTEs gleichen vollkommen denen von Erwachsenen, nur dass der Lebensfilm relativ selten auftritt und wenn, dann meistens nur bei älteren Kindern. Alle aber erzählen von dem wundervollen *Licht*. Ein Licht, das – wie eines der Kinder sagte – *„lauter Gutes in sich hat"*!

Ist das Licht „am Ende des Tunnels" in jedem Fall göttlicher Natur?

Aus dem umfangreichen Erfahrungsgut der Weiterlebens- und Jenseitsforschung möchte ich noch separat auf die gewichtige Frage zu sprechen kommen: Ist das vielgerühmte „Licht am Ende des Tunnels" wirklich immer eine göttliche Manifestation im Sinne der Lehre Christi, oder können da auch – als Meister der Lüge und Täuschung – dämonische Wesen am Werk sein?

In keinem Buch der modernen Sterbeforschung fand ich diese Frage deutlicher angesprochen wie in dem Buch von Dr. med. Maurice S. Rawlings, mit dem Titel *„Zur Hölle und zurück"*.[25] Auch wenn ich diesem Autor (ich las Dutzende solcher Bücher) nicht in allem beizupflichten vermag, so möchte ich ihm doch ganz gewiss keine „religiöse Leichtgläubigkeit" unterstellen, wie das von Seiten seiner Kritiker geschieht. Aufgrund meiner jahrzehntelangen Studien war ich selber zu der Überzeugung gelangt, dass – religiös gesprochen – Licht und Finsternis tatsächlich metaphysische Realitäten sind, die als Person wahrnehmbar in Erscheinung treten können. Es ist daher von bedeutsamer Wichtigkeit, skeptisch zu fragen, ob denn das überaus liebevolle, alles verzeihende Licht, von dem so viele Nahtod-Erfahrene berichten, wohl in jedem Fall echt sein mag? Es gibt nämlich zu denken, wenn jenes Lichtwesen – von den Erlebenden – oft als „gesichtslos" beschrieben wird.

Die altbekannte Doppelgesichtigkeit des Bösen wird namensmäßig bezeichnet mit „Luzifer" und „Satan", auch in der Bibel. Sie stellen zwei Seiten derselben Medaille dar: die scheinbar helle und die dunkle Seite derselben Macht, jener allgegenwärtigen Macht, die dem aufbauenden Leben seit jeher feindlich gegenübersteht. Dr. Rawlings bemerkt: *„Nachdem ich persönlich zahlreiche Fälle untersucht habe, möchte ich be-*

haupten, dass Satan sehr wohl als ‚Luzifer' erscheinen kann, als ‚Lichtengel', der die Existenz des Bösen leugnet und dementiert[26] *und stattdessen den Eindruck vermitteln will, alles sei wunderbar und herrlich dort drüben.*" (im Jenseits). Die Raffinesse der Täuschung geht sogar so weit, dass dämonenhafte Wesen sich das Aussehen gestorbener Angehöriger oder Freunde geben, um den Neuankömmling (in der anderen Welt) irrezuführen.

Erstmals fand ich diesbezügliche Hinweise in den Schriften von Prof. Dr. Werner Schiebeler angeführt. Es empfiehlt sich daher, folgende Warnung zu beachten: Nicht bei jedem soeben Gestorbenen ist sogleich der Schutzengel zur Stelle, am wenigsten bei Leuten, deren Denken und Handeln rein diesseitsbezogen oder gar kriminell war. Man sollte sich daher „drüben" auf keinen Fall irgendwelchen Gestalten oder Gruppen anschließen, auch wenn sie sich noch so leutselig geben mögen. Schon während der Hinübergangsphase bete man um Schutz und Hilfe. In akuter Gefahr genügt zumeist schon ein aus notvollem Herzen kommendes Stoßgebet. Einzelne berichteten auch, das Aussprechen des Namen *Jesus* habe ihnen in einer bedrohlichen Situation geholfen. Ein Mann beispielsweise, der sich nach einer postoperativen Infektion plötzlich außerhalb seines Körpers befand (und von NTEs nichts wusste), fühlte sich in eine Art Strudel oder Trichter hineingezogen, an dessen Ende blendende Lichter und unerträglich grelle Blitze erschienen. Den Mann erfasste große Angst, und er schrie: „*Gott, ich bin noch nicht bereit, bitte hilf mir!*" Er sagt: „*Jetzt, wo ich diese Zeilen schreibe, erlebe ich es wieder. Ich erinnere mich, dass, während ich schrie, ein Arm von oben herab auf mich zuschoss und nach meiner Hand griff. In letzter Sekunde wurde ich davor bewahrt, aus dem Trichter herauszufallen. Das Blitzen der Lichter und die Hitze waren wirklich echt.*"[27]

Negative NTEs geschehen häufiger als manche Forscher uns glauben machen wollen. Manchmal kommt zu dem Gefühl der bedrohlichen Finsternis und Leere noch das verzweifelte Empfinden dazu, man habe aufgehört, überhaupt zu existieren! Und von einer unsichtbaren, feindselig wirkenden Macht wird einem suggeriert, dass alles nur ein schlechter Witz gewesen sei: unser angebliches Erdenleben habe es überhaupt nie gegeben!

So erging es einer Akademikerin: Während eines Herzstillstandes spürte sie, nach unten gezogen zu werden. Vor ihr erschienen schwarz-weiße Kreise, die eine höhnische und unerträgliche Atmosphäre verbreiteten. Damit verbunden war die zynisch klingende Mitteilung: *„Dein Leben hat es niemals gegeben! Deine Familie hat es niemals gegeben! Es war dir erlaubt, es dir vorzustellen. Es war dir erlaubt, es dir auszudenken. Es gibt **nichts** hier! Es gab noch nie etwas hier! Alles war ein Witz!"* Die Frau versuchte, dagegen zu argumentieren. Sie bestritt energisch, sich alles bloß eingebildet zu haben. Aber als Antwort gab es immer nur höhnisches Gelächter.

Ein anderer Fall: Eine Krankenschwester durchlitt derartige Befindlichkeiten zweimal, jeweils während einer Niederkunft: *„Ich ging durch verschiedene Stadien der Qual. Stimmen lachten mich aus. Sie sagten mir, alles im Leben sei ein Traum, dass es in Wirklichkeit keinen Himmel, keine Hölle, keine Erde gebe und dass alles, was ich im Leben erfahren hatte, eine Halluzination war."* Die Frau empfand schrecklichen Durst. Jene hämischen Stimmen jedoch erklärten ihr: *„Du glaubst, das hier ist schlimm? Warte nur auf die nächste Stufe!"* Die Erlebende befand sich, ihren Angaben zufolge, in einer Art zeitlosem Vakuum, welches ihr den Eindruck tatsächlicher *Ewigkeit* vermittelte... Hoffnungslos einer teuflischen Macht ausgeliefert.

Nun, auch hier bleibt es jedem Besserwisser unbenommen, Nahtodes- oder ähnliche Erfahrungen als Trugwahrnehmungen abzutun.[28] Jedenfalls ist das, was „Halluzinierende" wahrzunehmen meinen, für sie absolute Realität, auch die damit verknüpften Angst- und Panikzustände. Immerhin bewirken solche „Halluzinationen" in den meisten Fällen recht erfreuliche Folgen in der Lebenseinstellung Betroffener. Solche geradezu typischen Folgeerscheinungen sind:

1.   Verminderte oder gar keine Angst mehr vor dem „Tod".
2.   Gesteigerte Lebensfreude mit bewusstem Leben und Handeln,

auch im Hinblick auf eine positive Spiritualität.

3. Geringeres Interesse an materiellen Dingen, das heißt keine Überbewertung mehr von Geld und Besitz, auch kein Interesse mehr an gesellschaftlichem „Aufstieg". Hingegen

4. wache Hilfs- und Einsatzbereitschaft für andere, seien es Menschen, Tiere oder die Mutter Natur, der wir unsere physischen Lebensgrundlagen verdanken. Ein TV-Moderator erklärte nach seiner Nahtod-Erfahrung: *„Ich empfinde es jetzt als mein Lebensziel, alle Tage so viel Positives, wie ich nur kann, jedem weiterzugeben, der mir begegnet."*

5. Wissens- und Erkenntnishunger. Ein Mann bekennt: *„Die Veränderungen in meinem Leben sind außerordentlich positiv. Mein Interesse an materiellen Gütern, meine Gier nach Besitz, wurde abgelöst durch einen Hunger nach Erkenntnis und der leidenschaftlichen Sehnsucht nach einer besseren Welt."*

6. Ein vermehrtes Auftreten medialer Fähigkeiten und

7. kein Zweifel mehr an der Existenz Gottes und/oder Jesu Christi, samt des Erkennens der persönlichen Lebensaufgabe.

Betrachten wir uns noch den Fall eines 37jährigen Drogensüchtigen. Bei ihm waren alle Entziehungskuren erfolglos geblieben. Infolge einer Überdosis, die er sich gespritzt hatte, kam es zu einem NTE. Und erst dieses Erlebnis gab ihm die Kraft zur Kurskorrektur: Eine Stimme, die er als göttlich empfand, hatte ihn dreimal zum Zurückgehen aufgefordert, da er auf Erden noch ein Ziel zu erreichen habe. Dieser Mann, der schon hoffnungslos verloren schien, nahm von Stund an keine Drogen mehr. Er wurde buchstäblich ein anderer Mensch und erklärte, den Willen der göttlichen Macht annehmen und befolgen zu wollen.

Eine so totale Charakter- und Verhaltensänderung klinisch Totgewesener ist zuweilen für die Familie oder den Partner keineswegs leicht zu verkraften. Ein US-Amerikaner beispielsweise hatte sich nach seiner Wiederbelebung (Reanimation) so stark positiv verändert, dass *„keiner so recht wusste, was er von mir halten sollte. Vor meinem Herzinfarkt war ich ein gehetzter, aggressiver Typ gewesen. Wenn mir etwas nicht passte,* *machte ich den anderen die Hölle heiß"*. Das sei zu Hause nicht anders gewesen als an der Arbeitsstelle. Nun jedoch war er der umgänglichste Mensch, schrie seine Frau nicht mehr an und drängte niemandem seinen Willen auf. Seiner Gattin muss diese völlig neue Situation dermaßen zu schaffen gemacht haben, dass die Ehe zu scheitern drohte. Wie lautet eine Redewendung? *„Der Mensch ist ein Gewohnheitstier."*

„Warum hat man mir nie erzählt, dass es nach dem Tode weitergeht?"

...fragte vorwurfsvoll ein Mann, nachdem er eine andere Realität erfahren hatte und reanimiert worden, das heißt in die physische Welt zurückgekehrt war.

Ja, wer hätte ihm das sagen sollen? Eigentlich ein Theologe, denn die sind für solche Fragen ja eigentlich zuständig. Oder etwa nicht? Es steht doch geschrieben: *„Euch ist es gegeben, das Geheimnis des Himmelreichs zu verstehen..."* (Matth. 13,11), das heißt über die nichtphysische, jenseitige Welt Bescheid zu wissen. Aber wie sollte man von blinden Blindenbetreuern glaubwürdige Auskünfte erwarten dürfen, da doch viele von ihnen selber an dem zweifeln, was sie im Credo verkünden? Statt jedoch bezüglich Tod und Jenseits ehrlich zu bekennen: *„Ich weiß es nicht, ob es ein Weiterleben in irgend einer Form gibt"*, machen sie sich mit theologischem Blabla selber unglaubwürdig und zerstören überdies das Gottvertrauen von (noch) gläubigen Mitmenschen. Man muss sich überhaupt wundern, dass es im Protestantismus, trotz zahlreicher Versager unter den Pfarrern und Bischöfen beiderlei Geschlechts, noch funktionierende Gemeinden gibt!

Hinsichtlich des seelsorgerlichen Wertes von NTEs erklärte ein Schweizer Spitalpfarrer, es sei für ihn weder ein besonderer Trost noch eine Glaubenshilfe, wenn andere von wunderbaren Licht-Erfahrungen usw. berichteten. NTEs sind demnach für ihn ohne Belang.[29] Ist das nicht unglaublich?

Nachdem mit Elisabeth Kübler-Ross und Raymond Moody die neuzeitliche Welle an Berichten über NTEs eingesetzt hatte, konnte man den Eindruck gewinnen, als ob das Sterben in jedem Falle eine wunderschöne Angelegenheit sei: Schmerz- und beschwerdefrei gelangt man durch einen Tunnel in eine herrliche Umgebung, man trifft auf gestorbene Verwandte und Freunde, von denen man freudig empfangen wird. Dann folgt das überwältigende Erleben eines mystischen Lichtes voll spürbarer Liebe und die Begegnung mit einer Lichtgestalt, von der man sich vorbehaltlos angenommen fühlt; angenommen, so wie man ist, und alles, was man falsch gemacht hat im Leben, ist liebevoll vergeben...

Ob dies wirklich in jedem Falle zutreffen mag, ist füglich zu bezweifeln, und tatsächlich ergaben nachfolgende Studien sehr bald, dass erschreckende bis entsetzliche NTEs gar nicht so selten vorkommen. Verständlicherweise scheuen die meisten Betroffenen die Bekanntgabe solcher Erfahrungen. Die US-Sterbeforscherin Phyllis M. H. Atwater war nicht wenig erstaunt, als sie nach einem TV-Auftritt von einer Frau gebeten wurde, negative NTEs nicht zu verschweigen. Die Frau sprach: *„Ich bin OP-Schwester in einem Spital in Phoenix/Arizona. Wir haben dort eine Menge Nahtodes-Fälle, und fast alle sind von negativer Art. Sie wissen schon, Menschen, die in der Hölle landen!"*
Ein anderes Mal wurde Frau Atwater von einem Mann angesprochen, der ihr mit durchdringendem Blick sagte: *„Sie müssen den Menschen auch von der Hölle erzählen. Es gibt sie. Ich weiß es. Ich war dort!"* – Die Forscherin erlebte selber dreimal den Nahtodes-Zustand: *„Bei jedem einzelnen dieser ‚Tode' erfuhr ich erhebende, himmlische Nahtodes-Szenarien. Obwohl jedes unterschiedlich war, führte mich eines ins nächste hinein, so als ob alle drei eine Entwicklung darstellten."*
Mrs. Atwaters erste Konfrontation mit Nahtod-Erlebnissen anderer Art geschah in einem Krankenhaus. Dort erzählten ihr drei Patienten, was sie im klinisch toten Zustand Schreckliches erlebt hatten. *„Alle drei waren massiv von dem, was sie bezeugten, verstört... Die Angst, die diese Menschen ausstrahlten, berührte mich tief."*

Da dieses Buch dem Zweck dienen soll, wahrhaft nützliche Lebens-, Orientierungs- und Glaubenshilfe zu bieten, wäre es unredlich, negative

NTEs zu verschweigen oder zu relativieren. Andererseits will ich keine Ängste schüren. *„Ein guter Mensch, in seinem dunklen Drange, ist sich des rechten Weges wohl bewusst"* (Goethe, „Faust"), und das bedeutet, ein solcher Mensch braucht sich vor dem Verlassen dieser Welt nicht zu fürchten. Wenn jedoch gewisse theologische Versager meinen, mit der Relativierung und Entpersönlichung des Bösen ihren Schäflein einen Gefallen zu tun, so irren sie gewaltig!

Neben der US-Ärztin und Sterbeforscherin Barbara R. Rommer in ihrem aufschlussreichen Buch *„Der verkleidete Segen"*[30] stellte auch der Kardiologe Maurice Rawlings fest, dass zwar mindestens die Hälfte aller NTEs negativ beginnen, sich dann aber ins Positive umgestalten. Anhaltende Angst-, Furcht- und Schuldgefühle seien eine grundfalsche Reaktion auf erschreckende NTEs. Man sollte sogar dankbar für sie sein und sie als Hinweis auf die Gelegenheit zur Kurskorrektur auffassen, zum „Bußetun" in Form einer Gesinnungsänderung zum spirituell Positiven hin und somit zu einer fortan gottbezogenen Lebensgestaltung. Dr. Rawlings gibt daher den Rat: *„Wer einen angenehmen Tod sterben und die Schrecken dessen, was sicherlich die Hölle sei, vermeiden wolle, der solle die Lehren des Christentums befolgen!"*

Und warum ausgerechnet des Christentums und nicht die einer anderen Religion? Nun, weil in keiner anderen Religion die *Liebe* als Grundgesetz menschlichen Zusammenlebens so betont wird, wie in der Lehre des Nazoräers (fälschlich Nazarener)! Und worin besteht die Haupterkenntnis aller Sterbe-Erfahrung? Eben in dieser Liebe![31]

Folglich können sich auch negative NTEs positiv auswirken, wenn man dadurch den Sinn und Zweck unseres Erdendaseins zu erkennen beginnt und zu einer grundlegenden Korrektur seiner Lebensauffassung veranlasst wird. Christus hat uns – religiös gesprochen – gewiss nicht in dem Sinne „erlöst", dass wir selber nun gar nichts mehr zu tun bräuchten. Um unsere Eigenleistung kommen wir nicht herum. Er machte uns den *Weg* frei, um dem Machtbereich Luzifer-Satans entweichen zu können, aber beschreiten müssen wir ihn selber. Er baute uns die *Brücke*, um wieder in *„das Reich der Himmel"* zu gelangen, aber drübergehen müssen wir unter *eigener* Kraftanstrengung. Bei ernsthaftem Wollen wird uns allerdings entsprechende Hilfe zuteil. Unsere beharrliche Arbeit zur persönlichen Charakterveredelung wie auch unsere aktive Mitarbeit an der Humanisierung der allgemeinen Verhältnisse sind – plus einer soliden Festigung unseres Gottvertrauens – der von uns geforderte (und erwartete) Beitrag zu seinem Erlösungswerk!

In diesem Sinne empfand eine Frau ihr eher negatives NTE sogar als beglückend, eben weil ihr hierdurch der Sinn ihres Lebens offenbart worden war. Sie erfuhr und begriff, *„dass unsere Erlösung vom Willen zur Korrektur unserer Mängel bestimmt wird".* Umgekehrt können beglückende NTEs ihren Sinn verlieren, wenn sie zu Selbstgerechtigkeit und Hochmut führen. Jedenfalls dürfte Dr. Maurice Rawlings zuzustimmen sein, wenn er meint: *„Wenn es eine Hölle gibt, so ist es nicht gefahrlos, zu sterben.* "[32]

Die erwähnte Forscherin Phyllis Atwater unterscheidet *vier* Typen von NTEs:

1. **Unvollständig gebliebene Anfangserfahrungen:** Die Betreffenden erleben lediglich Empfindungen, evtl. bis zum Vernehmen einer freundlichen Stimme. Dies reicht aber als Schlüsselerlebnis bei Menschen bereits aus, die keines weiteren Beweises für ein Leben nach dem Körpertod bedürfen.

2. **Unangenehme, erschreckende bis höllische Erfahrungen:** Sie werden zumeist in einer Umgebung empfunden, die als „Bardo", „Limbus" oder „Purgatorium" von alters her bekannt ist.[33]

3. **Angenehme bis geradezu himmlische Erfahrungen:** Hier wird eine bislang ungekannte Geborgenheit erlebt, friedvolle Ruhe und ein beglückendes Wiedersehen mit vorangegangenen (gestorbenen) Menschen, die einem viel bedeuten. Hierher gehören auch Begegnungen mit Lichtwesen, religiösen Lichtgestalten oder Engeln. Frau Atwater meint, derartige NTEs würden oft von solchen Menschen erlebt, *„die es am meisten brauchen, um zu wissen, dass auch sie geliebt werden, wie wichtig ihr Leben ist und dass sich jede Mühe lohnt".* Und der

4. Typ wird die „**übersteigende Erfahrung**" genannt: Hier meint die Autorin das Erleben und Bekanntwerden mit spirituell höherentwickelten Dimensionen; das Empfangen von Kenntnissen und Belehrungen aus offensichtlich weit höheren Bewusstseinsebenen.

All diese Typen an NTEs können in vielfältigen Varianten kombiniert auftreten. Auch stellen solche Erfahrungen kein nur persönlichkeitsbezogenes Ereignis für den betroffenen Menschen dar. Frau Atwater geht gewiss nicht fehl, wenn sie im heutzutage massenhaften Bekanntwerden von NTEs einen wichtigen Teilaspekt der gesamten seelisch-geistigen Menschheitsentwicklung sieht. Möge dies doch auch von den christlichen Kirchen erkannt werden!

„Herr Pfarrer, ich hab' eine Bitte"

Der damalige katholische Pfarrer Metz von Allfeld (Nordbaden) beeidete folgende Aussage: Es war zur Vorosterzeit, und der Pfarrer hatte mit dem Unterricht für Kinder begonnen, die zum ersten Mal die heilige Kommunion empfangen sollten. Nur eines der Kinder, ein Knabe namens Veltin Müller, Sohn des Bauern Johann Müller, hatte Schwierigkeiten mit dem Lernen, denn er war etwas behindert. Pfarrer Metz ließ daher den Vater zu sich kommen und eröffnete diesem, Veltin könne leider noch nicht an der heiligen Kommunion teilnehmen. Der Vater, ein ehrsamer Mann, nahm sich das sehr zu Herzen und grämte sich darob.

Pfarrer Metz gab später zu Protokoll, dass er sich eines Abends etwas früher als sonst zur Ruhe begeben habe. Es sei eine sehr kalte Nacht gewesen, und der Vollmond schien hell ins Zimmer. Durch das Hören eiliger Schritte vom Dorfe her erwachte der Geistliche. Dann vernahm er, wie jemand die Pfarrhaustreppe heraufkam, sich vor der Tür den Schnee von den Stiefeln stampfte und klingelte. Wenn sonst jemand nächtens kam, um den Pfarrer zu einem Versehgang zu bitten, pflegte dessen alte Haushälterin, die auf der anderen, zur Kirche gelegenen Seite des Hauses wohnte, aufzustehen und zum Haustor zu gehen. Aber diesmal blieb im Hause alles ruhig. Es war kein Schieben des großen Riegels zu hören, kein Umdrehen des Haustürschlüssels, nichts. Dennoch waren Schritte zu vernehmen, die sich auf des Pfarrers Schlafzimmer zubewegten!

Die Tür wurde geöffnet, ohne dass jemand angeklopft hätte. Im Türrahmen stand ein Mann. Barsch rief ihn der Pfarrer an: „*Was gibt's?*" – und erhob sich im Bett. Der Mann antwortete: „*Herr Pfarrer, ich hab' eine Bitte.*"

„*Im Mondschein erkannte ich nun ganz genau*", berichtet Pfarrer Metz, „*dass der im schlichten Arbeitsgewand dastehende Bauer der Vater des Knaben war, den ich nicht zur heiligen Kommunion zulassen wollte. Ich entgegnete ihm: ,Nun, welche Bitte haben Sie denn und warum zu so ungelegener Zeit?' Der Mann antwortete: ,Herr Pfarrer, ich bitte Sie, lassen Sie meinen Sohn Veltin am Weißen Sonntag mit den anderen Kindern zur ersten heiligen Kommunion gehen, denn er wird bald sterben.' – Nun fasste mich Entsetzen, denn ich gewahrte, dass die im hellen Mondschein stehende Gestalt des Bauern keinen Schatten warf und dass ich durch seine Gestalt hindurch die Tür und das Büchergestell wahrnahm. Ich vermochte kein Wort mehr hervorzubringen, um ihm zu antworten.*"

Der Mann ging geräuschlos zur Tür hinaus. Die verhallenden Schritte draußen auf dem gefrorenen Schnee hörte der Geistliche noch deutlich, aber an ein Weiterschlafen war nicht mehr zu denken. Schließlich begann das Morgenläuten, und danach ertönte das Sterbeglöcklein. Pfarrer Metz stand auf und untersuchte das Haustor, fand es jedoch ordnungsgemäß verschlossen. Als er in die Sakristei kam, meldete ihm der Küster, dass der Bauer Johann Müller nachts plötzlich gestorben sei.

Fortan gab sich Pfarrer Metz alle Mühe, den kleinen Veltin im Rahmen eines Sonderunterrichts auf die große Feierlichkeit vorzubereiten. In zutiefst gläubiger und freudiger Teilname erlebte der Junge dieses für ihn so große Fest! – Kurze Zeit darauf starb er!

Diese glaubwürdige Schilderung ist in mehrfacher Hinsicht bemerkenswert. Erstens muss der Bauer seinen eigenen Tod vorausgeahnt oder -gewusst haben. Die Nichtzulassung seines Sohnes zum Kommunionsunterricht traf ihn hart. Es ist naheliegend, dass er viel darüber nachdachte und sich vornahm, den Pfarrer noch einmal aufzusuchen und um Sinnesänderung zu bitten.

Zweitens: Während oder sofort nach seinem körperlichen Tod setzte Johann Müller dieses Vorhaben in die Tat um, mehr oder weniger bewusst. Immerhin genügte der erreichte Verdichtungsgrad seines Astralleibes, um unter dreidimensionalen Bedingungen ins Pfarrhaus zu gelangen. Normalerweise würde er dies, noch dazu zur Nachtzeit und bis ins Schlafzimmer des Pfarrers, nie gewagt haben.

Drittens: Die Frage, woher der Mann wusste, dass sein Bub bald sterben würde, muss offen bleiben. Fast alle Nahtod-Erfahrenen berichten jedoch von einer enormen Bewusstseinserweiterung, die sie an der Schwelle zum Jenseits erlebten und die nicht selten mit einer prophetischen Komponente verbunden war. So könnte es auch im Falle Bauer Müller und Sohn Veltin gewesen sein. Aber wie sagte Goethe: *„Solche Dinge brauchen nicht erklärbar zu sein, es genügt zu wissen, dass sie wahr sind.*"[34]

„Mich soll der Blitz treffen, wenn ich lüge!" – Ein Bericht, der unter die Haut geht

Von einem Blitz getroffen zu werden, überlebt nur selten jemand. Neben Herzstillstand führen meist schwere innere Verbrennungen sofort zum Tod. Die damals 22-jährige Alexandra Knauer hatte Glück. Sie befand sich auf einem Spaziergang, als plötzlich ein Gewitter losbrach. Während sie zu ihrem Auto zurücklief, durchzuckte ein Blitz ihren Körper, knapp am Herzen vorbei: Kleidung und Rucksack zerfetzt, Verlobungsring verbogen, schwere Verbrennungen am Rücken. In der gleichen Sekunde fühlte sie, wie sie ihren Leib langsam verließ: *Ich habe auf meinen Körper heruntergeschaut, der ganz verbogen und krumm dalag. Ich dachte: ‚Jetzt bist du tot.'"* Sie fühlte keinen Herzschlag mehr und geriet in Panik, zumal sie nicht schreien und sich nicht bewegen konnte, nichts. Ihr Freund fuhr die Besinnungslose ins Spital. Dort gelang ihre Wiederbelebung, und Alexandra genas auch wieder. Zu Recht empfindet sie dies als Wunder...

Der Fall Dannion Brinkley, der im Jahre 1975 von einem Blitz getroffen wurde und fast eine halbe Stunde klinisch tot war, bewegte eine Zeitlang die Gemüter in den USA.[35] Der Blitz erwischte ihn während des Telefonierens, riss ihn aus den Schuhen und schleuderte ihn an die Decke. Während der Fahrt ins Spital starb er.

Brinkley war im Kriege ein rabiater Bursche gewesen. Nun begann sein NTE, sein Lebensrückblick und die Begegnung mit einem „Licht“, von dem er gefragt wurde: *„Weißt du, wo du bist?“* – Er spürte eine nie gekannte Liebe, die von dem Licht ausging. Im Vergleich zu dieser Liebe empfand er das, was er jetzt in seinem Lebensfilm zu sehen bekam, entsetzlich! Er sagte:

„Wenn man so überlegt, wie wenig Liebe man anderen gegeben hat, so steht man wirklich schlecht da. Einfach verheerend. Darüber kommt man nie weg. Es sind keine sechs Jahre her seit jenem Tag, und ich bin bis heute nicht darüber hinweg!“

Entsprechend seiner Spezialausbildung fungierte Brinkley als Geheimdienstmann. Einmal sprengte er ein ganzes Hotel in die Luft. Etwa 50 Menschen fanden dabei den Tod. Jetzt, bei der Betrachtung seines Lebenspanoramas, bekam er die *Empfindungen* seiner Opfer zu spüren. Aber auch die Gefühle, das Leid und die Not all derer, die durch den Tod seiner Opfer betroffen waren, zum Beispiel deren Familienangehörige. Mitunter ging es bei seinen Einsätzen um die Durchführung von Waffenlieferungen. Hatte er den jeweiligen Auftrag ausgeführt, so war die Sache für ihn erledigt. Er sagt:

„Aber eben dies war bei meiner Lebensrückschau nicht so einfach. Ich blieb jetzt bei den Waffen und sah zu, wie sie in einem militärischen Aufmarschgebiet verteilt wurden. Dann war ich dabei, wie die Waffen zum Töten benutzt wurden. Es war furchtbar, Zeuge der Folgen meiner Rolle in diesem Krieg zu sein. Ich war dabei, wie Kinder weinten, als

man ihnen sagte, dass ihr Vater tot sei, und ich wusste, dass für ihren Tod die Waffen verantwortlich waren, die ich geliefert hatte!"

Das Lichtwesen neben ihm kommentierte manche Szenen dieser Lebensrückschau, und Brinkley vernahm (telepathisch) die Worte: *„Menschen sind mächtige spirituelle Wesen, deren Aufgabe es ist, Gutes auf der Erde zu schaffen. Dieses Gute entsteht in aller Regel nicht durch kühne Taten, sondern durch einzelne liebevolle Handlungen unter den Menschen. Die **kleinen** Dinge zählen, denn diese sind spontan und zeigen, wer man wirklich ist."*

Als sich das Lichtwesen zurückzog, versprach Brinkley, künftig ein besseres Leben zu führen, was er auch tat.

Auch die kolumbianische Zahnärztin Dr. Gloria Polo Ortiz war von einem Blitz getroffen und fürchterlich zugerichtet worden. Vier Tage (!) war sie klinisch tot. Dass sie überlebte und sogar völlig gesund wurde, ist medizinisch unerklärbar!

Es geschah am 5. Mai 1995, einem regnerischen Tag, zirka 16.30 Uhr, auf dem Gelände der Universität von Bogotá. Zusammen mit ihrem Gatten und ihrem Neffen begab sie sich zur Fakultät für Zahnheilkunde, um einige Bücher zu holen. Sie sagte: *„Mein Neffe und ich gingen gemeinsam unter einem kleinen Regenschirm. Mein Mann trug einen wasserdichten Mantel und ging direkt entlang der Mauer der Hauptbibliothek, während wir beide von einer Seite zur andern wechselten, um den Pfützen auszuweichen."* Während sie über eine Pfütze sprangen, traf sie ein Blitz. Ihr Neffe war sofort tot. Die beiden Körper zuckten und vibrierten, selbst der nasse Boden stand unter starker elektrischer Ladung. Deshalb war es erst nach über zwei Stunden möglich, sie zu berühren und in ein Spital zu bringen. Gloria wurde sofort an die Herz-Lungen-Maschine angeschlossen. Trotz der offensichtlichen Hoffnungslosigkeit, den ihr Zustand darbot, versuchte man alles Menschenmögliche. Ihre Haut war großteils verbrannt, die Beine schwarz, *„meine Brüste weg. Vor allem auf der linken Seite hatte ich da, wo vorher mein Busen war, ein großes Loch..."*.

Dann erfolgte ihr erstes NTE. Sie befand sich plötzlich *in einem wunderbaren weißen Tunnel. Es war ein unbeschreibbares Licht, das in mir eine solche Wonne auslöste, einen solchen Frieden, ein solches Glück. Gefühle, die mit menschlichen Worten einfach nicht zu beschreiben sind... Ich verstehe nicht, warum man uns den Tod als eine Art Bestrafung vorführt. Ich war frei von Zeit und Raum. In diesem Licht bewegte ich mich vorwärts, unbeschreiblich glücklich und voll Freude, nichts beschwerte mich in diesem Tunnel. Als ich aufschaute, sah ich am Ende dieses Tunnels so etwas wie eine Sonne, ein weißes Licht; ich sage ‚weiß', nur um eine Farbe zu nennen, denn die Farbe des Lichtes und seine Helligkeit waren unbeschreiblich... Dieses Licht war für mich wie die Quelle dieser ganz großen Liebe, dieses Friedens in mir und um mich herum...".* Dann jedoch kam Gloria zu Bewusstsein, dass sie ja am Sterben sei, und sie dachte an ihre Kinder: *„Oh mein Gott, was werden wohl meine Kinder sagen?"* Zugleich wurde ihr bewusst, wie wenig Zeit sie sich für ihre Kinder genommen hatte, und das stimmte sie traurig. Als sie aber aufblickte, sah sie alle Menschen ihres Lebens, *„in einem einzigen Augenblick, und zwar die Lebenden **und** die Toten. Ich umarmte meine Urgroßeltern, meine Großeltern, meine Eltern, einfach alle... Es war wunderbar".* Dann schien Gloria höher aufzusteigen und staunte über die Schönheit einer Landschaft, die sich ihr darbot: wunderschöne Bäume, Blumen in allen Farben, mit einem Duft, der einem so wohl tut. Und: *„Da gab es zwei Bäume, die etwas einschlossen. Es schien ein Eingangstor zu sein. In diesem Augenblick sah ich meinen Neffen, der mit mir verunglückt war, wie er in diesen wunderbaren Garten hineingegangen ist. Und ich wusste, ich fühlte, dass ich dort nicht eintreten durfte und auch noch nicht konnte. Dort einzutreten wäre mein größter Wunsch gewesen."*

In diesem Augenblick vernahm Gloria die verzweifelte Stimme ihres Mannes: *„Gloria, komm zurück!"* Aber sie wollte nicht zurück. Doch *„allmählich und immer mehr begann ich, mich abwärts zu bewegen in Richtung meines Körpers, den ich ohne Leben vorfand".* Die Wiederinbesitznahme erfolgte über den Kopf. *„In dem Moment sprang ein Funke mit großer Kraft auf mich über, und so zwang ich mich wieder in meinen Körper hinein. Es schien mir, als sauge er mich in sich hinein. Dies tat un-*

endlich weh. Von allen Seiten sprühte mein Körper Funken. Es fühlte sich an, als würde ich in etwas sehr Kleines, Enges hineingepresst. Das war aber mein Körper... Es war ein fürchterlicher Schmerz. Und ab diesem Zeitpunkt begann ich, auch die Schmerzen meines total verbrannten Körpers zu spüren. Dieser ausgebrannte Leib tat so weh, so unsäglich weh. Alles brannte fürchterlich, alles rauchte und dampfte. Ich hörte, wie die Ärzte riefen: ,Sie ist zu sich gekommen!' Sie waren außer sich vor Freude, aber meine Schmerzen waren unbeschreiblich: Meine Beine waren total schwarz und verkohlt. Mein ganzer Leib war eine offene Fleischwunde, so überhaupt noch Fleisch dran war."

Während der bald darauf folgenden Operation kam es zum zweiten Herzstillstand. Diesmal bekam sie nichts Schönes zu sehen, sondern das extreme Gegenteil. Und sie bekannte hinsichtlich ihres Verhältnisses zur Religion, sie sei eine sehr laue Katholikin gewesen: *„Meine ganze Beziehung zu Gott bestand darin, dass ich möglichst nur solche Sonntagsgottesdienste besuchte, die lediglich 25 Minuten dauerten... und der Priester am wenigsten sprach, weil mich sein Reden langweilte.*" Während ihrer Studienzeit hörte sie eines Tages einen Priester sagen, dass es weder einen Teufel gäbe noch eine Hölle. Damit riss das letzte Band, das sie noch mit der Kirche verknüpfte, nämlich die existentielle Angst vor dem Teufel. *„Somit war es also völlig egal, was wir sind und was wir tun.*" Von da an begann sie mit atheistischen Aktivitäten, auch an der Uni. Sie gab kund, dass weder Gott noch Teufel existieren, dass wir ein Produkt der Evolution seien und so weiter.

Nun aber, während ihres zweiten Herzstillstandes und der damit verbundenen *außerkörperlichen Erfahrung* (AKE), da erlebte sie einen womöglich noch größeren Schrecken als beim Blitzschlag. Sie erlebte die entsetzliche Realität ausgesprochen teuflisch-dämonischer Wesen: *„Ich sah diese Teufel mit all ihrer Schrecklichkeit vor mir. Und keine der Darstellungen, die ich auf Erden bisher gesehen habe, können auch nur im Kleinsten darlegen, wie schrecklich diese Teufel in Wirklichkeit aussehen! Und so sah ich, wie auf einmal aus den Wänden des Operationssaales viele dunkle Gestalten herauskamen. Es schienen ganz normale Menschen zu sein, aber sie hatten alle diesen schrecklichen, grauenhaften Blick...*

Oh ja, es gibt sie: Und sie begannen bereits, mich zu umkreisen. Sie wollten mich holen. Können Sie sich mein Entsetzen vorstellen? Meine Angst, diesen Schrecken? Es war der reinste Horror! Meine ganze Wissenschaft, Gescheitheit und gesellschaftliche Stellung nützten mir nun gar nichts. Ich begann, mich am Boden zu wälzen, mich auf meinen Körper zu werfen, weil ich in meinen Körper flüchten wollte, aber mein Körper nahm mich nicht mehr auf. Dies war ein fürchterlicher Schreck für mich! Ich fing an zu laufen und zu fliehen. Ich weiß nicht wie, aber ich durchbrach die Wand des Operationssaales. Ich wollte nichts als fort, aber als ich durch die Wand hindurchging, machte ich einen Sprung ins Nichts. Ich wurde ins Innere eines dieser Tunnels verfrachtet, die plötzlich da waren und nach **unten** *führten...*

Wehrlos tauchte ich in diese Finsternis ein, für die es einfach keinen Vergleich gibt. Die finsterste Finsternis dieser Erde ist dagegen noch ein heller Mittag. Aber dort verursacht diese Finsternis fürchterliche Schmerzen, Horror und Scham, und sie stinkt entsetzlich! Es waren auch immer mehr schreckliche Figuren und Wesen zu sehen, verunstaltet in einer Art und Weise, wie wir es uns gar nicht vorstellen können." Und weiter (auszugsweise): *„Es war eine lebendige Finsternis. Nichts dort war tot oder regungslos. Und dann sah ich plötzlich, wie der Boden sich öffnete. Es sah aus wie ein entsetzlich großes Maul, ein Schlund. Der Boden lebte, er bebte! Ich fühlte mich entsetzlich leer, und unter mir war dieser beängstigende Abgrund, den ich mit Worten einfach nicht beschreiben kann. Und das Fürchterlichste war, dass man hier absolut nichts mehr von der Gegenwart und Liebe Gottes spürte. Dieses Loch hatte etwas an sich, das mich unwiderstehlich nach unten saugte. Ich schrie wie eine Verrückte. Ich erschrak zu Tode, als ich merkte, dass ich diesen Absturz nicht verhindern konnte, sondern dass ich unaufhaltsam nach unten gezogen wurde...*

Aber als ich so am Abgrund hing, irritierte die Dämonen das bisschen Licht, das ich noch in meiner Seele hatte, und so stürzten sich alle diese Ungeheuer auf mich..."

All das weitere Grauenhafte, von Gloria Polo Geschilderte, übergehe ich hier. Man besorge sich ihre Schrift *„Vom Blitz getroffen. Mein Weg* *vom Scheinen zum Sein. Ich stand an der Pforte des Himmels und der Hölle"*.

Erwähnen möchte ich jedoch noch Folgendes: Während des zweiten Herzstillstandes von Gloria gewahrte sie ihre verstorbenen Eltern und sah ihre Mutter lichtumhüllt. Und während sie verzweifelt rief, vernahm sie *„auf einmal eine Stimme. Es war eine so liebliche Stimme, es war eine himmlische Stimme. Und als ich sie hörte, erschauerte meine Seele in freudiger Erregung! Meine Seele erfüllte sich mit einem tiefen Frieden und einem unvorstellbaren Gefühl der Liebe. Und alle diese dunklen Gestalten und dieses Ungeziefer, das um mich herum war, wichen fluchtartig und entsetzt zurück, denn sie können sich dieser Liebe nicht widersetzen. Und auch diesen Frieden können sie nicht ertragen. Kraftlos sanken sie zu Boden und blieben dort liegen... Dieses Geschehen hat mich unwahrscheinlich beeindruckt"*.

Das nun folgende Gespräch mit jener Stimme gestaltete sich, zur Überraschung von Frau Gloria, zu einer Art religionsbezogener Gewissensprüfung. Nachdem Gloria ihr Katholischsein recht stark betont hatte, wurde ihr gesagt: *„Nun gut, wenn du wirklich katholisch bist, so kannst du mir gewiss sagen, wie die Zehn Gebote Gottes lauten?"*

Gloria bemerkt hier: *„Ich wusste gerade noch, dass es zehn Gebote waren, aber das war auch schon alles."* Sie erinnerte sich, dass ihre sehr gottgläubige Mutter immer vom ersten Gebot der Liebe gesprochen hatte: *„Du sollst deinen Gott über alles lieben und deinen Nächsten wie dich selbst."* – *„Sehr gut!"* Aber gleich darauf folgte die Frage: *„Und du? Hast du deine Nächsten geliebt?"* Und Gloria beeilte sich zu versichern: *„Ja, ja, ich habe sie geliebt!"* – Doch von der anderen Seite vernahm sie ein *„kurzes, kristallklares, messerscharfes Nein!"*. Diese Antwort schockierte sie, und die Stimme sprach weiter: *„Nein, du hast deinen Herrgott nicht über alles geliebt! Und noch viel weniger hast du deinen Nächsten wie dich selbst geliebt! Du hast dir selbst deinen Herrgott geschnitzt, du hast dir deinen Gott zurechtgelegt, wie es dir gerade gepasst hat. Du hast* *dem Herrgott nur in den Augenblicken einen Platz in deinem Leben gegeben, wenn du in größter Not warst... Du hast dich vor ihm zu Boden geworfen, als du noch arm warst, als deine Familie in ganz einfachen Verhältnissen lebte und du unbedingt eine gute Berufsausbildung und Stellung in der Gesellschaft haben wolltest. Ja, damals hast du jeden Tag gebetet... Du hast unaufhörlich darum gebetet und die Bitte nach oben geschickt, dass er dich aus deiner Misere befreien solle, dass er dir eine ehrenvolle Berufsausbildung ermöglichen möge und dass er dich zu einer in der Gesellschaft anerkannten Persönlichkeit werden lasse. Wenn du in Nöten warst, wolltest du einfach nur Geld. ‚Jetzt gleich einen Rosenkranz, Herr, aber bitte vergiss dann nicht, mir auch gleich das Geld zukommen zu lassen!' So oder so ähnlich waren doch viele deiner Gebete! Und das war die Gottesbeziehung, die du hattest...*"

„*Und das war wirklich so*", bekennt Gloria Polo. „*Es ist die traurige Wahrheit, die ich weder beschönigen noch verleugnen kann.*"

Das „Prüfungsgespräch" ging weiter, Gebot für Gebot wurde durchgenommen, und für Gloria wurde es immer unerquicklicher, ihr Verhalten im Erdendasein zu rechtfertigen. Schließlich musste sie sich sagen lassen: „*Der einzige Gott, den du verehrt hast, war das Geld. Durch diesen Götzen der Moneten hast du dich selbst verdammt! Wegen diesem, deinem Gott des Geldes und des Goldes, bist du in den Abgrund gestürzt, und so hast du dich selbst immer weiter vom Herrgott entfernt.*"

Grundsätzlich und zusammenfassend kann man zu den von Gloria Polo erlebten und durchlittenen Erfahrungen sagen: Die schließliche Genesung ihres schrecklich zerschundenen Körpers ist und bleibt ein Demut und Ehrfurcht gebietendes göttliches Wunder! Wer dies bezweifeln zu dürfen meint, dem ist nicht mehr zu helfen! Der möge sich weiterhin den „Weisheiten" blinder Blindenführer anvertrauen, egal auf welchem Gebiet menschlicher Geistesbetätigung. Hoffentlich ist es dann nicht zu spät, wenn ein solcher Mensch seine eigene Dummheit endlich zu merken beginnt...

Gloria Polo sollten als Erstes die Beine amputiert werden. Doch schon einen Monat nach dem Blitzunglück begann ihre Haut sich neu zu bilden. Das ließ die Ärzte hoffen, dass, so erklärte man ihr, *„bald der ganze Körper wieder mit der schützenden Haut überzogen sein wird. Aber Sorgen bereiten uns Ihre Beine. Da können wir nichts mehr tun. Wir müssen Ihre Füße leider amputieren."*

Gloria geriet in Panik. Wie stolz war sie doch auf ihre Figur und ihre Beine gewesen! Sie beschloss, aus diesem Krankenhaus zu fliehen. Als sie sich jedoch aus ihrem Bett zu erheben versuchte, brach sie hilflos zusammen. Als sie über das neue sich nahende Unheil nachzudenken begann, kam ihr in den Sinn, dass sie sich bei Gott noch nie für das Wunder ihrer Beine bedankt hatte: *„Im Gegenteil, ich hatte meine Beine und meinen ganzen Körper gemartert, um meinem Hang zum Dicksein und zur Gewichtszunahme entgegenzuwirken. – Und nun auf einmal sah ich meine Füße ohne Muskeln, spindeldürr, ganz schwarz, auf allen Seiten mit Löchern übersät. Und jetzt bedankte ich mich beim Herrgott für diese missgestalteten Beine! Sie waren auf einmal so wertvoll für mich! Nicht ihr Anblick war mir wichtig, sondern ihre Funktion. Einfach nur sie zu haben, war mir wichtig!"*

Und Gloria begann, Gott zu danken und innig zu beten: *„Herr, ich danke Dir für diese zweite Chance, die Du mir gegeben hast! Danke, vielen Dank dafür, für diese Chance, die ich wirklich nicht verdient habe. Aber, lieber Gott, ich bitte Dich aus tiefstem Herzen um eine Gefälligkeit, eine ganz winzig kleine Gefälligkeit: Lass mir wenigstens diese meine verunstalteten Beine! Lasse sie mir, damit ich mich wenigstens halbwegs bewegen kann, dass ich mich wenigstens halb aufrichten kann. Lasse sie mir, bitte, lasse sie mir wenigstens so, wie sie sind. Ich werde Dir dafür immer dankbar sein!"*

„Und auf einmal", so berichtet Gloria Polo, *„beginne ich, meine Füße zu spüren. Das war am Freitag. Und von Freitag bis Montag wurden diese meine schwarzen Spindeln, die ausschauten wie ein Glas dunkler Limonade mit Luftbläschen, langsam rötlich und hell. Ich spürte direkt, wie immer mehr der Blutkreislauf von meinen verkohlten Beinen Besitz ergriff. Immer mehr spürte ich sie, meine eigenen Beine. Und als am Montag*

die Ärzte zur Visite kamen, um die letzte Untersuchung vor meiner Ampu-
tation zu machen, da staunten sie, als ich vom Bett aufstand und mich auf
meine eigenen Füße stellte, die mich auch hielten! Ich fiel also nicht hin.
Sie untersuchten mich, griffen immer wieder meine Füße an und konnten
es einfach nicht glauben; sie trauten ihren eigenen Augen nicht!" Der
Chefarzt erklärte, während 38 Jahren seines ärztlichen Dienstes habe er
noch nie ein so großes Wunder gesehen und erlebt, wie das mit ihren
Beinen!

Ein weiteres Wunder war, dass sich, anderthalb Jahre später, bei Gloria wieder Brüste zu bilden begannen. Ja, sie konnte sogar wieder Mut-
terfreuden entgegensehen, trotz verschmort gewesener Eierstöcke!
Und das gesunde Mädchen, das sie gebar, konnte sie selber stillen! –
Wenn sie dies alles erzählt, so pflegt sie zu sagen: *„Dies sind im Großen*
und Ganzen die Wundertaten Gottes, die Er an meinem Körper gewirkt
hat und für die ich Zeugnis ablege."

Von fast allen, die in Todesnähe eine Lebensrückschau mit ihrer
ethischen Bewertung erleben, wird dies als besonders eindrücklich empfunden. Vielen wird eine Begegnung mit Jesus zuteil, auch Nichtchris-
ten oder Atheisten. Letztere sind es von da an am längsten gewesen.
Gloria, in größter Not, Reue und Scham, schrie: *„Herr Jesus Christus,*
hab Mitleid mit mir! Vergib mir, Herr, gewähre mir doch eine zweite Ge-
legenheit! Gib mir eine zweite Chance!" In diesem Moment wurde sie –
von ihm – aus ihrer schrecklichen Umgebung herausgeholt! Von ihm
selbst!⁽³⁶⁾ Gloria Polo hierzu:

„Als er mich abholte und bei der Hand nahm, fiel all dieses Ungeziefer,
fielen diese schleimigen, ekelerregenden Viecher und diese brennenden
Flecken, die ich vorher spürte, von meinem Körper ab, und der ganze
Boden unter mir war voll mit diesem Unrat... Er hob mich also nach
oben... und mit dieser unermesslichen, einfach mit menschlichen Wor-
ten nicht auszudrückenden Liebe, sagte er zu mir: ‚Du wirst zurückkeh-
ren auf die Erde. Du wirst eine zweite Chance bekommen'. Aber er
sagte dabei auch sehr ernst: ‚Aber diese Gnade der Rückkehr bekommst
du nicht wegen der vielen Gebete deiner Freunde und Familienangehö-

rigen. Denn es ist ja zu erwarten und ganz normal, dass deine eigene Familie und die Leute, die dich schätzen, für dich beten und mich deinetwegen anflehen. Du kannst zurückkehren wegen der Gebete so vieler Menschen, die nicht von deinem Fleisch und Blut sind und die nicht zu deiner Familie zählen. So viele dir ganz fremde Menschen haben bitterlich geweint, mit zerbrochenem Herzen und aus tiefster Seele zu mir gebetet und haben mit einem Gefühl größter Liebe und Zuneigung für dich ihr Herz zu mir erhoben."

In diesem Augenblick bekam Gloria eine Unzahl kleine Lichter zu sehen, und sie sah plötzlich alle Personen, die für sie beteten. Diese hatten in Zeitungen, in Radio- und Fernsehnachrichten von ihrem schrecklichen Unfall gehört und beteten für sie, von Mitleid ergriffen. Eines dieser Lichter leuchtete besonders groß und hell. Gloria interessierte verständlicherweise jene Person, von welcher diese starke Gebetsenergie ausging. Es handelte sich um einen armen Mann indianischer Herkunft — ein einfacher Bauer, dessen Familie Not litt. Neuerdings war ihm von Aufständischen ein Sohn weggenommen worden, um ihn als Kindersoldat einzusetzen. Der Mann war auf dem Wege ins Dorf, zum Gottesdienst. Gloria sah, wie innig dieser einfache Landmann betete: *„Mein Herr und Gott, ich liebe Dich. Ich danke Dir für mein Leben, für meine Familie und für meine Kinder."*

Gloria Polo sah ferner, dass der Mann zwei Geldscheine bei sich hatte, einen mit 10.000 und einen mit 5.000 Pesos (kaufwertmäßig eine geringe Summe). Bei der Kollekte gab er nicht den 5.000er, sondern den 10.000er-Schein! Nach dem Kirchgang kaufte er etwas Brot und Salz. Dies wurde in eine Zeitung vom Vortag eingewickelt. Lesen konnte der Mann nicht, aber er sah ein Foto Glorias auf der Trage, mit ihrem zerschundenen Körper. Da erfasste ihn ein so überwältigendes Mitleid, dass er weinend niederkniete und betete: *„Vater im Himmel, mein Herr und Gott, hab doch Erbarmen mit meinem Schwesterchen. Herr, rette sie, Herr, hilf ihr, Herr, lasse sie nicht zugrunde gehen. Herr, schaue gnädig herab und nimm Dich ihrer an..."* Und dann gelobte er eine Wallfahrt quer durch Kolumbien, auf dass seinem „Schwesterchen" geholfen werde! Gloria Polo: „*...für jemanden, den er überhaupt nicht kennt und noch nie im Leben getroffen hat!*"

„*Mich soll der Blitz treffen, wenn das nicht wahr ist*", pflegte Gloria oft zu sagen, wenn sie log, besonders ihrer Mutter gegenüber. Und eines Tages traf sie wirklich ein Blitz! Was wissen wir eigentlich über die Macht unserer Gedanken und Worte? Sie meinen: „*nichts*"? Das ist ein Irrtum! (Das betrachten wir uns gleich näher.)

Nichtkatholiken, die Frau Glorias erschütternden Bericht lesen, werden möglicherweise argwöhnen, sie wolle aufgrund ihres schauderhaften Erlebens und der wirklich wundermäßigen Wiederherstellung ihrer Gesundheit, den christlich-spirituellen Führungsanspruch der katholischen Kirche herausstreichen. Nun, das sollte ihr niemand verübeln, und für lauwarme Katholiken (wie überhaupt für Taufschein-Christen) könnte ein Ernstnehmen ihrer Erfahrungen von großem Wert sein. Doch zeigt die Auswertung diesbezüglicher Forschungsergebnisse auf, dass höherenorts die Gebete der Gottvertrauenden offenbar nicht nach deren Kirchenzugehörigkeit sortiert werden.
Man verzeihe mir, aber zu dieser Auffassung gelangte ich nach fünf Jahrzehnten gründlicher Studien. Nahtod-Erfahrene werden in der Regel nicht nach ihrer Kirchenzugehörigkeit gefragt, sondern danach, was sie aus ihrem Leben gemacht haben und ob sie – wenn sie einer solchen angehörten – sich bemühten, wahrhafte und praktizierende Christen zu sein, die Worte wie Barmherzigkeit und Liebe auch ernst nehmen. Und wenn Berichte wie der von Frau Gloria Polo Ortiz dazu beitragen, dass viele Tausend Menschen „*vom Scheinen zum Sein*" gelangen, so hat sie damit als Nahtod-Erfahrene ihre heilige Pflicht erfüllt!

Bete nie zum Schein!

Wie gerade erwähnt, ist die Wirkung ausgesprochener Worte stärker als gemeinhin angenommen. Das nun folgende Kapitel entstammt einem zwar gekürzten, aber für dieses Buch ergänzten und erweiterten Vortrag, der an vielen Orten des deutschen Sprachraums großen Anklang fand: Unser Persönlichkeitsbewusstsein beruht auf unserer Fähigkeit, denken zu können. „*Cogito ergo sum*", ich denke, also bin ich! Auf unserer Denkfähigkeit basiert unser gesamtes Sinnen und Trachten, unser Streben, Wollen und Hoffen, unser Empfinden und Verhalten, unsere Weltanschauung, ja überhaupt unser Menschsein. Darüber hinaus lassen uns die Erfahrungen der psychosomatischen Medizin deutlich erkennen, dass unser Gedanken- und Gefühlsleben sich in Form von Wechselbeziehungen sogar zwischen Körper und Psyche auswirkt.

Die noch junge Wissenschaft „Psycho-Neuro-Immunologie" (PNI) erforscht unter anderem die Rolle von negativen Gefühlen hinsichtlich unserer Vitalität. So belegt eine PNI-Langzeitstudie, dass Kinder, die sich von ihren Eltern geliebt fühlen, in ihrem Erwachsenenalter besser gegen Krankheiten geschützt sind. Bei älteren Menschen, die es verstehen, ihrem Leben einen Sinn zu geben, wirkt dies sogar lebensverlängernd.

Nun sind Begriffe wie „Gedanken-, Vorstellungs- und Willenskräfte" zwar allen geläufig, aber was soll man sich darunter vorstellen? Haben wir es da mit realen, physikalisch messbaren Energien zu tun? Und wenn ja: Was wissen wir darüber? Ist, wie man wissenschaftlicherseits behauptet, wirklich unser *Gehirn* der Erzeuger unserer Gedanken?

Von völlig materialistisch ausgerichteten Wissenschaftlern können wir da leider nur sehr unbefriedigende Antworten erwarten, denn wissenschaftlich betrachtet ist der Mensch lediglich ein durch „Zufälle" entstandenes Entwicklungsprodukt der Materie. Und unser Denkvermögen, so wird uns versichert, habe sich ebenfalls aus der Materie heraus entwickelt. Mithin ist es nicht der Mensch, welcher ‚denkt', sondern sein Gehirn. Der Mensch ist also nichts weiter als ein hochentwickeltes Tier. Eine Seele im religiösen Sinne hat man trotz intensiven Suchens nicht gefunden, folglich gibt es keine...

Was jedoch das Denken anbelangt, so begann man, über das Wesen gedanklicher Energien mehr zu erfahren, als mit der experimentellen Erforschung der Telepathie begonnen worden war. Unter diesem Begriff wird die Übertragung oder Aufnahme fremder Bewusstseinsinhalte verstanden, ohne Zuhilfenahme technischer Hilfsmittel und ohne Benutzung unserer Sinnesorgane. Der russische Neurologe und Psychiater Prof. Wladimir Bechterew übertrug gedankliche Befehle (Mentalsuggestion) zum Beispiel auf Hunde. Die nur gedachten Befehle wurden von den Tieren tatsächlich ausgeführt! Menschen versetzte man telepathisch in Schlaf, auf beliebige Distanz. Das klappte sogar über eine Entfernung von mehr als 1.700 km!

Ursprünglich meinte man, die Gedanken seien eine Art Radiowellen und somit von elektromagnetischer Natur. Das stellte sich aber bald als Irrtum heraus, denn Telepathie klappt auch dann, wenn man jemanden in einen „Faraday'schen Käfig" setzt. Ein solcher ist für elektromagnetische Wellen undurchlässig. Dasselbe ist der Fall mit Bleikammern. Bis jetzt ist kein Material bekannt, das zur Abschirmung von Gedankenenergien geeignet wäre! Der dänische Physiker Niels Bohr erklärte: *„Wenn man die Quantenmechanik, ihre Experimente und Paradoxe richtig interpretieren will, dann muss man das Denken als eine physikalische Realität betrachten."*

In der Kernphysik musste man nämlich die Feststellung machen, dass sich Atome (und deren Teilchen) unter Beobachtung anders verhalten, als wenn sie nicht beobachtet werden! Da bewusstes Beobachten mit konzentriertem Denken und Hinschauen verbunden zu sein pflegt, ist hier sogar der Schluss erlaubt, dass nicht bloß unsere Gedanken eine physikalisch wirksame Energieform darstellen, sondern dass auch unserem Blick Energie innewohnt (vgl. den zumeist stechenden Blick von Hypnotiseuren oder den zwingenden Blick mancher Gurus). Die Sache mit dem „bösen Blick" scheint demnach kein Märchen zu sein.

Doch weiter zum Thema Gedankenkräfte: In der Öffentlichkeit so gut wie unbekannt ist die Tatsache, dass es schon des Öfteren gelang, Gedanken zu fotografieren. Schon in den zwanziger Jahren des vergangenen Jahrhunderts befassten sich Forscher wie Dr. Baraduc, Major Darget, Hector Durville, Prof. Naum Kotik und andere mit Experimenten zur Sichtbarmachung gedanklicher Wirkungen. Unter anderem verwendete man mit Schwefelkalzium imprägnierte Sichtschirme, die man durch Gedankenkraft aufleuchten lassen konnte. Ja, es gelang sogar der Nachweis, dass Gedanken bestimmte Formen bilden und dass diese Formen unterschiedlich gefärbt sind, je nach emotionaler Qualität der damit verbundenen Vorstellungen!

Hierbei waren besonders aufschlussreich die Gedankenformen und -farben beim Gebet: Ganz gleich, ob man das Vaterunser bloß denkt oder es laut ausspricht, es bilden sich um den Kopf des Betenden blaue bis violette Felder, aus denen eine große blaue Kugel aufsteigt. Bei wiederholtem Beten formt sich ein hoher blauer Kegel, wie ein Trichter, dessen Spitze vom Haupt der betenden Person ausgeht. Wissende fassen dieses Erscheinungsbild als Zeichen von *Gebetserhörung* auf. Das innige Gebet kann sich aber auch in Form einer hellgelben Lichtsäule manifestieren. Diese geht ebenfalls vom Kopf aus und wurde bis zur Zimmerdecke reichend beobachtet. Dort zeigte sich ein runder Lichtfleck von etwa 40 cm Durchmesser!

Beim Beten kommt es offenbar auf die Intensität unserer damit verbundenen Gedanken und Empfindungen an, nämlich wie weit die mentale Energiestärke reicht — ob bloß bis an die Zimmerdecke oder über das Gebäude hinaus bis in jene geistige Welt, die außerhalb der Wahrnehmungsfähigkeit unserer materiegebundenen Sinne liegt.

Auf jeden Fall können wir uns jetzt erklären, warum Jesus so oft auf die große Bedeutung des innigen und gottvertrauenden Gebetes hinwies: Anscheinend ist es von größter Wichtigkeit, unsererseits energetisch den ersten Schritt zu tun, das heißt, die energetischen Voraussetzungen zu schaffen, um Anschluss zu bekommen an höherfrequente göttliche Bereiche! Mit anderen Worten: Man muss quasi die *„richtige Telefonnummer wählen"* beziehungsweise die richtige mentale Frequenz erzeugen, um eben hierdurch empfänglich zu werden für höherwertige Energien. Das sollte eigentlich einleuchten...

Beim Ave-Maria-Gebet beobachtete man rosarote geflügelte Formen, die ebenfalls nach oben strebten. Sie sind vergleichbar mit der „geflügelten Sonne", dem uralten heiligen Symbol der Ägypter. Demnach wäre das Rosenkranzbeten allein schon deswegen wertvoll, weil hierdurch starke positive Kraftfelder erzeugt werden.

Wer jedoch an Gebetswirkungen durchaus nicht zu glauben vermag, der möge gelegentlich Folgendes ausprobieren: Wenn bei einer öffentlichen Hypnose-Veranstaltung zwei oder drei Personen im Raum still beten, so wird sich der Hypnotiseur blockiert fühlen. Es wird ihm kaum etwas gelingen. Auf jeden Fall wird er eine Gegenkraft spüren. Dies bedeutet, dass die Gebetskraft stärker ist als die Suggestionskraft eines Hypnotiseurs. In gleicher Weise kann man auch Heilerinnen oder Heiler blockieren, bei denen die Gottverbundenheit fehlt und statt dessen Geld eine wichtige Rolle spielt.

Auch beim Exorzismus gibt es augenscheinliche Reaktionen auf das Gebet. Pater Dr. Jörg Müller aus Freilassing (Bayern) schreibt in einem seiner Bücher: *„Jeder dämonisch attackierte, umsessene oder besetzte Mensch reagiert über kurz oder lang sogar auf Ferngebete, von denen er nichts weiß."* Auf Gebete zu reagieren, von denen man nichts weiß, bedeutet aber, dass hier von einer Suggestionswirkung oder Einbildung nicht mehr die Rede sein kann!

Zu gleichen Ergebnissen kamen großangelegte Versuchsstudien an US-Krankenhäusern. Schon 1986 berichtete die Fachzeitschrift *Medical Tribune* darüber. In San Francisco wurden beispielsweise unter Leitung von Prof. Dr. Randolf C. Byrd fast 400 Herzpatienten in zwei Gruppen eingeteilt, die zehn Monate lang unter Beobachtung standen. Für die eine Hälfte der Patienten wurde von fremden Menschen gebetet, für die anderen nicht. Weder Ärzte noch Kranke wussten davon. Den Betenden hatte man lediglich die Namen der Patienten mitgeteilt, sonst nichts. Das verblüffende Ergebnis: Bei der Gebetsempfänger-Gruppe gab es deutlich weniger Komplikationen und einen weit geringeren Medikamentenverbrauch als bei jenen, für die nicht gebetet worden war!

Im April 1999 erfolgten weitere Gebetsstudien an 1.500 Patienten in fünf Hospitälern. Die Ergebnisse entsprachen jenen von früheren Studien. Dr. Herbert Benson von der Harvard-Universität sagte: *„Gebete helfen bei leichten bis mittelschweren Depressionen, beseitigen negative Gedanken und Stress."*

Während es sich bei alledem um die Übertragung segensreicher Gedanken auf und für andere handelte, können sie auf uns selbst – ohne religiösen Bezug – ebenfalls Erstaunliches bewirken. Für Sportler nicht uninteressant ist nämlich eine Studie des US-Physiologen Guang Yue am Lerner-Forschungsinstitut in Cleveland. Bei einem Test mussten sich zehn Männer in Gedanken regelmäßig vorstellen, wie es wäre, wenn sie bestimmte Muskelpartien ihres Körpers trainieren. Es ist kaum zu glauben, aber nach nur einer Woche sollen die betreffenden Muskeln um bis zu 15 % zugenommen haben!

Dass die Körperkraft mehrerer Personen, vereint eingesetzt, die Leistungsfähigkeit des Einzelnen weit übertrifft, ist eine Binsenweisheit. Dasselbe trifft aber auch auf Gebetskräfte zu. Welch starke Energiefelder in einer Räumlichkeit durch gemeinsames Beten entstehen können, zeigten Messungen in der Kirche des Wallfahrtsortes Medjugorje in Bosnien-Herzegowina. Der US-Prof. Boguslav Lipinski von der Universität Boston nahm dort Messungen mit einem Spannungsmesser vor, wie er in der Kernphysik als Dosimeter für ionisierende Strahlungen (Radioaktivität) verwendet wird. Diese Strahlung wird in Milli-Rem (mR) gemessen. Während Gottesdiensten in nordamerikanischen Kirchen konnten mit diesem Gerät 20 bis 70 mR gemessen werden. In Medjugorje jedoch wurden während bestimmter Gebete sage und schreibe 100.000 mR (pro Stunde) registriert! Menschen, die dort häufig die Messe besuchen, müssten an den Folgen dieser hohen ionisierenden Strahlung zugrunde gehen! Da das jedoch nicht geschieht, sieht man sich zu der Annahme genötigt, dass die Gebetsenergie anderen als physikalischen Ursprungs sein muss, sagen wir: spirituellen Ursprungs. Das heißt, diese Energiefelder sind mit dem genannten Gerät zwar messbar, aber es handelt sich nicht um die übliche Radioaktivität, die wir kennen. Außerdem baut sich das Feld sehr rasch wieder ab!

Hinsichtlich der Intensität von Gebetskräften erregte das Messergebnis des US-Forschers Dr. N. J. Stowell erhebliches Aufsehen. Er maß bei einer Sterbenden, während sie betete, deren Hirnstromtätigkeit. Die Skala geht normalerweise von minus 500 bis plus 500. Als jene Frau ihr letztes Gebet sprach, zeigte das Gerät den Wert von plus

500 an, der höchste von Stowell je gemessene! – Von da an war er kein Atheist mehr.

Forschungen an der schottischen Universität Paisley ergaben, dass Religiosität anscheinend lebensverlängernd wirkt. In 42 wissenschaftlichen Studien wurden dort die Sterblichkeitsdaten von 126.000 Menschen miteinander verglichen. Daraus ergab sich, dass Kirchgänger (besser gesagt „gottgläubige Menschen") eine fast um 30 % höhere Chance haben, alt zu werden, denn sie leiden weniger unter hohem Blutdruck, Herzbeschwerden und Depressionen.

Gina L. Hirsche, die Gründerin der Wiener „Liga für parapsychologische Forschung", hatte einen Onkel, der in Kärnten einen großen Bauernhof besaß. Wenn ein Hagelwetter drohte, zündete er eine Laterne an und umschritt damit betend seine Felder. Nicht ein Hagelkorn fiel auf diese nieder! Wenn dann die Nachbarn sich über den Schaden beklagten, den ihre Felder erlitten hatten, kniete er sich hin und dankte Gott. Über das Gebet schreibt Frau Hirsche aus ihrer reichen Erfahrung heraus: *„Der Mensch betet im Allgemeinen viel zu oberflächlich, was bezeugt, dass er die wahre Bedeutung des Gebetes nicht kennt! Beten ist eine heilige Handlung, ein Emporschwingen der Seele in demutsvoller Liebe. Ein Sammeln und Konzentrieren des Geistes auf den einen Punkt, auf Gott; ein Sich-Versenken, ein Untertauchen in das Meer der Unendlichkeit, das schließlich zum Erlöschen aller weltlichen Gedanken und Wünsche zu führen vermag. Gebet und (gott- oder christusbezogene) Meditation sind die Mittel, die uns den Himmel erschließen und uns Gott näherbringen. Nur durch sie wächst der Geist, hebt und erweitert sich unser Denken. Gebet stärkt und fördert das Gute in uns, bringt uns in Einklang mit den göttlichen Gesetzen und damit in Einklang und Frieden mit uns selbst. Es sind kostbare Güter, die damit gewonnen werden; Schätze, von denen Christus sagte, dass sie nicht durch Rost und Moder vernichtet werden können."*

Auf jeden Fall steht experimentell fest, dass wir durch unser Denken reale Energien erzeugen und in Gang setzen, bewusst oder unbewusst.

Da jedoch auch gedankliche Energien und Energiefelder dem Gesetz von Ursache und Wirkung unterliegen, so sollten wir ihre Auswirkungen auf uns selbst besonders aufmerksam studieren. Unsere Charakterhaltung prägt ja im Laufe der Zeit sogar unsere Gesichtszüge, von den sonstigen psychosomatischen Wechselwirkungen ganz zu schweigen. Das heißt, unser Gedankenleben wirkt sowohl nach innen (auf unseren Körper) als auch nach außen, auf unsere Umgebung. Und dass jeder Gedanke an eine andere Person dieselbe mit absoluter Sicherheit erreicht, das beweist die experimentelle Telepathie.

Da gibt es zum Beispiel ein Gerät, den Plethysmograph, welcher Veränderungen im Blutvolumen anzeigt. An einen solchen Apparat werden, jeweils an einem Finger, zwei Versuchspersonen angeschlossen. Jede der beiden befindet sich in einem anderen Raum. Wenn nun eine der beiden Personen intensiv an die andere zu denken beginnt, so registriert der Plethysmograph bei dieser anderen Person sofort eine Veränderung des Blutvolumens! Braucht man noch deutlichere Beweise für die Realität gedanklicher Kräfte?

Wie alles, so kann man auch Gedanken-, Vorstellungs- und Wunschkräfte sowohl in positiver (gottbezogener) als auch negativer (gottabgewandter) Weise einsetzen. Positiv ist, anderen Gutes zu wünschen, sie zu segnen, für sie zu beten. Extrem negativ hingegen sind Gedanken der Missgunst, des Neides, der Eifersucht, des Ärgers, des Fluchens oder gar des Hasses. Die damit verbundenen mentalen Energien sind leider oft weit intensiver als solche des Wohlwollens und der Liebe. Der Volksmund trifft ins Schwarze mit den Redewendungen *„er giftet sich"* (das heißt, er ärgert sich, er ist erbost) oder *„er spuckte Gift und Galle"*. Ähnlich wie der Biss eines tollwütigen Hundes tödlich sein kann, so sondern auch Menschen im Zorn giftige Substanzen in ihren Ausscheidungen (Schweiß, Speichel) ab. Bisswunden, von einem wütenden Menschen zugefügt, heilen bekanntermaßen nur sehr langsam ab. Das wies anhand von Speichel- und Schweißanalysen unter anderem der US-Psychologie-Professor Elmer Gates (1859-1923) nach, der Ausdünstungen von in Affekt gebrachten Versuchspersonen (auch deren

Atem!) per Kühlverfahren kondensierte. Die so gewonnenen Flüssigkeiten wiesen unterschiedliche Färbung auf. Menschen, denen solcher „Liquor" injiziert wurde, gerieten sofort in die gleiche Gemütswallung. Als tödliches Gift erwies sich „Hass-Extrakt". Meerschweinchen eingespritzt, führte er in Minuten zu deren Tode! Auch Angstgefühle schlagen sich in der Ausdünstung nieder. Tiere riechen das, daher beißen den Ängstlichen die Hunde.

Wichtig zu wissen ist ferner, dass als Langzeitwirkung eines veränderten Denkens („*Tuet Buße!*", heißt ja: „*Ändert eure Gesinnung!*") signifikante Veränderungen in der Physiologie des Gehirns und damit in der konkreten Gehirnstruktur auftreten. Das ist wissenschaftlich nachgewiesen, und es wäre dazu noch so manches Aufschlussreiche zu sagen. **Wenn man außerdem weiß, dass alles, was wir gedanklich aussenden, früher oder später auf uns zurückfällt, so sollte man eine entsprechende Gedankenhygiene pflegen und ungute Gedanken bewusst meiden.** Das ist in der Praxis gar nicht so leicht.

Wie aber sollten wir in ethisch vertretbarer Weise reagieren, wenn jemand schlecht über uns spricht und damit unseren Ruf schädigt, uns wirtschaftlich Schaden zufügt oder uns sonstwie das Leben erschwert? Wie wehrt man sich da, wie schützt man sich? Nun, im Falle unguter Gedanken und Wünsche, mit denen jemand „bombardiert" wird, sollte man grundsätzlich Folgendes wissen: Wenn nämlich die gedankliche Frequenz des Empfängers jener des Aussenders ganz und gar nicht ähnelt, so können die ausgesandten Gedanken „nicht landen". Es fehlt die richtige Empfangsantenne, und so müssen sie zu ihrem Ursprung, ihrem Erzeuger zurückkehren. Im Französischen spricht man da vom „Choc de retour". Magier kennen ihn, denn er ist erfahrbar.

Für unseren Alltag bedeutet dies: Haben wir gute, segensvolle Gedanken ausgeschickt, so kommt ein lichter Segensstrom zu uns zurück. Erzeugten wir jedoch negative Frequenzen, so verfangen sich diese nur dann, wenn sie auf eine ihrem Charakter ähnliche oder gleiche Struktur treffen. Wenn nicht, so richtet sich ihre zersetzende Energie gegen uns selber!

So gesehen bekäme die gleichnishafte Weisung im NT vom „*Hinhalten der anderen Wange*" überhaupt erst einen verständlichen und vernünftigen Sinn: Mit dieser Aussage Jesu wäre nämlich nicht gemeint, dass wir uns widerstandslos schlagen lassen sollen, sondern, dass wir – wenn andere uns Unrecht oder Leid antun – nicht in gleicher Weise reagieren sollen, uns frequenzmäßig nicht auf die gleiche niedere Charakterstufe begeben sollen, weil wir uns sonst empfänglich machen für das Ungute, das uns angewünscht wird!

Wir sollten allein schon deshalb nicht „*mit gleicher Münze zurückzahlen*", weil sonst eine negative Kausalkette von Ursache und Wirkung ausgelöst wird. „*Die andere Wange hinzuhalten*" bedeutet, dass wir denen, die uns übelwollen, statt irgend welcher Revanche-Gedanken, gute verzeihende Gedanken zusenden sollen. Das mag im Einzelfall nicht gerade leicht sein, aber nur so ist wohl die von Christus geforderte Feindesliebe zu verstehen. Nicht, dass wir denen, die uns nicht mögen, liebebeteuernd um den Hals fallen sollen; das wäre weltfremd, und die Betreffenden würden sich das energisch verbitten. Nein, wir sollen vielmehr „*das Gesetz walten lassen*", das heißt, jene seelisch-geistigen Gesetzmäßigkeiten und Wechselwirkungen, womit jeder Mensch zum Selbstgestalter seines Schicksals wird. Diese Gesetzmäßigkeiten nämlich sind „Gottes Mühlen", die zwar – im Allgemeinen – langsam mahlen, aber mit absoluter Präzision!

Das ernsthafte Gebet ist also immer und überall von größter Wichtigkeit. Auch das Gebet für andere. Wenn in manchen sich elitär dünkenden esoterischen Gruppierungen das Beten für andere abgelehnt wird, weil man in deren Karma nicht eingreifen dürfe, so sollte man solche Kreise besser meiden, auch wenn sie von ihrer „Wahrheit" noch so sehr überzeugt sein mögen. Andererseits erkennt man an dieser Einstellung, welche bedeutsame Kraft man dem Gebet beimisst!

Dennoch sollte man auch hier Vernunft walten lassen und nicht mit Gebeten etwas erzwingen wollen. Es liegen Erfahrungsberichte vor, bei denen die Betreffenden es später sehr bereuten, dass ihr verzweifeltes Flehen erhört worden war...

Gebetskräfte können Erstaunliches bewirken, mit ihnen kann man sogar Sterbende zurückholen. Sterbeforschern liegen Berichte vor, wo Hinübergehende *„durch die Liebe und Gebete anderer"* zurückgeholt wurden. Eine Mutter zum Beispiel befand sich im Stadium des Sterbens. Ihr einziger Sohn saß, still weinend, in einer Ecke des Krankenzimmers. Nachdem bei der Mutter Herzstillstand festgestellt worden war, beugte er sich über sie und rief sie mehrmals an. Es erfolgte jedoch keine Antwort mehr. Da kniete er nieder und betete laut: *„Ich danke Dir, himmlischer Vater, dass Du mir eine so gute Mutter gegeben hast. Hilf mir, so zu leben, dass ich sie dereinst wiederfinden kann dort, wo Du sie aufgenommen hast."* Da, auf einmal schlug die Mutter ihre Augen auf, schaute zu ihrem Sohn hin und flüsterte glücklich: *„Danke, danke mein Junge!"* Dann fiel ihr Kopf zur Seite, und sie verließ diese Welt.

Eine andere Frau lag todkrank danieder. Die anwesenden Angehörigen beteten viel für sie. Nachdem ihre Atmung schon mehrmals ausgesetzt hatte, sagte sie leise: *„Ich bin drüben gewesen. Es ist wunderschön dort. Ich möchte gerne dort bleiben, aber eure Gebete halten mich hier fest. Bitte betet nicht mehr."* Die Angehörigen ließen daraufhin vom Beten ab, und kurz danach entschlief diese Frau.

Ein fünfjähriger Bub lag infolge eines bösartigen Hirntumors bereits seit drei Wochen im Koma. Seine Angehörigen weilten fast ununterbrochen an seinem Bett und beteten inbrünstig um seine Genesung. Da betrat der Pfarrer das Krankenzimmer. Es kostete ihn offensichtlich Überwindung, einen sonderbaren Traum zu erzählen, weil er nicht wusste, wie man reagieren würde. Der kranke Junge war ihm deutlich im Traum erschienen und hatte gesagt: *„Es ist Zeit für mich zu sterben. Sagen Sie meinen Eltern, dass sie nicht mehr um mein Leben beten sollen. Ich muss jetzt gehen."* Dieses Traumerlebnis beeindruckte den Pfarrer dermaßen, dass er des Jungen Gegenwart noch immer zu spüren glaubte. Man besprach sich nun und empfand, dass es sich hier um eine Willensäußerung ihres Buben handeln könnte und sie diese akzeptieren sollten. Sie sprachen ein letztes Gebet, streichelten seinen wie leblos daliegenden Körper und sagten ihm, dass sie mit seinem Weggang einverstanden seien, wiewohl sie ihn sehr vermissen würden. Da kam der Junge plötzlich zu sich! Er bedankte sich bei den Seinigen, dass man ihn nun gehen lasse und kündigte sein baldiges Sterben an. Dies war sodann am nächsten Tag der Fall.[137]

Abschließend möchte ich noch den Titel dieser Abhandlung erläutern, er lautet eigentlich: *„Bete nie zum Schein, es könnte funktionieren!"* Es handelt sich um ein Erlebnis an der Schwelle zum körperlichen Tode, welches der US-Kardiologe Dr. Maurice Rawlings mit einem Notfallpatienten namens Charlie hatte. Dr. Rawlings war gerade beim Einsetzen eines Herzschrittmachers. Dabei musste er den Brustkorb des Patienten rhythmisch drücken. Doch jedes Mal, wenn er dies unterbrach, begann Charlie zu toben, verdrehte die Augen, verfiel in Zuckungen und schrie: *„Um Gottes willen, nicht aufhören! Jedes Mal, wenn Sie loslassen, bin ich in der Hölle! Bitte beten Sie für mich!"*

Dr. Rawlings empfand dies als Zumutung und sagte unwirsch, er sei Arzt und kein Pfarrer. Charlie solle seinen Mund halten! Aber der Patient bat weiter flehentlich um Gebete, und da waren auch die erwartungsvollen Blicke der Krankenschwestern... Rawlings sagt: *„Mir blieb keine andere Wahl, ich musste, wenn auch nur zum Schein, ein Gebet erfinden."* Während er nun mit der einen Hand die Wiederbelebungsversuche fortsetzte, regulierte er mit der anderen den Herzschrittmacher. Fast verzweifelt sprach er zum Patienten: *„Sprechen Sie mir nach: Jesus Christus ist Gottes Sohn. – Los, sagen Sie es! – Bewahre mich vor der Hölle, und wenn Du mich am Leben bleiben lässt, so will ich für immer Dir gehören. Los, sagen Sie es!"*

Charlie wiederholte Wort für Wort das erfundene Gebet und war plötzlich nicht mehr der schreiende tobsüchtige Irre, der mit wildem Blick um sein Leben kämpfte. Er war jetzt ganz ruhig und kooperativ geworden! Sollte das zum Schein gesprochene „Gebet" eine solche Wirkung haben? Dr. Rawlings, bis dahin religiös gleichgültig, ist seitdem überzeugter Christ. Und er schließt seinen Bericht mit den Worten: *„Was lernen wir daraus? Dass man nie zum Schein ein Gebet sprechen sollte, es könnte funktionieren!"*[138]

Selbstmord als Ausweg? – Besser nicht!

Das Wort „Selbstmord" klingt brutal. „Freitod" hört sich besser an – „Suizid" noch besser, das klingt erstens unverbindlich und zweitens gebildet...

In Deutschland werfen pro Jahr rund 12.000 Menschen ihr Leben weg. Die Zahl der misslungenen Versuche ist zwanzigmal höher. Das ergibt zusammen rund 250.000 menschliche Tragödien. Entsetzlich! In Japan bringen sich jährlich mehr als 30.000 Menschen um. Durchschnittlich 1.300 sind es in der Schweiz. Ein beträchtlicher Prozentsatz davon sind Heranwachsende. Hinzuzurechnen sind noch all jene Jugendlichen, die als Drogensüchtige einen *langsamen* Selbstmord wählten. Wie unendlich viel Leid, Tränen und Verzweiflung bergen doch die genannten Zahlen! Die Betreffenden meinen, Selbsttötung sei der einzige Ausweg aus ihrer Misere. – Welch ein verhängnisvoller Irrtum! Die Sterbeforschung besagt eindeutig: *„Wir können uns nicht selber töten!"* Wir können lediglich unseren physischen Körper zerstören, sonst nichts. Damit machen wir genau das kaputt, was uns ein Leben auf Erden überhaupt erst ermöglicht!

Dies wird um so augenscheinlicher, wenn wir um das „Doppelwesen Mensch" Bescheid wissen: Unser physischer Leib ist konzipiert für die Daseinsbedingungen in der materiellen Welt; unser innerer Körper (Seele) jedoch für jene Bereiche, die jenseits der Wahrnehmungsfähigkeit unserer Sinne existieren. Während sich unsere beiden Wesenshälften *physischer* und *feinstofflicher Leib* beim normal verlaufenden Sterbevorgang naturgesetzmäßig kontinuierlich voneinander trennen, geschieht dies bei gewaltsamen Todesarten wie Mord (auch als Kriegshandlung), Selbstmord oder tödlichem Unfall abrupt, also plötzlich. Und eben das ist widernatürlich! Logischerweise muss es da andere physiologische und seelisch-geistige Begleit- und Folgeerscheinungen geben als beim normalen Sterbeprozess. So betrachtet, wäre das Bibelwort *„Was Gott zusammenfügte, das soll der Mensch nicht trennen"*, auch *anders* zu verstehen als nur auf die Ehe bezogen. Wäre nur Letzteres gemeint, so dürfte es ja in der Christenheit keine Ehescheidungen geben. Nein, jede Form von Tötung stellt einen naturwidrigen und somit schöpfungs-feindlichen Akt dar. Und da es danach weitergeht, sollte man sich eine solche Tat reiflichst überlegen. Denn die „Entseelung des Leibes" ist zugleich eine „Entleibung der Seele", wie es bereits unser verdienter Vorkämpfer Dr. Carl du Prel treffend formulierte.

Hier scheint nun der kritische Einwurf berechtigt zu sein: Wieso soll es, je nach Todesart, einen qualitativen Unterschied geben in dem, was darauf folgt? Und warum sollen die Folgen ausgerechnet ethisch-moralischer Art sein, wo doch sonst überall in der Natur keinerlei Ethik festzustellen ist? Gilt in ihr nicht seit jeher das „Recht des Stärkeren"? Und ist nicht schon der in der Pflanzenwelt zu beobachtende Daseins-kampf ein erbarmungsloser? Da sind nirgends ethisch wirksame Prinzipien erkennbar, schon gar nicht im christlichen Sinne!

Darauf wäre zu erwidern: Gemach, das stimmt durchaus. Nun ist doch aber der Mensch in seiner Entwicklungsstufe wesentlich höher einzuschätzen als die Geschöpfe der Pflanzen- und Tierwelt! Der Mensch ist das einzige Lebewesen, das man für seine Handlungen zur Verantwortung ziehen kann. Diese Eigenverantwortlichkeit wäre ja völlig ungerecht und sinnlos, wenn es nichts gäbe, was über ein ichbezogenes Nützlichkeitsdenken hinausgeht und wenn eine allgemeinverbindliche Ethik nicht auch metaphysisch und logisch begründet werden könnte. Mit anderen Worten: Ohne eine (nicht nur gesellschaftlich und sozial) begründbare Ethik wäre ein Kampf *aller gegen alle* nicht bloß gerechtfertigt und überlebenswichtig, sondern sogar naturgemäß!

So aber ist es nicht. Heute lassen sich ethische Forderungen überzeugend begründen – begründen mit den Tatsachen und Aspekten der inzwischen weltweit betriebenen Sterbeforschung. Hier gibt allein schon die hunderttausendfach bezeugte Tatsache der qualitativen *Lebensrückschau* zu denken. Alle, die solches erlebten, versichern, dass es sich nicht um Träume oder Halluzinationen gehandelt habe, sondern um eine überaus klare und eindrucksvolle Panoramaschau des bis dato vergangenen Lebens, verbunden mit einer bis dahin ungeahnten Bewusstseinserweiterung, in welcher jede noch so unbedeutende Lebenssituation ihren ethischen Wert und Charakter offenbart!

Im Christentum war es seit dem Konzil zu Braga (im Jahre 563 n.Chr.) streng verboten, Selbstmörder in geweihter Friedhofserde zu bestatten. Aufgehoben wurde dieses Verbot erst im Jahre 1983. Über Jahrhunderte brachte es namenloses Leid für unzählige Frauen und Mädchen, weil sie unehelich schwanger wurden und keinen anderen Ausweg sahen als den der Selbstentleibung. Auch heutzutage gibt es noch verständnisheischende Gründe für solch verzweifeltes Tun, zum Beispiel wenn eine Frau den Freitod wählt, statt sich im Krieg von einer vertierten Männerhorde bestialisch umbringen zu lassen. Oder wenn ein Schulkind, wie das in Diktaturen vorkam, verzweifelt in den Tod geht, um seine Eltern nicht bespitzeln zu müssen. Welch heldenhafter Mut gehört hierzu – und welch große Liebe!

Als sozusagen „mildernder Umstand" kann auch ein schweres Gemütsleiden gelten. Ebenso kann andauerndes Stimmenhören zu einer Verzweiflungstat führen, besonders wenn diese ohnehin lästigen Stimmen zum Selbstmord auffordern. In solchen Fällen handelt es sich zumeist nicht um ein medizinisch-psychiatrisches, sondern um ein kirchlich-seelsorgerisches Problem, weil starke Negativbeeinflussungen in Form von Besessenheit vorliegen. Für neuzeitliche Theologen freilich gibt es so etwas nicht. Wie konnte Jesus auch ahnen, dass sich 2.000 Jahre nach seinem Erdenwandel alle Dämonen und bösen Geister tiefenpsychologisch und mit Hilfe starker Drogen in Nichts auflösen würden...

Wie dem auch sei, in keinem Fall mokiere man sich über jene Unglücklichen, die – unwissend, wie sie sind – Hand an sich legten. Für direkt oder indirekt Betroffene sollte dies sogar ein Grund zur Gewissenserforschung sein, inwieweit ein *Mitschuldigsein* am Schicksal des betreffenden Menschen vorliegt. Und seien wir dankbar, wenn wir von schwierigsten Lebenslagen (bislang) verschont blieben: Auch ein überzeugter Christ wie der kath. Priester Johannes Wernert aus der Gegend von Pforzheim blieb vom Schlimmsten nicht verschont. Er litt unsäglich unter Kehlkopfkrebs. Man wollte ihm die Zunge entfernen. Wegen irrsinniger Dauerschmerzen wurde er zum Alkoholiker. Im Januar 1993 ließ er sich von einem Zug überrollen...

Auf Anfrage einer Zeitungsredaktion, wie es die Kirche nun mit der Bestattung halten werde, antwortete das Erzbistum Freiburg, dass eine Beerdigung nach katholischem Brauch nur dann von der Kirche verweigert würde, *„wenn Selbstmörder sich ausdrücklich von Gott und der Kirche losgesagt haben"*. Beides traf auf Pfarrer Wernert nicht zu.

Im Zusammenhang mit der Selbstentleibung sei noch auf die Kraft der Fürbitte verwiesen. Über die Funktionsweise mentaler Energien wissen wir heute recht gut Bescheid. Auch aus dem Jenseits, aus Bereichen der „anderen Welt", wird uns eindringlich ans Herz gelegt, für Verstorbene, die ihr Erdenleben eigenwillig beendeten, oft zu beten. Gedankenenergien wirken ja über unsere dreidimensionale Welt hinaus. Daher ist es sehr tröstlich zu wissen, dass spürbare Hilfeleistung auch über das Grab hinaus möglich bleibt. Aber Hand aufs Herz: Was wissen die meisten unserer „Seelenhirten" überhaupt von den Forschungen auf dem Gebiet der Gedanken- und Vorstellungskräfte? Haben sie auch nur eine geringe Ahnung von dem, was sich energetisch zum Beispiel beim Segnen vollzieht?

Ein greiser Priester in Oberbayern war richtig glücklich, als er nach meinem Vortrag beim Abschiednehmen zu mir sagte: *„Da geschieht also doch etwas, wenn ich segne?"* – Ja freilich! Nur erfahren die armen Priesteramtskandidaten nichts davon, weil deren Professoren selber unwissend sind. Blinde Blindenführer...

Was bekundet nun die Weiterlebensforschung zu unserem Thema? Hier die Antworten:

1. Auch eine Selbsttötung bedeutet für die Zurückbleibenden keinen Abschied für immer und ewig. Der betreffende Mensch beziehungsweise seine Seele lebt weiter, aber er bedarf in besonderem Grade unserer Fürbitte.

2. Menschen, die ihr Erdenleben willentlich abkürzten, fallen keineswegs einer „ewigen Verdammnis" anheim. Wenn sie guten Willens sind, so bieten sich ihnen Betätigungs- und Bewährungsmöglichkeiten, beispielsweise die recht schwierige Aufgabe, andere Menschen vom Selbstmord abzuhalten

und deren Schutzengel zu unterstützen im Kampf gegen dunkle Geistwesen, die der Betreffende durch seine Selbstmordgedanken angezogen hat und die ihn in der Ausführung seines Vorhabens noch bestärken wollen.

3. Überlebende von Suizidversuchen berichten zwar ebenfalls von sehr angenehmen Gefühlen des Freigewordenseins vom Körper, aber das dauert nur eine gewisse Zeit. Bald kommt ihnen ihre Fehlentscheidung zum Bewusstsein. Manche bekommen die Chance zur Rückkehr.

Die Amerikanerin Angi Fenimore, die ihren Sorgen durch Selbstentleibung zu entfliehen suchte, schreibt am Schluss ihres lesenswerten Büchleins *„Jenseits der Finsternis"* (München, 1996): *„Ich hoffe, ich kann durch meine Erfahrung Menschen helfen, die tröstliche Tatsache zu akzeptieren, dass der Tod nur ein Übergang ist, dass wir ewig sind und für alle Zeiten leben. Und ich hoffe, dass sie erkennen, dass wir nur **zwei** Richtungen einschlagen können: Entweder wir entwickeln uns aus unserer unvollkommenen Existenz auf Erden **heraus**, oder wir nehmen unser irdisches Gepäck **mit**. So oder so müssen wir all die schwierigen Lektionen lernen, die das Leben uns präsentiert. Jedoch auch durch die tiefste Finsternis braucht niemand von uns allein zu gehen, wenn er nur bereit ist zu glauben!"*

Zu glauben? Ja, gottvertrauend zu glauben und das Geistig-Seelische als reale Lebensnotwendigkeit nicht zu vernachlässigen; denn der Mensch, sofern er sich von der trieborientierten Tierstufe erheben will, lebt wirklich *„nicht vom Brot allein"*. Eine solche Vernachlässigung des Eigentlichen im Menschen kommt (nach Dr. Herbert Fritsche) in gewisser Weise einem langsamen Selbstmord gleich! Man mordet sein Selbst, lässt es verhungern, gibt es der Dunkelheit preis. Bei Gestorbenen, die erdverhaftet bleiben, wirkt sich deren geistige Unwissenheit (die man auch als *spirituelle Unterentwicklung* bezeichnen könnte), in Form einer sie umgebenden Finsternis aus. Bei einer süddeutschen Adeligen, die als „Geisterseherin" viel für „arme Seelen" betete, bedankte sich ein Selbstmörder mit den Worten: *„Es ist hell um dich. Lass' es niemals dunkel werden!"*[37]

111

Nach dem Tode ihres einzigen Kindes, ihrer geliebten Brigitte, wollte die Wiener Verlegerin Gisela Weidner mit ihrem Leben Schluss machen. Da vernahm sie eine deutliche Stimme: *„Wenn du das tust, kommst du nicht mit deinem Kind zusammen!"*

Mir ist entfallen, wo ich folgenden Bericht las: Ein betagtes Ehepaar in den USA suchte Aufnahme in einem Altersheim, weil sie den täglichen Anforderungen nicht mehr gewachsen waren. Sie hieß Mary und er Jack, und sie hatten eine überaus glückliche Ehe geführt, jedoch kinderlos. Altersunterkünfte, ob kirchliche oder private Einrichtungen, waren damals verhältnismäßig rar. Sie fanden zwei Heime, aber das eine nahm nur Frauen auf, das andere nur Männer. Es war aussichtslos. Da wählte Jack den Freitod im Wasser. Für Mary lag ein Zettel auf dem Tisch: *„Jetzt können sie Dich aufnehmen, Mary. Dein Jack."*
War dies ein Selbstmord? – Nein, das war ein Opfertod, aus Liebe!

Schuldloses Leiden – warum?
Sinnfrage und Religion

Eine der am schwierigsten zu beantwortenden Lebensfragen ist jene nach dem Sinn des Leidenmüssens Unschuldiger, besonders was Kinder anbelangt. Wer vermag den abgrundtiefen Trauerschmerz von Eltern zu ermessen, die es nicht verhindern konnten, dass ihnen ihr einziges Kind entrissen wurde, womöglich gar unter Qualen? „Entrissen" von wem? Vom sogenannten Tod, jenem Schreckgespenst, das man mit Sense und Stundenglas darzustellen pflegte? Oder von Gott, der doch angeblich so liebevoll, gütig und barmherzig sein soll und der dennoch oft die flehentlichsten Gebete vergeblich sein lässt? Mancher Mensch schon verlor deswegen seinen Gottglauben und wurde zum Atheisten...
Leid und Leidenmüssen ohne erkennbares Verschulden sind in der Tat der härteste Prüfstein religiösen und zugleich das stärkste Argument atheistischen Denkens gegen die Religion im Allgemeinen und das Christentum im Besonderen. *„Leiden ist der Fels des Atheismus"*, triumphierte der Naturwissenschaftler Georg Büchner (1813-1837).[38]

Generationen von Theologen und Philosophen zermarterten sich das Gehirn und schrieben Berge von Büchern zum Problem der sogenannten *Theodizee*. Darunter versteht man die Unvereinbarkeit des Glaubens an einen allmächtigen Gott der Liebe im Hinblick auf das augenscheinlich so sinnlos erscheinende Leiden schuldloser Geschöpfe. Warum beispielsweise müssen Tiere leiden, da sie doch nicht dem Gesetz der Selbstverantwortlichkeit unterliegen wie der Mensch und daher auch nicht „sündigen" können?

Das alles sind brennende, aber keineswegs leicht zu beantwortende Fragen, und was an Antwortversuchen vorliegt, erscheint menschlichem Vernunftdenken oft wenig befriedigend. Viele finden es einfach unbegreiflich, warum und wieso Gott so viel himmelschreiendes Elend, Unrecht und Grausamkeit auf dieser Welt duldet. Bleibt er völlig unberührt vom erbarmungswürdigen Leid seiner Geschöpfe? Bleibt er untätig, wenn eine hoffnungslos törichte Menschheit zum Beispiel ihre eigenen natürlichen Lebensgrundlagen zerstört und damit entsetzliche Katastrophen heraufbeschwört? Das sind drängende Fragen fürwahr, und was an Deutungen erdacht wurde, gipfelt in teils recht unterschiedlichen Aussagen, die im Folgenden einer kurzen Betrachtung unterzogen werden sollen:

1. *„Es gibt überhaupt keinen Gott."* (Atheismus)
2. *„Gott greift in seine Schöpfung nicht ein."* (Deismus) Er überlässt alles dem Walten seiner Naturgesetze. Der Mensch soll erkennen, dass er seines Schicksals Selbstgestalter ist.
3. *„Das Leid als ‚Nebenprodukt' der Evolution"* (*Teilhard de Chardin*), nach dem Motto: *„Wo gehobelt wird, da fallen Späne."* Das Leid wie auch das Böse an sich sind lediglich unangenehme Begleiterscheinungen der allgemeinen Schöpfungsentwicklung, unvermeidlich und unbedeutend im Hinblick auf das große Ganze. In dieser auch von manchen Theologen vertretenen Ansicht sinkt der Einzelmensch zur Bedeutungslosigkeit herab und wird folgerichtig entpersönlicht (vgl. Nationalsozialismus: *„Du bist nichts, dein Volk ist alles."* resp. *„Der Führer hat immer recht."* Oder im Marxismus: *„Du bist nichts, das Kollektiv ist al-*

113

les." beziehungsweise „*Die Partei hat immer recht.*") Menschenwürde entfällt, sobald jemand wagt, anders als vorgeschrieben zu denken.

4. **„Das Leid als ‚Strafe Gottes'.**" (Vergeltungsprinzip) Diese Ansicht beruht auf der alttestamentlichen Vorstellung vom rächenden, zürnenden und strafenden Gott, der willkürlich in das Leben seiner Geschöpfe eingreift.

5. **„Das Leid als Prüfungs-, Bewährungs- und Läuterungsmittel.**" Gott prüft uns. Alles geschieht unter seiner Zulassung, auch das Böse. Lohn- oder Strafzumessung erfolgt spätestens *„am Jüngsten Tage"* beziehungsweise im Jenseits. (Folgsamkeits- und Belohnungsdenken)

6. **„Das Leid als Folge der ‚Sünde'**", das heißt des bewussten oder unbewussten Verstoßens gegen *in uns, um uns* und *durch uns* wirkende Lebensgesetze physischer wie auch geistig-seelischer Natur; sich ihnen anzupassen, erspart Leiden. (Christentum als Lebenskunst)

7. **„Das Leid ist unverzichtbares Merkmal der Polarität alles Seienden.**" Ohne Leiderfahrung gibt es keine Lebensfreude. (philosophischer Standpunkt)

8. **„Die Ursache gegenwärtigen Leidens liegt in einer Vorexistenz.**" (Wiederverkörperungslehre)

9. **„Leiden infolge selbstverschuldeter Gottferne.**" (Geistchristentum) Alles Leid begann mit dem legendären „Engelsturz" und der späteren „Vertreibung aus dem Paradies". Die aus dem Urlicht hervorgegangene Schöpfung war nicht materieller, sondern *geistiger* Natur. Durch falsches Denken und Verhalten kam es im Verlaufe von Äonen zur stufenweisen Verdichtung und schließlich zur Bildung derbmaterieller Welten wie der unsrigen. Alle Seinsstufen aber bieten angepasste Rückkehrmöglichkeiten zur Wiedererlangung unserer ursprünglichen Ausgangsstufe, zur „Heimkehr ins Vaterhaus".

10. **„Wir wissen es nicht.**" Seitens mangelhaft informierter Menschen ist dies eine immerhin *ehrliche* Antwort. Das bedeutet

aber keineswegs, dass es beim Nichtwissen bleiben muss. Der uns angeborene Erkenntnis- und Wissensdrang berechtigt, ja verpflichtet uns geradezu zur Sinn- und Wahrheitssuche! Warum auch sollte es untersagt sein zu erforschen, *was die Welt im Innersten zusammenhält*"? (Goethe, „Faust")

Es spricht also absolut nichts gegen das Bedürfnis und den Versuch, Antworten auch auf die Frage nach dem Sinn schuldlosen Leidenmüssens zu suchen. Um hier jedoch „fündig" zu werden, reicht die übliche und einseitig auf die Materie fixierte Betrachtungsweise nicht aus. Wir müssen da über den Bereich des Physischen hinausdenken und zur Kenntnis nehmen, dass die Materie bloß *ein* Aspekt der Schöpfung ist, quasi nur die *eine* Seite der Medaille darstellt. Hier sprengen vor allem die Forschungsergebnisse der *Quantenphysik* die allzu engen Grenzen materialistischer Weltvorstellungen. Es stellte sich nämlich heraus, dass auf die Dauer keine Materie ihrer Auflösung widerstehen kann. Auflösung in was? In Energie! **Also ist nicht die Materie das Primäre, sondern Energie!** Materie (Stoff) ist bloß ein Verdichtungszustand der Letzteren. Damit fällt das großartige Denkgebäude des dialektischen Materialismus zusammen, und alle darauf basierenden sozialen Heilslehren sind – weil naturwidrig – von vornherein zum Scheitern verurteilt. Waren somit die vielen Millionen Menschenopfer, die auf dem Altar des Marxismus dargebracht wurden, vergeblich? Hätte man mit gleicher Energie versucht, einen Sozialismus auf der Basis der Bergpredigt zu schaffen, sähe es in der Welt heute anders aus!

Jedenfalls ist der Fragenkomplex unseres Themas ohne religiösen Bezug unlösbar. Betrachten wir daher einige der angeführten Antworten etwas näher, obwohl die gebotene Kürze die Gefahr des Missverstandenwerdens in sich birgt.
Wie bereits erwähnt, sah die alttestamentliche Gottesauffassung im Leidenmüssen eine Strafe Gottes, das heißt Jahwes. 2. Mose 20,5 lautet: „*...denn ich, der Herr, dein Gott, bin ein eifernder* (eifersüchtiger) *Gott, der die Verschuldung der Väter heimsucht an den Kindern, an den Enkeln*

und Urenkeln bei denen, die mich hassen..." (Übersetzung Menge) „*Ich will sie heimsuchen mit vielerlei Plagen*" (Jer. 15,3 und zahlreiche andere Stellen dieser Art) Wem Jahwe jedoch zugetan ist, den beschenkt er mit materiellem Wohlstand im Überfluss.

Hierauf fußend, entwickelte sich im Christentum die Überzeugung, Leiden seien Gott wohlgefällig und für den Erduldenden eine verdienstvolle Auszeichnung. „*Wen Gott lieb hat, den züchtigt er*", glaubt man vielerorts noch heute. Als ein Pfarrer zu einer Schwerkranken sagte: „*Der liebe Gott muss Sie aber sehr lieb haben, dass er Sie so leiden lässt*", erwiderte die Betroffene schlagfertig: „*Lieber Pastor, ich wollte, der liebe Gott hat Sie auch einmal so lieb wie mich!*"

Die Auffassung von der Gottwohlgefälligkeit körperlicher Schmerzen führte einerseits bis zum Extrem des Flagellantentums, der Selbstgeißelung bis aufs Blut; andererseits zu einer oft heroischen Tapferkeit im gottergebenen Tragen und Erdulden schlimmsten Leides. Das unerschütterliche Gottvertrauen solcher Menschen ist bewundernswert!

Christus nun nannte das Leiden eine Folge der „Sünde", das heißt des Verstoßens gegen die Lebensgesetze, denen wir alle unterworfen sind. „*Sündige hinfort nicht mehr*" bedeutet demnach: Setze keine weiteren Ursachen, die Leiden zur Folge haben. Im „Buch Emanuel" finden wir hierzu die Aussage (S. 171): „*Leiden ist Folge des Verlassens gottbestimmter Gesetze.*" Oder nach Dr. jur. Robert Kehl aus Zürich: „*Leiden sind der zweite Weg, wenn man den ersten nicht gegangen ist.*" Emanuel zufolge solle und müsse man „*der Schule des Leidens entwachsen*", indem man unter Anpassung an die Lebensgesetze konsequent alle Kräfte anspannt, um durch Charakterverbesserung und Meisterung der Lebensaufgaben spirituell vorwärtszukommen.

Wer auf solche Weise Schmerzen, erlittenes Unrecht, Not und Leid aufzufassen versucht, dem wird die geduldig getragene Last schließlich zum Segen: Infolge der Charakterbetätigung zum Positiven hin (zum Beispiel hilfsbereiter gegen andere als bisher), verläuft künftig auch das Schicksal anders — denn positive Ursachen ergeben positive Wirkungen. Freilich, im Allgemeinen scheint eine Charakterveredelung als Leidensfolge selten zu sein, sonst müssten Kriege, Krankheiten und Not wahre Wunder an *„moralischer Aufrüstung"* hervorbringen. Tatsächlich bewirken sie meistens das Gegenteil.

Wiewohl nun das bisher Dargelegte einigermaßen annehmbar erscheinen mag, so ist damit immer noch keine Erklärung für das Leidenmüssen von *Kindern* gegeben. Bei kleinen Kindern entfällt ja der Verdacht des „Gesündigthabens". Das war auch der Grund zur Frage der Jünger an Jesus in Bezug auf den Blindgeborenen: *„Wer hat gesündigt: dieser, oder seine Eltern, dass er blind geboren wurde?"* (Joh. 9,2)

Warum Kinder leiden müssen, wusste sich auch Augustinus nicht zu erklären. Ehrlicherweise bekannte er: *„Kommt man auf die Leiden der Kinder zu sprechen, so glaubet mir, dass ich in die größte Verlegenheit gerate und absolut nicht weiß, was ich antworten soll."* Er würde dann nur, so fährt Augustin fort, von der Pein sprechen, die den Kindern nach ihrem Tode droht, wenn sie ohne christliche Taufe sterben (!). Das ist wahrlich ein alles andere als „erbaulicher Trost" für Eltern, die um ihr Kind trauern!^(39)

Den Schmerz zwar nicht wegnehmen, aber möglicherweise doch einiges erklären, könnte die Sicht der *Wiederverkörperungslehre* (Reinkarnationslehre): Gestorbene Kinder hätten aus einem früheren Erdendasein *„noch etwas abzutragen"* (Karma). Ihr früher Tod solle für die Eltern Veranlassung sein, über dies alles gründlich nachzudenken, um Sinn und Zweck des Erdenlebens zu erfassen und danach zu handeln.

Diese Sichtweise wollen wir uns jetzt einmal näher betrachten.

Ist ein Leben nicht genug? – Die Lehre der Wiedergeburt

Bei den wiederholten Erdenleben unterscheidet man die Begriffe der *Reinkarnation* (von *re* + *carnis*, lat. Fleisch, wieder ins Fleisch kommen), der *Seelenwanderung* und der *Seelenentwicklungs-Lehre.*

Unter *Reinkarnation* versteht man eine Wiederverkörperung (-einkörperung) des Ichs (Seele) in menschlich-irdischen Leibern, zu verschiedenen Zeiten. *Seelenwanderung* (Metempsychosis) hingegen umfasst den Glauben, dass man auch in einem Tierkörper wiederkommen kann. Die *Seelenentwicklungs-Lehre* besagt, dass die ursprüngliche Entwicklung unserer Seele (nicht des Geistes) über alle Naturreiche erfolgte, beginnend bei der Mineral- über die Pflanzen- und Tierwelt bis hin zum Menschen. Auf dieser Stufe ist der Seelenkörper reif geworden zur Aufnahme des „Gottesfunkens", nämlich einer geistbegabten und selbstverantwortlichen Individualität.

Zum Gebiet der *Reinkarnationsforschung* gehört die Untersuchung folgender Phänomengruppen:
1. Déjà-vu-Erlebnisse: Man hat das sichere Gefühl, eine Gegend oder Örtlichkeit bereits zu kennen, obwohl man noch nie dort war;
2. Fälle, bei denen Personen (zumeist Kinder) mit großer Bestimmtheit und nachprüfbaren Angaben behaupten, an bestimmten Orten vorgeburtlich gelebt zu haben;
3. Visionen und Wiederholungsträume, die als Wiedererinnern empfunden werden;
4. Rückversetzungen in anscheinend frühere Erdenleben mittels unterschiedlicher Praktiken (z. B. Rückführungstherapie);
5. ebenso Vorausführungen;
6. Exakt vorausgesagte und eingetroffene Wiedergeburten und
7. das Phänomen der Körpermale.

Die Gruppen 1 bis 5 können auch anders als mit der Reinkarnations-Hypothese gedeutet werden, während die Gruppen 6 und 7 größere Beachtung verdienen.

Im Zusammenhang mit einem visionären Erlebnis steht der Fall Bianca Battista, berichtet 1911 in der Zeitschrift „Ultra" von Capitano Florindo Battista aus Rom (Via dello Statuto 32); ein Ereignis, das ihn, den vormals Ungläubigen, von der Reinkarnationslehre überzeugte. Im August 1905 habe seine damals seit vier Monaten schwangere Frau, als sie wach im Bett lag, eine beeindruckende Vision erlebt. Ein drei Jahre zuvor gestorbenes Kind dieses Ehepaares, ein Mädchen namens Bianca, sei plötzlich vor der Mutter gestanden und habe mit freudigem Gesichtsausdruck gesagt: *„Mama, ich komme wieder!"* Ehe sich die Frau von ihrem Erstaunen erholt hatte, war die Erscheinung verschwunden.

Als ihr Mann nach Hause kam, erzählte sie ihm sogleich ihr Erlebnis und unterbreitete ihm den Vorschlag, die zu erwartende Tochter wiederum Bianca zu nennen. Herr Battista, der überzeugt war, dass der Tod das absolute Ende jedweder Existenz bedeutet, hielt das Ganze für eine Sinnestäuschung, wollte aber seiner noch ganz davon ergriffenen Frau den sie beglückenden Glauben an die Wiederkehr der kleinen Bianca nicht rauben und stimmte ihrem Vorschlag zu, dem zu erwartenden Kind, falls es ein Mädchen sei, den Namen der Verstorbenen zu geben. *„Sechs Monate später, im Februar 1906"*, so erzählt Herr Battista weiter, *„wurde uns ein Mädchen geboren, das in allem aufs Haar ihrer gestorbenen Schwester glich! Meiner materialistischen Überzeugung tat dies aber keinen Abbruch, während meine Frau darin die volle Bestätigung des von ihr erwarteten Wunders sah, fest glaubend, sie habe dasselbe Wesen zweimal zur Welt gebracht."* Des Vaters Weltanschauung geriet dann im Laufe der weiteren Entwicklung doch arg ins Wanken, als sich immer mehr geradezu verblüffende Übereinstimmungen zu zeigen begannen. Er schließt seinen Bericht mit einem Erlebnis, als die zweite Bianca sechs Jahre alt war. Vorauszuschicken ist, dass zur Zeit der ersten Bianca ein Schweizer Dienstmädchen im Hause weilte, das nur französisch sprach. Aus ihrer Heimat hatte sie ein Wiegenlied mitgebracht, das auf die kleine Bianca stets wunderbar einschläfernd wirkte. Nach dem Tode des Kindes war die Schweizerin nach Hause zurückgekehrt, und das Wiegenlied, das ohnehin nur schmerzliche Erinnerungen hätte wecken können, wurde im Hause nie wieder gehört. Neun Jahre waren seitdem vergangen. Jenes Lied war dem Gedächtnis des Ehepaares völlig entschwunden, als sie eines Tages (eine Woche vor diesem Bericht) auf merkwürdige Art daran erinnert wurden: Beide weilten im Arbeitszimmer, das sich neben dem Schlafzimmer befand, als sie, einem fernen Echo gleich, jenes Lied vernahmen. Im Erstaunen des ersten Augenblicks erkannten sie nicht sogleich die Stimme ihres Kindes. Erst als sie das Schlafzimmer betraten, sahen sie, dass Bianca es war, die das längst vergessene Wiegenlied sang, das sie von niemandem gehört haben konnte. Die Mutter fragte: *„Was singst du denn da?"* – *„Ein französisches Lied"*, erwiderte die Kleine. *„Und wer hat es dich gelehrt?"* – *„Niemand, ich weiß es von allein"*, antwortete Bianca und sang weiter, als ob sie es schon oft gesungen hätte. Soviel zu diesem Fall.

Durch eine bemerkenswerte Entdeckung gewann die These von den wiederholten Erdenleben sehr an Wahrscheinlichkeit: Kinder kommen mit auffälligen Körpermalen zur Welt, beispielsweise in Form von Narben, deren Herkunft Rätsel aufgibt. Die wertvollsten Forschungen auf dem Sektor der Körpermale verdanken wir dem türkischen Mediziner Prof. Dr. Rezat H. Bayer, der 150 gut dokumentierte Fälle von Personen mit solchen „Wiedergeburtszeichen" sammelte. Die Aussagekraft seines Studienmaterials erlaubt den Schluss, dass vorwiegend Menschen, die eines gewaltsamen Todes starben, in ihrem nächsten Erdenleben eigenartige „Geburtsmale" aufweisen: Ganz unterschiedlich geartete, von Hautverfärbungen bis zur echten Missbildung reichende Anomalien. Prof. Bayer betrachtete dies als *„unbestechliche, schwer zu widerlegende, stumme Zeugen für die erneute Inkarnation einer individuellen Persönlichkeit"*.

Eine schwere Verletzung, die noch dazu zum Tode führt, stellt zweifellos ein tiefgreifendes Erleben dar, und es wäre wohl so undenkbar nicht, dass ein starker Gefühlsimpuls dem Astralkörper seine Spuren einprägt, die von diesem auf den neuen physischen Leib übertragen werden. Wie, das wissen wir nicht, aber diese Hypothese sollte Berücksichtigung finden. Zur Verdeutlichung seien hier, stark gekürzt, drei Fälle angeführt:

1. Der Fall Achmed

1970 erhielt Prof. Bayer Kenntnis von einem damals achtjährigen Buben namens Achmed, der in einem Dorf der südlichen Türkei lebte und neun „Geburtszeichen" am Körper aufwies. Es handelte sich hierbei um Narben an der Brust, an den Armen und eine am Hals. Die Eltern behaupteten, der Junge sei mit diesen Wundmalen zur Welt gekommen.

Ärzte, die vor Prof. Bayer das Kind untersucht hatten, vermochten keine Erklärung abzugeben. Mit Unterstützung der türkischen parapsychologischen Gesellschaft, deren Präsident er war, begann Prof. Bayer umfangreiche Nachforschungen. Alle Polizeistationen des Landes erhielten ein Rundschreiben mit der Bitte um Auskunft über einen eventuellen Mordfall, bei welchem das Opfer durch neun Schüsse getötet worden war.

Der Erfolg blieb nicht aus. Das Polizeikommissariat von Adana meldete einen 15 Jahre zurückliegenden Mordfall und fügte Zeitungsausschnitte von damals bei. Seinerzeit war auf dem städtischen Marktplatz ein Mann namens Mustapha von einem eifersüchtigen Nebenbuhler mit neun Pistolenschüssen umgebracht worden. Prof. Bayer begab sich nach Adana und erhielt die Erlaubnis zur Exhumierung. Die Untersuchung des Skeletts ergab, dass die Stellen der merkwürdigen Wundmale am Körper Achmeds genau denen des ermordeten Mustaphas entsprachen!

2. Der Fall Necip Budak

In der Familie Unulutaskiran in Adana (Türkei) kam 1952 ein Junge zur Welt, der den Namen Malik tragen sollte. Drei Tage vor der Niederkunft träumte die Mutter, das Baby verlange von ihr, Necip genannt zu werden. Sie vergaß den Traum, wurde aber in der darauf folgenden Nacht durch einen gleichartigen daran erinnert, so dass sie es ihrem Mann erzählte. Da es im Verwandtenkreis bereits einen Necip gab, einigte man sich auf den Namen Necati. Es dauerte etliche Jahre, bis der Kleine endlich reden lernte, und nun bestand er darauf, Necip genannt zu werden. Nach und nach verdichteten sich seine Angaben zu Einzelheiten eines anscheinend vorgeburtlichen Lebens. Er behauptete, Necip Budak geheißen, in Mersin (80 km von Adana entfernt) gelebt und fünf Kinder gehabt zu haben. Neben den Namen von Ehefrau und Kindern gab er auch die Verwandten namentlich an und sprach des Öfteren von einer Szene, wo er von der Hand des Schusters Ahmed Renkli mit vielen Messerstichen umgebracht worden sei.

Die Eltern kümmerten sich nicht um sein Gerede, sie hatten als bitterarme Familie andere Sorgen. Eines Tages aber kam der Großvater mütterlicherseits zu Besuch, der in Karavudar, einem Dorf neun Kilometer von Mersin entfernt, wohnte. Enkel Necati erzählte wieder von seinem angeblich vorigen Leben und erreichte schließlich mit viel Weinen und Betteln, dass der Großvater ihn mitnahm. In Karavudar gab es dann bereits Szenen scheinbaren Wiedererkennens, die den Großvater stutzig machten. Zudem begann er, sich des seinerzeitigen Mordfalls Necip Budak zu entsinnen, und so wanderte er eines Tages mit dem Buben nach Mersin. Mit größter Sicherheit bezeichnete der nunmehrige Necati seine frühere Frau und die Kinder, mit Ausnahme eines Mädchens, von dem sich herausstellte, dass es nach dem Tode von Necip Budak geboren war. Mit am überzeugendsten waren des Buben Worte an „seine Witwe": „*Wenn du nicht glaubst, dass ich dein Mann bin, so erinnere dich jenes Tages, an dem wir einen so heftigen Streit hatten, dass ich dir einen Messerstich ins Bein versetzte.*"

Prof. Bayer bemerkt hierzu:
„*Unsere Begleiterin konnte dieses Bein untersuchen und bestätigte das Vorhandensein einer Narbe. Die Witwe hatte sich seit geraumer Zeit wieder verheiratet, und der Junge bekundete seine Betrübnis darüber. Der Reinkarnierte lebt jetzt teils bei der einen, teils bei der anderen Familie.*"

Allein und zusammen mit Prof. Ian Stevenson besuchte Rezat Bayer die beiden Familien während mehrerer Jahre, wobei die Gespräche aufgezeichnet wurden. Auch der Mörder, der dank einer Amnestie nach neun Jahren Gefängnis entlassen worden war, konnte ausfindig gemacht und interviewt werden. Prof. Bayer schreibt:
„*Die Besonderheit dieses Falles besteht in der Tatsache, dass der Reinkarnierte seit seiner Geburt am Körper eine beträchtliche Zahl seltsamer Zeichen aufweist. Wir hegten Zweifel, als wir den Mörder befragten, der sich exakt der Stellen am Körper des Opfers entsann, die er mit dem Messer getroffen hatte, und wandten uns deshalb an das Gericht in Mersin, um Einsicht in die Prozessakten zu nehmen, aus welchen wir den Leichenbeschau-Schein des Necip Budak kopierten. Dieser Schein, datiert vom 7. Mai 1951 mit der Protokollnummer 219/1429, führt*</br>*

acht Verletzungen an und ist von zwei Ärzten aus Mersin unterzeichnet und beglaubigt."

Aufgrund dieses Dokuments war zu konstatieren, dass die Geburtsmale am Körper des Jungen voll und ganz mit den in der Urkunde angegebenen Stellen übereinstimmten.

Man sollte also den Reinkarnationsgedanken nicht von vornherein und ungeprüft für unmöglich halten oder *„weil's nicht in der Bibel steht"*. Letzteres stimmt nicht ganz, das beweist der evangelische Pfarrer Dr. Till A. Mohr in seinem Buch *„Kehret zurück, ihr Menschenkinder"*.[139]

Nun, auch wegen der Lehre von den wiederholten Erdenleben sollten wir nicht streiten. Oder wollte jemand behaupten, uns seien bereits restlos alle Naturgeheimnisse bekannt? Halten wir es da besser mit dem fröhlichen Philosophen Wilhelm Busch, welcher schrieb: *„Die Lehre von der Wiederkehr ist zweifelhaften Sinns. Es fragt sich nur, ob man nachher noch sagen kann: Ich bin's! Jedoch was tut's, wenn mit der Zeit sich ändert die Gestalt – Die Fähigkeit zu Lust und Leid vergeht wohl nicht sobald."*

3. Fast wie ein Märchen: Der Fall Leopold Reisinger

Ein besonders eindrückliches und zugleich schicksalhaftes Erlebnis im Zusammenhang mit einer Wundnarbe hatte im Jahre 1915 in Wien ein Mann namens Leopold Reisinger. In einer Reihe von Träumen erblickte er das Antlitz eines blonden Mädchens. Eigenartigerweise war es aber nicht in erster Linie dessen Anmut, die ihn beeindruckte, sondern ein mit dieser Traumerscheinung verbundenes, unsägliches Heimwehgefühl nach einer längst versunkenen Vergangenheit.

Erst allmählich wandte er während des Träumens seine Aufmerksamkeit dem Mädchengesicht selber zu. Er hob den Haarknoten von ihrem Nacken und fand darunter eine leicht gerötete Narbe. Als er dieses Zeichen entdeckte, wurde ihm irgendwie klar, dass er selber diese Narbe verursacht hatte. Dann zogen in rascher Folge Bilder an ihm vorbei: Feuer, Menschen in Tierfellen, Abschiedsschmerz und Kampf. Im

Traum zog er das Mädchen an seine Brust und bat um Vergebung. Da sagte sie: „*Nun weißt du mein Merkmal und wirst mich auch im Leben wiedererkennen, selbst wenn du mein Gesicht vergessen haben solltest. Am Jahrestag werden wir einander begegnen.*" Mit diesen Worten pflegte der Traum gewöhnlich zu enden.

Eines Tages schlenderte Reisinger durch die Neubaugasse in Wien, als er vor einem Firmenschild unvermittelt, fast wie angewurzelt, stehen blieb: „Plöhm, Maschinenschreib- und Stenographie-Lehranstalt". Gegenüber diesen Fächern hatte Reisinger seit jeher eine gründliche Abneigung, so dass jenes Schild eher einen abstoßenden als anziehenden Charakter für ihn haben konnte. Dennoch hielt ihn an dieser Stelle ein Gefühl fest, das er sich nicht zu erklären vermochte, und seine plötzliche Idee, sich hier als Schüler einschreiben zu lassen, erfüllte ihn sogar mit übermütiger Freude! Reisinger begab sich ins Anmeldebüro, zahlte die erforderliche Gebühr und konnte sogleich am gerade laufenden Unterricht teilnehmen. Das ordnungsgemäße Datum auf der Gebühren-Empfangsbestätigung verwirrte ihn irgendwie; dunkel hatte er die Empfindung, für heute einen Termin verabredet zu haben, dessen er sich aber trotz allen Nachdenkens nicht zu entsinnen vermochte.

Er betrat den Unterrichtsraum. Es wurde gerade Stenographie gelehrt. Reisinger nahm Platz und begann, sich zu langweilen. Obwohl in der ersten Reihe sitzend, schlug er seinen „Zarathustra" auf und wollte lesen. Die Lehrerin forderte ihn jedoch auf, in die Kanzlei zu gehen, dort bekäme er Papier und Bleistift. Reisinger erzählt:

„*Ich nahm Hut, Stock und ‚Zarathustra' und ging. Als ich die Tür des Klassenzimmers geschlossen hatte, öffnete sich die Tür des gegenüberliegenden Zimmers und... meine Traumbekanntschaft trat auf den Korridor! Ich war heftig erschrocken und sah, wie das Mädchen errötete. Dann ein verwunderter Ausruf, und das Mädchen kam mir entgegen und bot mir die Hand. ‚Gehen wir fort von hier', sagte ich. ‚Ich habe mich doch eben einschreiben lassen', lachte sie und griff nach meinem Buch. Als sie den Titel sah, hielt sie mir das Buch, welches sie in der Hand trug, hin. Es war ebenfalls ‚Zarathustra'! Wir waren beide keines Wortes mächtig, gaben einander nur die Hand und gingen zusammen*

*fort. ‚Ich habe von Ihnen geträumt, und als ich Sie vorhin erblickte, er-
schienen Sie mir als ein alter Bekannter. Aber das werden Sie wohl
nicht glauben?', fragte sie ängstlich. Ich war völlig verwirrt, vermochte
nicht an mich zu halten und fragte gänzlich unvermittelt: ‚Haben Sie
im Nacken unter den Haaren eine kleine Narbe?' ‚Ja', sagte sie erstaunt. Was dann in uns vorging, weiß ich nicht auszudrücken. Wir sahen uns an und hatten Tränen in den Augen."*

Bei diesem Erlebnisbericht ist man beinahe versucht zu sagen: *„Und
wenn sie nicht gestorben sind, so leben sie noch heute"*, so märchenhaft
klingt das Ganze! Für uns aber ist dieser Fall in doppelter Hinsicht interessant, einmal wegen der Narbe, und zum anderen liegt hier die
Vermutung nahe, dass sich zwei, die von Ewigkeit her zusammengehö-
ren, nach langer, langer Zeit wiederfinden durften!
Soviel zur Reinkarnation.

Betrachten wir uns neben der Reinkarnation noch weitere Möglichkeiten, wieso Kinder sterben und leiden müssen: Aus christlich-spiri-
tueller Sicht kann diese Frage eigentlich nur unter vorbehaltlicher Zuhilfenahme der Wiederverkörperungslehre und des legendären Geister-
falles beziehungsweise „Engelsturzes" verhältnismäßig plausibel gedeutet werden. Allerdings gilt vielen Theologen die Geisterfall-Sage als
längst überholte Mythologie. So meint zum Beispiel der katholische
Theologe Prof. Dr. Ralph Sauer (Osnabrück)[40], ihr rein spekulativer
Charakter sei zu offensichtlich. – Als ob nicht die ganze herkömmliche
Theologie auf spekulativen Erwägungen beruhen würde, anstatt auf Erfahrungen! Joh. 1,18 zufolge hat niemand Gott je gesehen – aber unsere lieben Theologen wissen über ihn genauestens Bescheid!

Ist es denn wirklich so unfassbar abwegig anzunehmen, dass den bei
fast allen Völkern ähnlichen Mythen und Sagen ein Wahrheitskern in-
newohnen und zum Beispiel die „Paradieses-Vertreibung" einen Rest
kollektiven Ur-Erinnerns darstellen könnte? Und dass die ursprüngliche Schöpfung möglicherweise keine materielle war, sondern eine geistige? Wenn wir Gott keine Stümperei in Form krasser Unzulänglichkei-

ten zutrauen wollen, so liegt doch die Annahme näher, dass anfänglich reine Geister ins Dasein traten und nicht Menschen, wie wir es heute sind, Geistwesen, die „rein", das heißt von Verfehlungen unbelastet, sich entfalten konnten und sollten auf der Grundlage ihrer *Willensfreiheit*. Ist es denn so undenkbar, dass ein falscher Gebrauch derselben sie auf gegensätzliche Wege (Gegensatz = gegen das Gesetz) und damit auf Irrwege führte? Könnte es demnach nicht unsere eigene „Schuld" gewesen sein („Erbsünde"!), dass die Entstehung materieller Weltsysteme notwendig wurde? – „Notwendig" heißt: eine Not wenden. Die Vorstellung, wonach alle Weltstufen angepasste Höherentwicklungsmöglichkeiten bieten zur Wiedererlangung unseres ursprünglichen Reinheitsgrades, entspricht durchaus den Anforderungen logischen Folgerns. Hat Christus uns diesen „Heimweg ins Vaterhaus" etwa nicht aufgezeigt und durch seine Lehre ebnen wollen? Zudem betonte er genügsam, dass sein Reich nicht von dieser Welt sei. Demnach sind auch wir zwar *in*, aber nicht *von* dieser Welt, und unsere eigentliche Heimat muss woanders sein. *„In meines Vaters Hause sind viele Wohnungen."* (Joh. 14,2) Den begnadetsten unserer großen Wort- und Tondichter waren *„die Gefilde der Seligen"* innerliche Gewissheit. Zwar mag der Weg zu unserem Ziel recht lang sein, geht man ihn aber im rechten Gottvertrauen, so wird's leichter: Vor enttäuschenden Irr- und Umwegen bleibt man bewahrt, oder sie dienen zur Entwicklung unserer Unterscheidungsfähigkeit.

Bedenken wir doch, dass die christliche Religion – wie die meisten anderen auch – eine *Offenbarungsreligion* ist. Ihre noch heute erfahrbare Grundlage beruht auf der Überzeugung vom Vorhandensein anderer (höherer wie auch niederer) Welten. Versinnbildlicht in der „Jakobsleiter", empfangen die Geschöpfe aus der jeweils höheren Ebene geeignete geistige Nahrung und geben sie an die nächstniedere weiter. Alle irdischen religiösen Lehren unterliegen gemäß der allgemeinen irdischen Entwicklungsstufe zwangsläufig dem Mangel der Unvollkommenheit, weil wir selber es ebenfalls sind. (Anziehungsgesetz...) Wir müssen demzufolge erst reif und fähig werden, höhere, bewusstseinserweiternde Lehren überhaupt zu verstehen. Und das ist ein individueller Prozess. Christus hätte noch vieles zu sagen gehabt, aber er wäre nicht verstanden worden. (Joh. 16,12) Wie enttäuscht muss er über die Tatsache sein, dass Denkträgheit und Dummheit nach 2.000 Jahren eher noch zugenommen haben!

Wer die hier angedeutete Weltschau annehmbar findet, dem beginnt eventuell zu dämmern, dass eine Menschheit, die sich insgesamt so weit von ihrem göttlichen Ursprung entfernte, eben *dadurch auch mitschuldig wurde am* (sonst unerklärlichen) *Leidenmüssen der schuldlosen Tier- und Pflanzenwelt.* Vielleicht gehört die „Erlösung" der niederen Naturreiche mit zu unserer Aufgabe auf Erden? Römer 8,22 lautet (nach Luther): „*Denn wir wissen, dass alle Kreatur sehnet sich mit uns und ängstet sich noch immerdar.*" Und dem 21. Vers zufolge soll „*auch die Kreatur freiwerden... zu der herrlichen Freiheit der Kinder Gottes*". Das heißt, wir sollen uns gegenüber Lebewesen unterhalb der Menschenstufe aufführen wie „Kinder Gottes" und nicht wie Teufel (siehe Vivisektion und andere Bestialitäten). Freilich bewahrt uns auch dieses hier skizzierte Ahnen gewisser Zusammenhänge kaum davor, beim Tode eines zum lieben Freund gewordenen Haustieres schmerzliche Trauer zu empfinden...

Von allgemeinem Interesse dürfte auch eine Erörterung der Frage sein, was von der Auffassung vom sogenannten „*Sühneleiden*", dem stellvertretenden Leiden, zu halten ist: Kann man wirklich für einen Mitmenschen zum Beispiel eine Krankheit übernehmen und sozusagen „stellvertretend" erdulden? Viele mögen dies als katholischen Volksglauben belächeln, aber im Katholizismus findet man noch so manches Ursprüngliche; es müsste nur zeitgemäß verständlich erläutert werden.

So war, um ein Beispiel zu nennen, die „Seherin von Dülmen", die spätere Augustinernonne Anna Katharina Emmerich (1774-1824), ausgeprägt hellsichtig veranlagt. Schon als Kind wurde ihr auf diese Weise gezeigt, für wen sie gerade beten solle. Hellsehend nahm sie in großer Not befindliche (ihr unbekannte) Menschen wahr, zu denen sie sich „*im Geiste*" hinbegab, um ihnen beizustehen. „Im Geiste" bedeutet hier, dass sie bewusst außerkörperlich zu wirken vermochte. – Nun, dass man seinen physischen Leib zeitweilig verlassen kann und man trotzdem denk- und handlungsfähig bleibt, wissen viele „Normalbürger", nur unsere Gelehrten nicht. Neuerdings vernimmt man wieder mehr darüber in den Berichten von Nahtod-Erlebnissen. In besagten Fällen ist unser innerer Leib, der sogenannte *Astralkörper*, der Träger unseres Ichs. Und so, wie man im Alltagsleben anderen Kümmernis abnehmen oder zumindest erleichtern kann, so ist dies auch geistig via Astralkörper möglich. Körperaustritte sind jedoch keineswegs immer ungefährlich. Unsere Seele (respektive unser Astralkörper) kann sich nämlich mehr oder weniger verdichten, und mit dem Grade seiner Verdichtung wächst die Gefahr seiner Verletzbarkeit und die Übertragung von Verletzungen auf den physischen Organismus. In der Parapsychologie spricht man da von einer *„Reperkussionswirkung"*. Man vergleiche hierzu den aufschlussreichen Fall „Zugführer Novotny" (S. 52). Ähnlich erging es einmal der Seherin von Dülmen: Auf gewohnte Weise erfuhr sie von einem bevorstehenden Mord. In ihrem feinstofflichen Leib begab sie sich sofort an den Ort des Geschehens und erhielt eine Schussverletzung am Kopf. An dieser, durch Reperkussion ins Physische übertragenen Wunde hatte sie noch lange zu leiden.

Anna K. Emmerich wurde auch viel von „Armen Seelen" heimgesucht. Das sind Verstorbene, deren Erdenleben kein gutes gewesen war und die infolgedessen „erdgebunden" blieben; das heißt, dass sie nicht in höhere jenseitige Ebenen aufsteigen können und hier auf der Erde – meist an ihrem alten Wohnort – herumspuken. Solchen verschaffte sie Erleichterung nicht nur durch ihre Gebetshilfe, sondern auch durch teilweises Übernehmen ihrer Qualen. Gleiches erfuhren und berichten auch andere, zum Beispiel Maria Simma aus dem Großen Walsertal, in ihrem Büchlein *„Meine Erlebnisse mit Armen Seelen"*[41] oder Bruno Grabinski in seinen Büchern.

Wie dem auch sei, *„eine Weltanschauung"*, so schreibt Friedrich Funcke, *„die das Leid und das Böse nicht vernünftig erklären kann, verfehlt ihren Zweck. Sie mag glänzend und tiefsinnig scheinen und oberflächlichen Menschen gefallen; aber sie zerschellt am Felsen des Leides und des Bösen."* – Leider versagt da auch die Theologie. Deren Hilflosigkeit lassen zum Beispiel die Worte des erwähnten Theologen Ralph Sauer erkennen, welcher schrieb: „*Die Unbegreiflichkeit des Leides weist auf die Unbegreiflichkeit Gottes hin... Auch wir Christen – die gescheiten Theologen inbegriffen – wissen darauf keine plausible, eingängige Antwort, und das muss uns bedrücken.*"[(140)]

Nun, wenn man es theologischerseits nicht verschmähen würde, über den selbsterrichteten ideologischen Zaun mal hinauszuschauen, dann würde man bald merken, dass auch außerhalb desselben wertvolle Denkhilfen zu finden sind. Wie lange noch will man es für unmöglich halten, dass unsere persönliche Existenz weder mit der Geburt begann noch mit dem Tode endet? Dann wäre die Vermutung doch naheliegend, dass vieles von dem, was uns als sogenanntes „Schicksal" widerfährt, durchaus *vorgeburtlichen Ursprungs* sein könnte. Und dass wir ein gewisses Schicksalsgut bereits mitbringen, das beweisen allein schon die Handlinien bei Neugeborenen.

Gewiss, die erwähnten Aspekte mögen zwar das Leiden Unschuldiger und den Tod von Kindern in etwa verstehbar werden lassen; die Bitterkeit während der Erlebnissituation erfährt hierdurch aber leider keine Abmilderung. Nur die Gefahr des Glaubensverlustes ist bei weitem nicht so groß wie bei Menschen, die von alledem nichts wissen oder nichts wissen *wollen*!

GOTT

Die nie den Hunger ‚Du' genannt, was wissen die vom Brot?
Die nie in dunkle Nacht gebannt, was die vom Morgenrot?
Die nie in harter Fron geächzt, was die vom freien Gang?
Die niemals noch danach gelechzt, was die vom frischen Trank?
Und die das Schicksal nicht gespielt aufs dampfende Schafott,
in tausend Ängsten aufgewühlt, den Satan im Genick gefühlt –
was wissen die von Gott?

Dieses Gedicht, unter dem Titel „Hunger am Wolchow", verfasste mein damals verwundeter Freund Franz-Josef Hendricks 1942 im Kriegslazarett Wilna/Litauen.

Mach' reinen Tisch, bevor du gehst: Vergeben oder vergelten? Von der Tragweite des Vergebungsgesetzes

Ob man nun an einen Gott und an eine höhere Gerechtigkeit glaubt oder nicht: Eines trifft wohl auf alle Menschen zu, nämlich, dass jeder auf seine Art glücklich sein möchte – jeder auf *seine* Art, das sei betont, denn Glücklichsein*wollen* und Glücklichsein*können* liegen nur selten auf einer Ebene. Ein altes Sprichwort lautet bekanntlich: *„Es kann der Frömmste nicht in Frieden leben, wenn es dem bösen Nachbarn nicht gefällt."* Was nutzt einem alle Friedfertigkeit und aller guter Wille, wenn man am Arbeitsplatz „gemobbt" wird, wenn man üble Nachrede oder Beleidigungen erdulden muss, oder wenn jemand tätlich angegriffen, überfallen oder gar umgebracht wird? Soll man sich das alles widerstandslos gefallen lassen und sich, vor lauter christlicher Nächstenliebe, noch bedanken dafür? Ist es nicht zu viel verlangt, wenn ich einem Mörder verzeihen soll, der mein Kind bestialisch umbrachte? Rachegelüste sind in solchen Extremsituationen wohl nur zu verständlich. Und dennoch sind sie falsch; falsch aus spiritueller Sicht, wie uns die beachtenswerten Ergebnisse der modernen Sterbeforschung recht deutlich aufzeigen.

Während der Konfrontation mit dem Lebensverlauf, dieser Lebensrückschau, die mit einer enormen Bewusstseinserweiterung und moralischen Beurteilung jeder einzelnen Lebenssituation verbunden zu sein pflegt, erkennt man Sinn-Zusammenhänge. Man erkennt seine Eigenverantwortlichkeit sogar für jedes gesprochene Wort sowie die Folgen unseres Tuns oder Lassens für andere. Dann schmerzt einen zutiefst alles begangene Unrecht, jede Lüge, jede Gemeinheit, jede Lieblosigkeit. Und man möchte nicht nur gern wiedergutmachen, sondern vor allem *Verzeihung* erlangen von jenen, die man schlecht behandelt hat! Man erkennt blitzartig die Tragweite des Verzeihens und Verziehenbekommens, gemäß jener Stelle im Vaterunser-Gebet, wo es heißt: *„und vergib uns unsere Schuld, wie auch wir vergeben jenen, die uns gegenüber schuldig wurden"*.

Mit diesen wenigen, aber bedeutsamen Gebetsworten ist eines der wichtigsten menschenbezogenen Entwicklungsgesetze angedeutet, nämlich das **Vergebungsgesetz**. Meines Wissens ist die christliche Religion die einzige Weltreligion, die dieses Vergebungsprinzip lehrt. Es wird auch in keiner anderen irdischen Religion die Liebe so stark betont wie im Christentum. Dass die meisten sich nicht danach richten, liegt ja nicht an der Religion...[42]

Über Tod und Jenseits geben uns aber nicht nur die zahllosen Nahtodes-Erlebnisse Aufschluss, sondern auch Vorangegangene, die nach ihrem Tode Gelegenheit fanden, uns Mitteilungen zu machen. Solche „Nachtod-Kontakte"(NTKs) geschehen auf vielerlei Weise und häufiger, als manch einer anzunehmen bereit ist. Und da sind es vor allem liebe Verstorbene, denen sehr viel am Wohlergehen ihrer noch auf Erden weilenden Angehörigen oder Freunde liegt. Geradezu beschwörend raten sie uns, alles zu unterlassen, was anderen Schaden oder Leid zufügen könnte. Und spätestens dann, wenn wir merken, dass es zu Ende geht, sollten wir „reinen Tisch" machen und allen verzeihen, die uns irgendwann und -wie die Lebensfreude verdunkelten. Auch wir selbst kommen im Jenseits nicht weiter, wenn wir keine Vergebung erlangten. Selbst einem Mörder sollen wir verzeihen, ja wir sollen sogar für ihn beten!

Nun, das mag wohl so mancher von uns als „zu viel verlangt" empfinden. Oder würden Sie es für zumutbar halten, dass Eltern dem Mörder ihres Kindes verzeihen sollen? Hierzu wäre ja ein gewaltiges Maß an Selbstüberwindung erforderlich! Jedoch nach christlicher Auffassung liegt gerade in der Selbstüberwindung das Heil, das Heilwerden. Nur durch ernstgemeinte Vergebung kann der Teufelskreis von Hass und Vergeltung, von Schuld und Sühne durchbrochen werden, im Privatleben ebenso wie in der Weltpolitik.

In Solothurn lernte ich eine Österreicherin kennen, die zwei erwachsene Töchter besaß: Die eine hieß Beatrice und war als Mutter von zwei Kindern im Jahre 1986 ermordet worden. Sieben Jahre danach, 1993, starb Astrid, ihre andere Tochter. Ein Jahr nach deren Tode, gegen Mitternacht, erwachte die Mutter und sah ihre Tochter Astrid am Bettrand sitzen! Der Mutter verschlug es die Sprache. Doch da begann Astrid zu sprechen und sagte: *„Mama, bitte weine nicht so viel um mich. Es geht mir gut. Wenn du immer weinst, so finde ich keine Ruhe. Auch für dich ist es nicht gut, Mama.*"[43]

Dann bat Astrid ihre Mutter mit großer Eindringlichkeit, für den Mörder ihrer Schwester Beatrice zu beten und ihm zu verzeihen! Nun, nicht von heute auf morgen, aber im Laufe der Zeit schaffte es die Mutter, und das Verzeihen fiel ihr sogar leichter, nachdem sie begonnen hatte, sich mit der modernen Sterbeforschung zu befassen.

Von einem ähnlichen Vorkommnis berichtet das jüdische Ehepaar Bill und Judy Guggenheim, mit dem ich korrespondierte.[44] Hier wird von einem Amerikaner namens Rob berichtet, der – wie er sich ausdrückt – *„am Boden zerstört"* gewesen sei, als er vom gewaltsamen Tode seiner 25-jährigen Tochter Bonnie erfuhr. Er erzählte: *„Ich war voller Hassgefühle. Ich glaubte weder an Gott noch an Gerechtigkeit. Ich war wie besessen von dem Gedanken, diesen Kerl umzubringen, diesen Mann, der meine Tochter auf dem Gewissen hatte!"* Doch am Begräbnistag seiner Tochter geschah Folgendes. Er sagte: *„Plötzlich spürte ich deutlich, dass Bonnie ganz in der Nähe war! Ich dachte, jetzt brauchst du dich bloß umzudrehen, und sie steht vor dir: Da spürte ich plötzlich, wie sich im hintersten Winkel meines Gehirns ein Gedanke kristallisierte.*[45] *Fast konnte ich Bonnies Stimme hören. Sie flehte mich an: ‚Dad, bitte, du musst für ihn beten!'"* Ich sagte: *„Du weißt nicht, was du da von mir verlangst. Das kann ich nicht: Es wäre fast so, als würde ich ihm vergeben. Das bringe ich nicht übers Herz!'* Da sagte Bonnie: ‚Du tust es nicht für ihn, sondern für dich!'"

Der Mann erzählte weiter: *„Sie bat mich inständig, es für mein eigenes Seelenheil zu tun. Ich glaube, sie bat mich deswegen, weil sie ahnte, dass ich sonst jemanden umbringen oder verrückt werden würde! Dann war sie verschwunden. Aber ich zweifelte keinen Augenblick daran, dass ich gerade mit meiner Tochter kommuniziert hatte."*

Rob raffte sich wirklich zu einem Gebet für den Mörder auf, aber seine Rachegelüste ließen nicht nach. Er sagt: „*Etwa sechs bis acht Monate später war ich reif fürs Irrenhaus, denn ich schmiedete immer noch Mordpläne gegen diesen Kerl. Eines Abends machte ich mich schließlich, völlig verzweifelt auf zu Bonnies Grab. Da tauchte wieder ein Gedanke in meinem Hinterkopf auf und floss durch mich hindurch. Ich hörte, wie Bonnie zu mir sprach: ‚Ich bin nicht hier, Dad, hier unter der Erde. Dad, bitte sei unbesorgt, es geht mir gut.' Dann sagte sie weiter: ‚Geh jetzt nach Hause und hilf Mama. Raff dich auf und tu etwas: Und nicht vergessen: Bete für ihn!'"* – Rob schaffte es schließlich doch: „*Irgendwann verschwanden meine Rachegelüste, und heute bin ich endgültig frei davon.*"

Kommentar: Neben der Hauptsache, um die es hier ging, nämlich um die Überwindung hasserfüllter Rachegedanken, ist auch jene Aussage der Tochter bemerkenswert, wo sie ihrem Vater versichert, dass sie nicht auf dem Friedhof im Grabe liegt. Dennoch ist es keineswegs verkehrt, Gräber aufzusuchen und zu pflegen, denn man gedenkt dabei der Hinübergegangenen im Gebet, und das ist *immer* gut!

Der 1945 gestorbene US-Amerikaner Edgar Cayce, auch „der schlafende Prophet" genannt, wurde weltbekannt durch die Art seiner Lebensberatungen und Krankheitsdiagnosen: Er bekam Tausende von Zuschriften. Wenn er sich in einer Art Trancezustand befand, brauchte man die Briefe gar nicht zu öffnen. Es genügte, wenn man ihm die Absender-Adresse vorlas. Bei Gesundheitsproblemen sollen seine Diagnosen zu 90 % richtig gewesen sein. Auch durch ihn wurde oft die Wichtigkeit des Verzeihenkönnens betont. Zuweilen wurde sogar der Name derjenigen Menschen genannt, bei denen der Klient beginnen sollte, „*sich im Verzeihen zu üben*", um – so heißt es wörtlich – „*um seine blockierten Lebenskräfte freizusetzen*"! Damit ist klar und deutlich betont, dass wir den harmonischen Fluss unserer Lebensenergien im Körper hemmen, wenn wir uns durch Sturheit und Bitterkeit, durch Nichtvergessenkönnen und Nichtvergebenwollen weigern, die psychischen Voraussetzungen zu schaffen für unsere leibliche Gesundung![46]

Anton M. war von einem seiner Freunde schwer beleidigt worden. Von da an mied er den Kontakt mit ihm. Einige Jahre danach reiste Anton für zwei Wochen ins Ausland. Er schreibt:

„An einem Abend, nach einer fröhlichen Unterhaltung bei guten Bekannten, legte ich mich zu Bett. Da träumte ich, jener Freund sucht mich auf und bittet mich um Verzeihung. Ich aber wandte mich von ihm ab. Da trat er ganz nahe zu mir und sagte flehentlich: ,Ach Gott, sei doch jetzt nicht so halsstarrig! Ich habe etwas Schweres vor mir, und darum will ich Frieden haben!' Dabei ergriff er meine Hand. Ich fühlte ganz deutlich seine eiskalten Finger auf den meinigen, und davon erwachte ich."

Nach seiner Rückkehr von der Reise erfuhr dieser Anton zu seinem Erstaunen, dass sein ehemaliger Freund tödlich verunglückt war. Dessen Todesstunde stimmte genau mit dem Zeitpunkt jenes Traumes überein. Von da an ging Anton dieser Traum nie mehr aus dem Sinn. Er sagt: *„Wieder und wieder stand mir die **seelische Not** des Verstorbenen vor Augen, und ich konnte keine Ruhe finden."* Er fragte einen katholischen Pfarrer, ob man durch Unversöhnlichkeit tatsächlich die Seelenruhe eines gestorbenen Menschen beeinträchtigen könne? Der Priester bejahte und empfahl, dem Hinübergegangenen von Herzen zu verzeihen und für ihn zu beten. Anton befolgte diesen Rat und fand dadurch seine Mitte wieder.[47]

Ein verdienter Pionier der parapsychologischen Forschung war der Italiener Ernesto Bozzano (1862-1943). Er hatte gemeinsam mit anderen Wissenschaftlern vielerlei Gelegenheit, mit hervorragenden Medien zu experimentieren. So erlebte er auch das seltene Phänomen der sogenannten **Transfiguration**: In solchen Fällen verändern sich die Gesichtszüge eines in Trance befindlichen Mediums dermaßen stark, dass ein Verstorbener erkannt wird.[48]

Dies trat, im Beiseins Bozzanos, bei einer Engländerin auf, deren Gesicht die Züge eines alten Mannes annahm. Mit veränderter Stimme wandte sie sich an einen älteren Herrn und sagte zu ihm: *„Hast du vergessen, wie dein Vater ausgesehen hat?"* Um seine Identität nachzuweisen, erinnerte er an allerlei Vorgänge aus längst vergangener Zeit. Und dann sagte er: *„Ich hab' zutiefst bereut, dir und deiner Mutter die Ursache zu so vielen Leiden gewesen zu sein. Wie oft habt ihr durch meine Schuld Hunger gelitten. Jetzt bin ich gekommen, dich flehentlich um Verzeihung zu bitten!"*

Der Jenseitige, der den Körper des Mediums benutzte, brach in ein krampfhaftes Schluchzen aus. Als er sich wieder zu fassen begann, sagte er: *„Ich steckte eine endlos lange Zeit in grauenhafter Finsternis. Ich war ein elender Kerl, aber ich habe gebüßt."*

Der Sohn, nun selber bereits ein betagter Mann, erwiderte: *„Ja, du bist mein Vater, ich erkenne dich. Und ich sag' dir, du kannst dir keine Vorstellung davon machen, welch großes Leid du uns angetan hast. Aber nun hast du's ja abgetragen."* – *„Abgetragen"*, warf der Vater ein, *„ist zu wenig gesagt: Ich hab's tausend und abertausendmal bezahlt!"*

Der Vater wirkte ergreifend in seiner angstvollen Spannung darauf, dass sein Sohn das große Wort ‚Vergebung' aussprechen würde. Aber der tat sich schwer damit. Scheu bemerkte der Vater: *„Deine Mutter hat mir bereits verziehen."* – Schließlich fand sein Sohn doch die moralische Kraft zu sagen: *„Es sei Dir alles verziehen, Vater. Ich hege keinen Groll mehr. Und jetzt geh' ins Licht."*

Prof. Bozzano und die anderen, die zugegen waren, erfuhren nun von dem alten Herrn, eben jenem Sohn, dass sein Vater vor einem halben Jahrhundert Frau und Sohn verlassen und dem Elend preisgegeben hatte.

Als Nächstes gebe ich hier eine Begebenheit wieder, die von einem Mann namens Jürgen K. aus Karlsruhe stammt. Dieser Mann befand sich bereits seit sieben Jahren im Gefängnis. Er war aufgrund falscher Zeugenaussagen verurteilt worden. Verständlich, dass er jene Leute abgrundtief hasste. Dem Gefängnispfarrer gegenüber hatte er verbittert bemerkt: Mit ihm (dem Sträfling) könne er (der Pfarrer) über alles reden, nur nicht über Gott!

Jürgen K. war in der Gefängnis-Druckerei beschäftigt. Dort gelang ihm die Beschaffung eines Seils. Er hing sich probeweise daran, um zu prüfen, ob es halten würde. Und es hielt, es war dick und stabil genug. Dann schritt er zur Tat. Er war zum Selbstmord entschlossen. Mit dem Strick um den Hals stellte er sich auf einen Stuhl. Mit den Füßen schob er den Stuhl weg, und was dann geschah, berichtet er mit folgenden Worten: *„Meine Erwartung war, mit dem Tod ist alles aus. Ich habe dann alles hinter mir, ich bin fertig, bin erleichtert. Gott gibt es nicht, mit dem Tod ist alles aus! – Tatsächlich jedoch passierte etwas ganz anderes: Mir wurde ganz schwarz vor den Augen. Und als ich zu mir kam, fühlte ich mich fast brutal befreit! Ich schaute mich an: Ich hatte Hände, meine Augen waren noch da, mein Kopf war noch da... Ich konnte denken, ich hatte Gefühle... Mein Leben war also nicht zu Ende."* Und weiter berichtet Jürgen K.: *„Ich sah meinen Körper, wie er am Strick hing. Er wirkte auf mich wie ein ausgezogener Mantel.*[49] *Ich besaß nun einen neuen Körper, der aber nicht den Gesetzen der Schwerkraft unterlag. Ich fühlte mich wohl, ich fühlte mich fantastisch! Ich dachte, jetzt hast du es geschafft!"*

Das Folgende lasse ich weg, es ist zu schauderhaft. Bei Jürgen stellte sich nunmehr das berühmte „Tunnel-Erlebnis" ein. Er hatte mal von Sterbe-Erfahrungen gelesen, von einem Licht am Ende des Tunnels und dass man von gestorbenen Angehörigen und Freunden begrüßt wird. Er sagt: *„Ich erlebte etwas ganz anderes."* Er empfand sich in einer durchsichtigen Plastikkugel, ähnlich einer Seilbahn-Kabine, in welcher er über schauerliche Gegenden mit entsetzlichen Schreckensszenen schwebte. Er hörte Menschen schreien und sah ihre Leiden. Er bekam Angst, sein „Fahrzeug" könne zu Bruch gehen, und er müsse dann in dieser abscheulichen Umgebung verbleiben. Da bemerkte er mit Erleichterung, wie die kugelförmige Kabine plötzlich zurücksauste, durch den Tunnel zurück. Jürgen K. berichtet weiter:

„Als ich zu mir kam, saß ich auf dem Boden meiner Gefängniszelle. Der dicke Strick war gerissen, was eigentlich nie hätte passieren dürfen! Mein Hals schmerzte furchtbar. Ich sah dann später, dass ich hier eine riesige feuerrote Narbe hatte. Und ich habe mich gewundert, wie schnell diese Narbe heilte. Sie war nur drei bis vier Tage zu sehen."

„Zunächst mal", fährt Jürgen fort, „saß ich am Boden und hatte diesen schmerzenden Hals. Und dann vernahm ich eine Stimme, die zu mir sagte: ,Jürgen, wenn ich dich hätte sterben lassen, dann wärst du an den Ort gegangen, den ich dir gerade gezeigt habe. Dieser Ort war für dich bereitet. Wenn du glaubst, keine Zukunft mehr zu haben, warum übergibst du dein Leben nicht mir? Warum gibst du dein Leben nicht in meine Hand? Denn mit mir wirst du eine Zukunft haben!'" Jürgen ergänzt: „Ich erkannte diese Stimme. Diese Stimme gehörte Jesus **Christus** und keinem anderen! Ich konnte dies mit absoluter Sicherheit sagen, obwohl ich nie in meinem Leben etwas mit ihm zu tun hatte, ihn nicht kannte."

Zum Erstaunen des Gefängnisgeistlichen holte sich Jürgen zunächst eine Bibel. Aber darin stand, dass man seinen Feinden vergeben soll! Jürgen sprach daraufhin im Gebet zu Jesus: „Ich hab' dir zwar mein Leben übergeben, aber meinen Feinden verzeihen, die mich unschuldig hier herein gebracht haben, das kann ich nicht! Die sind schuld am Tod meiner Familie, sie haben mir sieben Jahre meines Lebens gestohlen. Denen vergeben? Das kann ich nicht! Es sei denn, du hilfst mir dabei."
Nun, etwa zwei Wochen lang passierte gar nichts. Doch dann setzte sich Jürgen hin und konnte für den Staatsanwalt beten, für den Richter beten und für die drei meineidigen Zeugen. Nie hätte er geglaubt, dies tun zu können, aber seine Rachefantasien waren auf einmal nicht mehr da! Jürgen K. wurde vorzeitig entlassen. Er ist heute wieder glücklich verheiratet...

Freunde in Asunción, der Hauptstadt von Paraguay, wo ich Vorträge hielt, machten mich auf eine damals 23-jährige Frau namens Carolina Ortiz Alves aufmerksam, die urplötzlich über beträchtliche Heilkräfte zu verfügen begonnen hatte. Sie ist eine einfache Frau, beheimatet im Departement Cordillera. Dieser Carolina war der kurz zuvor verstorbene Nachbar Juan Pablo Caniza erschienen. Er klagte, dass er sich in einer höllischen Situation befinde. Ihm könne nur durch Gebete geholfen werden, und er benötige dringend die Verzeihung von seiten seiner acht Kinder. Carolina möge seine Kinder doch bewegen, ihm das, was er ihnen antat, zu vergeben.

Carolina gelang es in der Folgezeit, bei sieben von ihnen die so sehnlich erhoffte Verzeihung zu erlangen. Als es dann wieder zu einem Kontakt mit dem verstorbenen Juan Pablo kam, dankte dieser tiefbewegt und sagte zu Carolina, für ihre Hilfsbereitschaft und für ihr großes Gottvertrauen würde sie nun die Gabe der Krankenheilung bekommen. Er händigte ihr ein kleines Kruzifix aus, das sie beim Heilen benutzen solle.

So begann Carolinas segensreiches Wirken als christusbezogene Heilerin. Oft kann sie auch in seelischen Belangen helfen, kann Zerwürfnisse beheben und Frieden stiften. Die Warteschlangen vor ihrer einfachen Behausung reißen kaum ab. Reich wird sie infolge ihrer Tätigkeit nicht, denn sie lehnt es strikt ab, für ihre Dienste Geld zu nehmen. Die Sache mit dem Kruzifix erinnert übrigens an den berühmten brasilianischen Heiler Zé Arigó, der ebenfalls auf mysteriöse Art eines bekam, mit der Weisung, fortan im Namen Jesu Christi Kranke zu behandeln.

Als erfreulich darf man die Tatsache betrachten, dass sich seit längerem auch Universitäten und medizinische Institutionen mit therapeutischen Möglichkeiten psychosomatischer Art befassen. An der Universität von Wisconsin zum Beispiel besteht seit 1985 ein *Lehrstuhl für Vergebungs- und Versöhnungsforsch*ung. Allmählich erkennt man anscheinend doch den therapeutischen Wert wichtiger Faktoren wie Dankbarseinkönnen, Friedfertigkeit, Uneigennützigkeit und Vergebung! Ebenso die Wirksamkeit vertrauensvollen Betens. Anhand umfangreicher Studien wurde eindeutig nachgewiesen, dass Menschen, die regelmäßig beten, ihre Gehirnstrom-Aktivitäten positiv beeinflussen und dadurch eine erheblich geringere Krankheitsanfälligkeit erreichen. Als gleichermaßen wirksam erwies sich *das Gebet für andere*. Das Beispiel der Herzkranken, für die gebetet wurde, hatte ich ja bereits erwähnt (S. 99). Und was das Verzeihenkönnen für unser Wohlbefinden bedeutet, so erbrachten (bis zum Jahre 2004) 46 wissenschaftliche Studien folgendes Ergebnis: Wenn man Zorn und Verbitterung unablässig *„in sich hineinfrisst"*, so kommt es zu Blockaden der uns ständig durchströmenden Vitalenergien. Wie zuvor schon erwähnt, war dem Amerikaner Prof. Elmer Gates (1859-1923) der experimentelle Nachweis gelungen, dass wir durch negative Vorstellungen und Gemütsregungen unsere Körpersäfte vergiften und eine sogenannte „Auto-Intoxikation" hervorrufen.[50] Prof. Gates schuf Kondensate der menschlichen Ausatmungsluft in Zuständen heftiger Gemütsbewegungen, zum Beispiel im Jähzorn. Dieser ergab einen bräunlichen Niederschlag. Einen graugefärbten („bleiernen") gab es bei traurigen, depressiven Menschen. Erstaunlicherweise zeigten Tiere, denen solche Kondensate injiziert wurden, die gleichen Zustände. Besonders schlimm wirkte das Kondensat von intensivem *Hass-Denken*: Es tötete Kleintiere (wie Meerschweinchen beispielsweise) innerhalb weniger Minuten!

Vor Jahren kam es einmal vor, dass in Hamburg Menschen Vergiftungen erlitten, als sie Thunfisch aus der Büchse aßen. Der Grund war, wie sich später herausstellte, dass der Thunfisch lebendig zersägt wurde, und die gefangenen Fische eine solche Angst hatten, dass sie ein Gift ausschieden, das in das Fleisch einging. Auch den Römern war das bereits bekannt. Um ein bestimmtes Gift zu bekommen, haben sie Sklaven zu Tode gefoltert, und mit dem Speichel dieser Toten konnte man andere Menschen vergiften. Die Todesangst geht also ins Gewebe ein und wird vom Menschen mitgegessen. Das erfahren wir von dem Schweizer Tierschützer Franz Weber, dem später noch ein ganzes Kapitel gewidmet ist.

Nun kann man sich selber ausmalen, welch zerstörerische Aura manche Leute mit sich herumschleppen und wie negativ sie auf ihre Umgebung einwirken (Pflanzen reagieren darauf, auch manche Tiere). Das erfahrungsgemäß beste Mittel gegen Hass von anderer Seite ist also: Nicht-Hass! Diese Einsicht predigten nicht nur Jesus und Buddha, sondern alle großen Weisheitslehrer.

Was Krankheitsheilung anbelangt, so müssen wir weg von dem Irrglauben, dass Heilung lediglich eine Sache der richtigen Pillen und Spritzen ist. Also weg mit Rache- und Vergeltungsgedanken! Zwar heißt es immer, „*Rache ist süß*", weil man unwillkürlich eine gewisse Genugtuung empfindet, wenn man jemandem „*etwas heimzahlen*" konnte oder ihm ein Missgeschick zustieß. Man sollte dann nur aufpassen, dass man über kurz oder lang nicht selber *„eins auf den Deckel"* bekommt! Ich erinnere mich: Als ich im Zweiten Weltkrieg ein halbes Bein verlor, ließ eine Nachbarsfamilie, die auf uns nicht gut zu sprechen war, verlauten: *„Denen geschieht's recht!"* Bald darauf verlor der Sohn jener Nachbarn, der ebenfalls Soldat war, *beide* Beine![51]

Hinsichtlich der erwähnten Redewendung *„Rache ist süß"* sei erwähnt: Forscher der Universität Zürich fanden dies indirekt bestätigt: Bei Gehirnstrommessungen bei Leuten, deren Vertrauen schwer missbraucht worden war und die Gelegenheit fanden, sich zu rächen, zeigten die Gehirnstromkurven tatsächlich eine Art *„Wohlbefinden infolge von Rachebefriedigung"*![52]

Karma – Jede Handlung hat eine Folge, wenn nicht heute, dann in einem anderen Leben...

Karma-Gesetz und Gnadenfaktor sollten im Zusammenhang mit Vergebung nicht unerwähnt bleiben. Der Buddhismus mit seiner Lehre von den wiederholten Erdenleben vertritt zweifellos eine beachtenswerte Ethik, aber er kennt weder einen ansprechbaren Gott, dem man sich anvertrauen kann, noch die tröstliche Erfahrbarkeit der Engelwelt, noch den Gnadenfaktor und das Vergebungsprinzip. Dem Buddhismus ist also die **Karma-Überwindung durch Vergebung** unbekannt. Jesus jedoch, der eine höhere Liebe und Weisheit verkörperte, brachte uns die Kenntnis vom Gnadengesetz. Er lehrte uns das gegenseitige Freimachen von Schuld durch Vergebung. Damit zeigte er uns die Erlösung auf vom Teufelskreis negativen Karmas. Das hat nichts mit „Selbsterlösung" zu tun, sondern mit Selbst*arbeit*, mit Arbeit an sich selbst. Wie schon an anderer Stelle betont, werden Bemühungen zur eigenen Charakterveredelung von uns sowohl erwartet als auch gefordert. Wir bekommen viel Hilfe hierbei, wir brauchen es nur zu wollen!

Zum Wichtigsten auf unserem Weg in eine bessere Zukunft gehört jedenfalls Vergebungsbereitschaft. Sie erhebt uns fast zu „kleinen Göttern". Denn, wie ein Dichter sagte: *„Irren ist menschlich, Verzeihen ist göttlich."* Oder nach Gertrud von Le Fort: *„In der Verzeihung des Unverzeihlichen ist der Mensch der göttlichen Liebe am nächsten."*

140

Zum Schluss dieses Kapitels möchte ich zwei besonders eindrucksvolle Geschehnisse schildern: Im Mai 1945, als Deutschland in Trümmern lag, wurde eine US-Militäreinheit in ein KZ befohlen, um den Befreiten medizinische Hilfe zu bringen. Der Soldat Ritchie, der infolge außergewöhnlicher Erlebnisse ein überzeugter Christ geworden war, lernte dort einen Juden kennen, den man wegen seines Bartes „Wild Bill" nannte. Ritchie schreibt: *„Er war einer der KZ-Insassen, aber offensichtlich war er noch nicht lange dort gewesen, denn seine Gestalt war aufrecht, seine Augen hell, seine Energie unermüdlich."*

Da Wild Bill mehrere Sprachen beherrschte, diente er als Übersetzer. Und obwohl er 15 bis 16 Stunden im Einsatz war, zeigten sich bei ihm keine Anzeichen von Ermüdung! Als Ritchie sich die Papiere von Wild Bill anschaute, sah er, dass dieser Mann bereits seit 1939 im KZ war! Das bedeutete: Sechs Jahre lang hatte er von derselben Hungerration gelebt, in derselben schlecht gelüfteten und von Krankheiten heimgesuchten Baracke geschlafen wie die anderen auch. Und er war der Vertrauensmann *aller* Gefangenen des Lagers gewesen. Zu ihm konnte jeder kommen. Er versuchte zu helfen und schlichtete die häufigen Streitigkeiten der Mitgefangenen. Die einzelnen nationalen Gruppen hassten sich gegenseitig fast genauso wie sie die Deutschen hassten!

Jetzt, nach der Befreiung des Lagers, kam es natürlich zu Gewalttätigkeiten gegen die Deutschen. Die Amerikaner waren angewiesen worden, solche Dinge zu verhindern. Und auch da war es wiederum Wild Bill, der mit den verschiedenen Gruppen vernünftig redete und ihnen ernsthaft empfahl, *nicht* Gleiches mit Gleichem zu vergelten. Ja, er gab ihnen sogar – allen Ernstes – die Empfehlung, *Vergebung* zu üben!

Da bat Ritchie Wild Bill zu bedenken, dass es für diese Leute nicht leicht sei zu verzeihen, denn viele von ihnen trauerten um ihre Angehörigen und wollten sich rächen. Daraufhin erzählte der Jude erstmal von sich selbst und seinem Schicksal. Langsam begann er zu sprechen:

„Wir lebten im jüdischen Sektor von Warschau. Meine Frau, unsere beiden Töchter und unsere drei kleinen Buben. Als die Deutschen unsere Straße erreichten, stellten sie jeden an die Wand... Ich bettelte, zusammen mit meiner Familie sterben zu dürfen, aber da ich Deutsch

sprach, steckten sie mich in eine Arbeitsgruppe." Nach einer Weile fuhr er fort und sagte: *„Ich musste mich dann entscheiden, ob ich mich dem* **Hass** *hingeben wollte gegenüber den Soldaten, die das getan hatten, oder nicht. – Nun, es war eine leichte Entscheidung. Wirklich... Ich war Rechtsanwalt gewesen. In meiner Praxis hatte ich zu oft gesehen, was der Hass anzurichten vermochte... Der Hass hatte gerade sechs Personen getötet, die mir das meiste auf der Welt bedeuteten... Und so entschied ich mich dafür, dass ich den Rest meines Lebens – mögen es nur wenige Tage oder viele Jahre sein – damit zubringen wollte, jede Person, mit der ich zusammenkomme, zu lieben!"*

Ritchie schreibt: *„Jede Person zu lieben... Das (also) war die Kraft, die den Wild Bill, trotz aller Entbehrungen, bei so guter Gesundheit erhalten hatte!"*

Nun, ich kann noch mit einer ähnlichen Begebenheit aufwarten. Diesmal ist es ein Deutscher mit Namen Wilhelm Hamelmann, vor dessen Augen seine ganze Familie ermordet wurde – von polnischen Zwangsarbeitern. Dies geschah am 21. November 1945, am Rande von Bremen, auf dem Bauernhof der Schwiegereltern Hamelmanns. Hamelmann befand sich hier mitsamt seinen Eltern, seiner Frau und vier Kindern, seiner Tante und zwei Gehilfen. *„In jener kalten Winternacht"*, so erzählt er, *„gingen wir alle früh zu Bett. Niemand von den Schlafenden hörte die Polen, als sie gegen Mitternacht ins Haus eindrangen."* Plötzlich standen zehn bewaffnete Männer da. Sie wurden von einem Juden angeführt, der perfekt Deutsch sprach. Mit vorgehaltener Pistole zwang er Hamelmann, alle Hausbewohner herbeizuholen. Als das geschehen war, wurden alle ins Schlafzimmer gesperrt, bewacht von einem der Polen. Währenddessen plünderten die anderen das Haus. Hamelmann befürchtete nun, seine Familie könnte in Panik ausbrechen. Als überzeugter Christ flehte er im Stillen zu Gott und bat um Kraft. In einem Bericht über das Geschehene schrieb er später:

„Gott schenkte mir die Gnade, innerlich und äußerlich Ruhe zu bewahren. Durch Gottes Hilfe übertrug sich die Ruhe auch auf die übrigen Hausmitglieder, und wir wurden ganz still. – Wer in Gott zur Ruhe gekommen ist, der beherrscht in jedem Falle die Situation."

Nach ungefähr zwei Stunden trieben die Polen ihre Gefangenen in den niedrigen Keller hinunter. Als die ersten Schüsse krachten, warf Hamelmann sich schützend über seine Kinder... Das rettete ihm selbst das Leben, denn der auf seinen Kopf zielende Schuss des Anführers durchschlug die Lunge. Wenige Augenblicke später hatten der Jude und die drei Polen alle anderen Familienmitglieder erschossen und verließen den Keller. Nur der Anführer kam insgesamt noch dreimal zurück, um sich zu vergewissern, ob wirklich alle tot sind. Beim letzten Mal beugte er sich über Hamelmann, hob dessen rechtes Bein hoch und schleuderte es auf den Boden. Dem Schwerverletzten gelang es jedoch, sich totzustellen. Dasselbe geschah nun mit dem schmerzenden linken Bein. Es war durch einen Schuss verletzt und blutete. Hamelmann glaubte nicht, sich weiterhin totstellen zu können. Er sandte ein Stoßgebet zu Gott und bat um Hilfe... Und tatsächlich gelang es ihm, keinen Ton von sich zu geben!

Da lag Hamelmann nun mit zwölf Toten im Keller, im Blute der ihm liebsten Menschen. Wer vermag sich eine solch schreckliche Situation vorzustellen? Jetzt aber wollte Hamelmann mit Gott und dem Schicksal zu hadern beginnen. Sein Verstand gebot ihm, die Mörder zu hassen. Doch sein Herz gebot ihm, die Vergebungsbereitschaft Christi nachzuvollziehen. Und er empfand es bis zu seinem Tode (im Oktober 1979) als eines der größten Wunder, die er in seinem Leben erfahren durfte, dass er, im Gedenken an Christus, „sofort zur Vergebung bereit" war, obwohl das Ungeheuerliche doch eben erst geschehen war!

Nun, die Täter konnten von der Besatzungsmacht verhaftet werden. Bis auf zwei: Der Anführer sowie ein Komplize entkamen. Monate später, nach Hamelmanns Genesung, kam es zur Gerichtsverhandlung gegen die Täter. Hamelmann, der als Hauptzeuge geladen war, wurde es etwas mulmig zumute, denn der Oberstaatsanwalt als Ankläger war Jude! Er schreibt: „Als wir uns gegenüberstanden und er sich mir vorstellte, spielte sich in meinem Innern etwas ab, was ich schwer wiedergeben kann: Der entkommene Anführer, ein Jude. Der Staatsanwalt, ein Jude..." Der Staatsanwalt zeigte ihm seinen Strafantrag, den er zu stellen gedachte: Die Todesstrafe für alle Angeklagten...

Hamelmann war darob entsetzt. Er begann in aller Kürze, seine geistige Einstellung zu erläutern, die er im Angesicht des eigenen Todes gewonnen hatte, und dass er – Hamelmann – den Tätern verziehen habe. Als dann der Staatsanwalt das Wort zu seinem Schlussplädoyer ergriff, herrschte Totenstille im Raum. Er erklärte: *„Nach einer Unterredung mit dem Hauptzeugen Wilhelm Hamelmann, bei der ich seine Lebenseinstellung als Christ erfuhr, möchte ich davon absehen, meinen Strafantrag zu stellen. Ich bitte das Richterkollegium, den Urteilsspruch zu fällen.“* – Die meisten der Angeklagten bekamen lebenslänglich...

22 Jahre später, an Ostern 1967, las Hamelmann in der Zeitung von drei inhaftierten Polen, die seit Jahren vergeblich ein Gnadengesuch gestellt hatten. Bei ihnen handelte es sich um drei von jenen Tätern, welche seinerzeit die grausige Bluttat auf dem Bauernhof begangen hatten. Die restlichen waren mittlerweile begnadigt worden. Nun setzte sich Hamelmann für die Freilassung dieser Männer ein. Es dauerte zwar längere Zeit, aber er hatte Erfolg. Von den Dreien war inzwischen einer irrsinnig geworden. Und es war Hamelmann, der die beiden anderen in die Freiheit begleitete! Abschließend bemerkt er: *„Aus Gnaden war es mir möglich, bei diesem meinem Lebensabschnitt so zu handeln, wie Gott an **mir** gehandelt hatte: VERGEBEN statt VERGELTEN!“*

Das Beispiel Hamelmanns, das großes Aufsehen erregte, bewog damals auch andere Menschen, in ihrer Lebenseinstellung eine positive spirituelle Kurskorrektur zu vollziehen. Aber wie bitter nötig wäre es, dass endlich allgemein eine Wiederbesinnung auf das Wesentliche erfolgen würde, eine Neubesinnung auf unsere Menschenwürde, auf den Sinn und Zweck unseres Daseins – und nicht zuletzt eine Rückbesinnung auf die erforderliche Gottbezogenheit unseres Denkens und Handelns, im Kleinen wie im Großen, wenn die Weltverhältnisse endlich menschenwürdig werden sollen! Ein lieber alter Freund von mir (er ging mit 94 Jahren, in der Silvesternacht 2004, in die andere Welt hinüber) schrieb mir einmal: *„Je mehr Jahre ich auf diesem Planeten sammle, desto überzeugter werde ich vom Wirken einer höheren Ordnung, vom*

Gesetz von Ursache und Wirkung, und dem Wirken der Gnade, die immer wieder einen heimlichen Weg aufzeigt, um dem Kausalitätsprinzip die Härte zu nehmen; weil schon genug gelitten und auch viel Gutes eingebracht worden ist." – Danke, Werner Schwarzmaier!

Ehestand muss nicht immer Wehestand sein

Nicht von Theorien, sondern vom praktischen Leben her darf beim Thema „Vergebung" gerade die vielschichtige Ehe- und Partnerschaftsproblematik nicht übergangen werden. Hier tut sich ein gewaltiges Potential an Tränen und Leid auf, an Enttäuschungen, Bitterkeit und menschlicher Niedertracht. Die Schweiz zum Beispiel gehört nicht nur zu den Ländern mit den meisten Selbstmorden, sondern auch mit der höchsten Scheidungsrate! Hier wurden allein im Jahre 2004 mehr als 18.000 Ehen aufgelöst. Von einem gewissen Prozentsatz abgesehen bedeutet dies: 36.000 persönliche Tragödien, zerstörte Träume und Hoffnungen, Verlassensein und seelische Schäden, besonders bei Kindern.

Leider fehlt es bei sehr vielen Betroffenen an charakterlicher Reife und Ehrenhaftigkeit, um den an sich sowieso schon unerfreulichen Ehescheidungs-Prozess auf anständige Weise abzuwickeln. Viele plagen ihren bisherigen Partner in unerhörter Art und scheuen weder Lügen noch gemeine Kniffe, um Vorteile zu erlangen. Nun, es wird ihnen später einmal *nicht* egal sein, ob sie von den Opfern ihres Verhaltens Vergebung erlangen oder nicht; denn für solche Leute gilt das Wort vom *„letzten Heller"*![(53)]

Unsere spirituelle Welt- und Lebensanschauung lehrt uns, dass so ziemlich alles, was uns im Erdendasein begegnet, einen tieferen Sinn und Zweck hat. Gerade der Ehe- und Familienstand bietet vielerlei Bewährungsmöglichkeiten, uns zu beherrschen, Nachsicht und Verständnis zu üben und charakterliche „Unebenheiten" abzuschleifen. Wenn beide Partner einander zu schätzen wissen und die Leistungen des anderen nicht als selbstverständlich betrachten (in Sonderheit das, was Frauen und Mütter leisten) und auch nicht gedankenlos in den Tag hineinleben, so sollte die Gefahr partnerschaftlicher Krisen gering bleiben. Zu alledem gehört, dass wir nie im Zorn oder ohne Gruß weggehen. Wie schnell kann Unheilvolles eintreten, und dann ist plötzlich alles ganz anders...

Liebe Freunde, die Gesundheit wie auch die Freiheit lernt man zumeist erst dann schätzen, wenn man sie nicht mehr hat. Ebenso kann es uns ergehen mit Angehörigen, deren jahrelanges Dienen einem zur Selbstverständlichkeit wurde. Man halte sich vor Augen, was Familienmütter und Bäuerinnen zu leisten haben. Wie sieht es mit deren Freizeit aus?

Mir kommt da ein alter Landwirt in der Gefangenschaft in den Sinn: Nach Jahren völliger Isolation von der Außenwelt durften wir endlich Briefe nach Hause schreiben. Nur 15 Zeilen pro Monat, ohne Angabe unseres Aufenthaltsortes sowie des Grundes unserer Strafgefangenschaft. Zur besseren Lesbarkeit für die Zensoren mussten die Briefe in Druckschrift abgefasst sein. Für jenen betagten Bauern schrieb ich die Briefe. Noch immer sehe ich deutlich das Bild vor mir, wie ihm die Tränen über seine alterszerfurchten Wangen kullerten, als ich seiner Frau schreiben sollte, er wolle, wenn er heimkäme, nicht mehr so hart zu ihr sein... Ja, ich denke da auch an den mir vorliegenden Bericht einer sehr liebenswerten, grundanständigen und sehr gottgläubigen Katholikin, die aus Liebe geheiratet hatte. Im Verlauf ihrer Ehe stellte sich jedoch der Charakter ihres Mannes als extrem unerfreulich heraus: Er peinigte seine Frau in unerhörtester Weise! Hätte sie nicht ihr Gottvertrauen gehabt, so wäre sie an ihrer Ehe zerbrochen. Oft dachte sie an Scheidung, aber sie hatte am Altar Treue gelobt, und sie hielt durch. Der Mann wurde eines Tages schwer krank. Und erst als er das Ende herankommen spürte, erkannte er in seiner Hartherzigkeit, welchen Engel er zur Seite gehabt hatte! Weinend bat er seine Frau um Verzeihung und: Sie verzieh ihm! Und es lag keinerlei Vorwurf in ihrer Stimme, aber eine tiefe Traurigkeit, als sie sprach: *„Wir hätten es miteinander so schön haben können...“* Ja, was nützt zuletzt ein schön geschmücktes Grab, wenn man dann erst erkennt, was man verlor?

An dieser Stelle mögen manche mutmaßen, dass ich bloß von schönen Theorien rede, zu wenig praxisbezogen. Nun, auch ich habe eine

Ehescheidung hinter mir, aber wir regelten das in vernunftgemäßer Weise in gütlichem Einvernehmen, ohne Gehässigkeiten. Und dennoch belastet mich noch immer mein Mitschuldigsein an vermeidbar gewesenen Streitigkeiten... Ist es nicht zu schade um die Zeit, die man im Zwist verbringt? Jede Stunde in Ärger und Trübsinn frisst uns eine Stunde des Glücklichseinkönnens! – Freilich muss man andererseits Dr. Beat Imhof rechtgeben, wenn er zu sagen pflegt: *„Wer da meint, man könne auf dieser Welt immer glücklich sein, der hat sich im Planeten geirrt!"*

Psychoanalyse als Glaubenshilfe? Ein trügerisches Produkt materialistisch-atheistischen Denkens

Der Zürcher „Tages-Anzeiger" vom 24.2.2002 meldete: *„Kirchen nicht mehr gefragt. Rund 70 % der Schweizer erwarten wenig bis nichts mehr von den Kirchen. Bessere Seelsorge erwarten nur acht Prozent."* Schon in einer Zeitung aus dem Jahre 1913 fand ich die Bemerkung: *„In der evangelischen Kirche ist keine Hoffnung auf eine Weiterentwicklung der Religion vorhanden."* Leider trifft Letzteres bis heute zu. Dabei gäbe es zur Genüge Ansatzpunkte zu einer erkenntnismäßig erweiterbaren Religionsauffassung. Vor allem bieten sich hier die Fakten der Sterbe- und Weiterlebensforschung an, mit ihrer zigtausendfach dokumentierten außerkörperlichen, *nah*-todlichen und *nach*-todlichen Erfahrungswirklichkeit. Unsere „Seelenbetreuer" müssten nur endlich den beachtlichen Aussagewert dieses Forschungsmaterials zur Kenntnis nehmen, anstatt es als „unwissenschaftlich" beiseite zu schieben oder solche Erfahrungen kurzerhand auf „innerseelische Vorgänge" zu reduzieren!

Eine gottbezogene Erfahrungstheologie müsste vor allem vorsichtig sein gegenüber schulwissenschaftlich geprägten Denkschablonen, die eindeutig aus materialistisch-atheistischen Quellen stammen, beispielsweise die offiziell nicht grundlos hochgejubelten Lehren von Sigmund Freud (1856-1939) und seiner Nachfolger. Obwohl viele Psychologen, Psychiater und modernistische Theologen meinen, dank Freud'scher Ideen seien wichtige psychosomatische Zusammenhänge erkannt wor-

147

den, sind andere, wie zum Beispiel der Schweizer Psychiater Balthasar Staehelin, überzeugt, *„dass Freud die Natur des Menschen gerade gegenteilig beschreibt als sie tatsächlich ist".*[(54)]

Der Grund zu dieser Fehlleistung und seiner extrem einseitigen Sexualbezogenheit mag in der erklärten Absicht Freuds gelegen haben, *„als Arzt und Psychiater die Grundlagen für eine **Dogmatik des Atheismus** zu schaffen".* Sie sollte zu einem unerschütterlichen Bollwerk werden *„gegen die Gefahr des Einbruchs des Übersinnlichen"*, des Metaphysischen! Dr. Anton Brieger schreibt:

*„So ist es Freud von vornherein verwehrt, die Seele zu suchen, die Seele in ihrer Ganzheit... Sein Standort ist der des naturwissenschaftlichen Materialismus seiner Zeit. Freud analysiert psychische Abläufe als **Mechanismen**. Er betrachtet und ordnet sie gleich chemisch-physikalischen Reaktionen im Körperhaushalt. Seine Psyche hat keinen Anteil an der Ewigkeit. Sie ist ein naturgesetzliches Attribut des Körpers, das Produkt einer neu entdeckten Mechanik, die aus dem brodelnden Hexenkessel der Triebe mit Energie gespeist wird. Die Wissenschaft von dieser Mechanik nennt Freud **Psychologie**. Es ist eine Psychologie **ohne** Seele, ohne Daseinssinn, ohne opfernde, verklärende Liebe, ohne Hoffnung; der kalten zergliedernden Vernunft."*[(55)]

Und weiter:
*„Die Gefahr liegt auf der Hand: Der Mechanismus ist neutral. Er kennt keinen Wertbegriff, kein Gut und Böse. Die Maschine lässt sich testen, steuern, schalten, manipulieren. Man kann sie programmieren. Konsequent weiterentwickelt wäre das Endergebnis dieser Ideen der **manipulierte Mensch**, ‚höchste' Instanz einer trostlosen Umwelt, die er (der Mensch) in der Hybris seines Fortschrittdenkens mit Hilfe von Wissenschaft und Technik bedenkenlos von Grund auf verändert und der er letztlich selbst zum Opfer fällt."*[(56)]

Durch Freud kam zwar die Traumforschung wieder zu Ehren, aber dass Träume nicht nur dem Vergangenheitsreservoir unseres Unterbewusstseins entstammen, sondern auch durch transzendentale (jenseitige) Einflüsse bewirkt sein können, lehnte er vehement ab. Ebenso hielt er prophetische Träume für unmöglich.

Es verdient betont zu werden, dass Freud sich als bekennender Atheist gab. Religion war für ihn *„eine die ganze Menschheit umfassende Zwangsneurose"*. In seinem Buch *„Totem und Tabu"* ist auch *Gott* lediglich *„eine Projektion von verbannten Wünschen oder verdrängten Ängsten"*![57]

Nun, unter Freudianern gibt es auch heute kaum Zweifel an dieser „Wahrheit". Religiöser Glaube gilt nach wie vor als kollektive Neurose, wovon man die Leute befreien müsse. Eine Psychoanalytikerin erklärte, wer gegen diese Schulmeinung verstoße, gelte in Fachkreisen schnell als suspekt, und *„wenn Klienten religiöse Themen ansprechen, müssen wir in den Ausstand treten und den Pfarrer holen"*. – Wobei dann zu befürchten steht, dass der Klient vom Regen in die Traufe gerät...

Sigmund Freud verstand Verdrängung als eine Form des Vergessens, die als Abwehrmechanismus funktioniert. Unabsichtliches, unfreiwilliges Verdrängen soll vor unerträglich schmerzhaften Erinnerungen schützen. Diese Erinnerungen blieben jedoch unterschwellig anwesend und erzeugten Krankheit. Die Krankheit werde geheilt, wenn die Erinnerung – etwa durch *Hypnose* – bewusst wird. Bisher hat jedoch die experimentelle Psychologie noch keinen Vorgang dokumentieren können, welcher der Freud'schen Verdrängung entsprechen würde! *„Dazu kommt, dass es zahlreiche Beweise dafür gibt, dass Erinnerungstäuschungen unter Hypnose häufiger sind als im Normalzustand."*[58]

Zu Freuds Irrtümern gehörte ferner seine Fehleinschätzung des Kokains: es wirke leistungssteigernd, besonders in sexueller Hinsicht. In einer 26-seitigen wissenschaftlichen Abhandlung pries er die vermeintlichen Vorzüge der „Wunderdroge", die er unter anderem bei Magenbeschwerden empfahl, bei Anämie (Blutarmut), Schwindsucht und fieberhaften Erkrankungen. *„Die lebensgefährlichen Nachteile des Kokainkonsums übersah er völlig. Das war einer der größten Irrtümer in der Geschichte der modernen Medizin."*[59]

Merkwürdigerweise lehnte Freud für sich selbst eine psychoanalytische Behandlung ab, obwohl er unter einem eingestandenen Ödipuskomplex litt. Jeden aber erklärte er für krank, der seine Theorien kritisierte.[60]

Wenig sympathisch wirkte Freuds stechender Blick. Beim Hypnotisieren mochte ihm dieser von Nutzen sein. Dass er jedoch Behandlungsberichte frisierte und Kranke als gesundet ausgab, sollte man bei einem Mann seines Ansehens nicht vermuten. Der als Paradefall einer Heilung durch Psychoanalyse geltende „Wolfsmann" zum Beispiel sei angeblich bis zu seinem Tode von seinen Therapeuten abhängig gewesen und habe Schweigegelder bekommen.[61]

Auf einer solchen, teils wenig rühmlichen „wissenschaftlichen" Grundlage beruht also die „gängige Rationalität der Psychoanalyse", an die – nach Prof. Dr. Eugen Drewermann – die Religion „angepasst" werden müsse. Und so wird uns denn ständig versichert, die mittelalterliche Vorstellung von jenseitigen Wesen, von Himmel, Hölle und Fegefeuer hätte ihren Ursprung allein im psychischen Bereich des Menschen. „Die Tiefenpsychologie holt alle Götter, Teufel, Engel, Kobolde, Nixen, Feen, Zwerge usw., alle metaphysischen Heerscharen, wieder an ihren Ursprungsort zurück: ins Unbewusste unserer menschlichen Psyche."[62] Der deutsche Psychiater und Sterbeforscher Dr. Michael Schröter-Kunhardt hingegen ist überzeugt, dass religiöses Erleben auf einer biologisch angelegten Matrix beruht, die jenseits der psychoanalytisch erreichbaren Schichten im Unterbewusstsein liegt und in ihrer heilsamen Potenz jede Psychoanalyse übertreffen kann. „Die gängige Rationalität, an die sich viele Theologen krampfhaft anzupassen versuchen, erweist sich demnach als Reduktion der Wirklichkeit."[63]

Christen, die ihren Glauben ernst nehmen, sollten sich über die Tatsache im Klaren sein, dass dieser von der mit Absolutheitsanspruch auftretenden tiefenpsychologischen Betrachtungsweise total relativiert und zerstört wird. Dies gipfelt schließlich in der Beseitigung der Grundlagen christlicher Religiosität: des Glaubens an die Auferstehung Jesu nach seiner Kreuzigung und, damit verbunden, an seine Erlösermission. Dies schönreden zu wollen, wäre unredlich.

Neu sind derlei Gedanken freilich nicht. Schon aus dem 1. Korintherbrief, Kap. 15, geht hervor, dass Zweifel an der Auferstehung Jesu bereits in der Frühzeit des Christentums auftauchten. Als Reaktion darauf sind im NT Stellen zu werten wie Vers 14 und 16, wo es heißt: *„Ist aber Christus nicht auferstanden, so ist unsere Predigt vergeblich, so ist auch euer Glaube vergeblich"* und *„denn so die Toten nicht auferstehen, so ist Christus auch nicht auferstanden".* – Das stimmt. Und *wenn* das so wäre, so wäre die Christenlehre zur Kapitulation gezwungen und müsste sich von der Weltbühne verabschieden.

Anderseits: Kann eine Weltreligion wirklich so völlig grundlos, quasi *„aus heiterem Himmel heraus",* entstanden sein? – Wanderprediger gab es vor, während und nach der Zeit Jesu in großer Zahl. Warum soll nur einer von ihnen so außergewöhnlich gewesen sein, dass er zur Zentralfigur einer neuen Religion werden konnte? Jüdischerseits wird ja die Historizität Jesu durchaus nicht generell abgestritten. Martin Buber beispielsweise hielt Jesus für *„den ehrwürdigsten aller Automessiasse"* (der selbsternannten Messiasse). Es müssen sich damals überaus beeindruckende Dinge ereignet haben, die erhebliches Aufsehen erregten. Beim Weitererzählen über Jahrzehnte hinweg entstanden logischerweise Variationen des Geschilderten, bis man endlich, viel, viel später, schriftliche Aufzeichnungen vornahm.

Möglicherweise sind einige davon auf medialem Wege entstanden. Paulus betont ja selber seine stark mediale Begabung, und die Kapitel 12 und 14 des 1. Korintherbriefes enthalten klare Anweisungen zur praktischen Verwertung solcher charismatischen beziehungsweise göttlichen Gnadengaben bei den Gebetszusammenkünften. Mag in der Überlieferung auch so manches entstellt oder missverstanden worden sein, etwa bezüglich der Wiederkunft Jesu, so bleibt der Christenlehre dennoch das unbestreitbare Verdienst, den Glauben an die Existenz anderer Wesen und Welten, plus dem persönlichen Überleben des Körpertodes und einem Wiedersehen mit geliebten Verstorbenen, zur Glaubens-

Gewissheit erhoben zu haben[64] − zur Gewissheit erhoben aufgrund von vielerlei Erfahrungen und auf der Basis des Saat-Ernte-Gesetzes, das heute dank der Weiterlebensforschung voll bestätigt wird. Deshalb gehört es gegenwärtig zu den folgenschwersten Versäumnissen einer gott- und naturfremd gewordenen Theologie, jene wertvollen Handreichungen, die ihr eine seriöse Grenzbereichsforschung seit nunmehr rund 160 Jahren offeriert, ungeprüft abzulehnen. Gerade jetzt, in einer Zeit staatlich geförderten und kirchlich hilflos hingenommenen christlich-religiösen Glaubensverfalls, sorgen millionenfach erlebte Nahtodes-Erfahrungen für nachdenkenswerte Bestätigungen des uralten Glaubens an Götter und Geister, an Himmel und Hölle, an die Effektivität eines moralischen Gesetzes *in* uns (Kant) und an die Wirklichkeit anderer Welten (und der damit verbundenen Bewusstseinsebenen) außerhalb des Wahrnehmungsbereiches unserer begrenzten Sinne.

Man verstehe mich recht: Mein Bemühen um emotionslose Sachlichkeit und Wahrheit, plus meiner Lebenseinstellung überhaupt, verbietet es mir, über Mitmenschen *„den Stab zu brechen"*. Auch nicht über Mode-Psychologen und -Theologen, welche die Grenzen ihrer geistigen Aufnahmefähigkeit und ihres Wissens irrtümlich für die Grenzen der Wirklichkeit und der Wissenschaft halten. Ebenso wenig erhebe ich mich zum Richter über Leute, an denen das Blut ungezählter zu Tode gequälter Menschen (und auch Tiere) klebt; sie werden den Folgen ihres Tuns nicht entgehen können. Aber es darf nicht verboten sein, *„das Kind beim Namen zu nennen"* und der Wahrheit die Ehre zu geben. Wo dies, sogar unter Strafandrohung, verunmöglicht wird, dort kann von Demokratie keine Rede sein, denn es fehlt die Grundvoraussetzung eines Rechtsstaates, nämlich der absolute Schutz des hohen Gutes der uns angeborenen Gedanken- und Meinungsfreiheit!

Was jedoch die Gallionsfigur modernistischer Theologie, Prof. Dr. Eugen Drewermann anbelangt, so möchte ich seine Gottgläubigkeit und das Ehrliche seiner reformatorischen Bemühungen allein schon deshalb nicht anzweifeln, weil er in seinem Grundlagenwerk *„Tiefenpsy-*

chologie und Exegese" vom Gott Israels als *Person* spricht und im 2. Band (S. 769) betont, *„dass Gott nicht als Teil der Gesamtheit der menschlichen Psyche verstanden werden darf"*. Es sei daher unbedingt erforderlich, *„jenseits des Meeres des Unbewussten an ein anderes Ufer zu glauben, an dem Gott auf uns wartet"*. Nur: Wenn man in seinem Lehrsystem von vornherein gewisse Lebens- und Studiengebiete ausklammert und es ablehnt, eine solche Forschung überhaupt zur Kenntnis zu nehmen, so gibt man seinen Anspruch, als Wissenschaftler zu gelten, auf. Dasselbe gilt auch für Theologen (wörtlich: Gottesgelehrte): Wenn da einer allen Ernstes erklärt, dass jemand, der behauptet *Engel* gesehen zu haben, *„sehr psychose-gefährdet"* sei, weil Engel nur symbolisch aufzufassen sind, nicht aber als Realität, so bezweifle ich mit gutem Grund seine Kompetenz.[65] Außerdem ist die Frage berechtigt: Wer vermag uns denn zu garantieren, dass die Ideen Drewermanns und seiner Vor- und Mitläufer nicht ebenfalls tiefen-psychologisch zu deuten sind als *„autonom gewordene archetypische Komplexe und querulatorische Impulse ihres von eigenen Vorstellungen geprägten Unterbewusstseins"*? Mit Psychologie kann man ja heutzutage alles und nichts „erklären". – Viele Gegenwartstheologen sollten mal Hiob 8,9 nachschauen. Dort steht: *„Wir sind von gestern her und wissen nichts..."*

Jemand wie Drewermann sollte eigentlich wissen, dass man dem Numinosen (Göttlichen) mit purem Verstandesdenken allein kaum beikommen kann. Grenzbereichstudien (wozu die Sterbeforschung gehört) wären da hilfreicher, plus jenem Weltbild, welches uns – neben der Quantenphysik – auch eine nicht einseitig animistisch ausgerichtete Parapsychologie darbietet. Das andere Extrem (gegenüber modernistischer Theologie), nämlich *„das Opfer des Verstandes"* zu fordern, wie es die Kirchen so lange taten, wäre dann gar nicht mehr nötig.

Aus diesem Grunde wird dem Christentum als Erfahrungsreligion die Zukunft gehören, auch wenn man die Historizität Jesu noch so sehr in Abrede stellen mag. Seine zeitlos gültige Lehre enthält die beste „Gebrauchsanleitung" zur Gestaltung eines mit den Natur- und Geistesgesetzen übereinstimmenden, menschenwürdigen und friedlichen Lebens auf Erden. Denn hinsichtlich ihres ethischen Gehalts war die Christenlehre nichts Neues, wie schon Augustinus bekundete.[66] „Die Sache mit Jesus" kann jedenfalls nicht in einer Handvoll Schafe hütender Analphabeten ihren Ursprung haben, und man kann auch ohne an die Weihnachtsgeschichte zu glauben, ein christusbezogenes Leben führen, wie beispielsweise der Arzt und Theologe Albert Schweitzer. In seinem Buch „Die Geschichte der Leben-Jesu-Forschung" (1951) kam auch er zu dem Ergebnis, dass es um den außerbiblisch-historischen Nachweis der Person des Nazoräers leider schlecht bestellt ist. Dennoch wirkte Schweitzer tatkräftig und vorbildlich als gläubiger Christ, und es wäre ihm wohl nie in den Sinn gekommen zu sagen (wie der Herausgeber des Magazins „Der Spiegel", Rudolf Augstein, in seinem Buch „Jesus Menschensohn"), wir müssten künftig wohl oder übel ohne Religion auskommen...

„Wenn diese schweigen, werden die Steine schreien" (Luk. 19,40) – Nicht nur Wasser speichert Informationen

Seit etlichen Jahren erregt der japanische Forscher Masaru Emoto Aufsehen mit seinen Wasser-Kristallisationsbildern, für deren Zustandekommen er ein spezielles Verfahren entwickelte.[69] Masaru Emoto wurde im Juli 1943 in Yokohama geboren. Er graduierte an der Universität von Yokohama im Fachbereich Sozialwissenschaften mit dem Schwerpunkt Internationale Beziehungen. 1986 gründete er die IHM Corporation in Tokio. Die „Open International University" verlieh ihm 1992 den Doktortitel in Alternativer Medizin. In diesem Zusammenhang erfuhr er von dem in den USA entwickelten Mikrocluster-Wasser und der Technologie der Magnetfeldresonanz-Analyse. Seitdem gilt sein ganzes Streben dem Geheimnis des Wassers. Er entwickelte eine Technik mit Hilfe der Benutzung von leistungsstarken Mikroskopen in einem extrem kalten Raum zusammen mit einer Hochgeschwindigkeits-Kamera, welche ihm ermöglicht, die neu geformten Kristalle von zum Beispiel gefrorenem Wasser zu fotografieren. Seine Erkenntnis:

Gesundes Wasser bildet sechseckige Kristallstrukturen, und krankes Wasser tut dies nicht. Sauberes Quellwasser bildet sehr harmonisch gestaltete Formen, ähnlich den Schneeflocken. Flusswasser hingegen zeigt deutlich die Auswirkungen einer aus dem Lot geratenen Umwelt. Saurer Regen ebenso. Doch nicht nur dies. Wasser reagiert auch auf Töne und Farben, auf gesprochene oder schriftliche Texte, Einzelworte oder Namen, auf Gedanken des Wohlwollens oder der Ablehnung, ebenso auf Gebeten, Segnungen oder Beschimpfungen. Wenn Dr. Emoto konzentrierte Gedanken oder eine ganz bestimmte Musik auf Wasser richtete, so nahmen die Kristalle des später gefrorenen Wassers unterschiedliche Formen an.

So malte er beispielsweise auch die japanischen Schriftzeichen für *Liebe* oder *Hass* auf Wassergläser oder beschallte das Wasser mit Musik, zum Beispiel von Mozart. Im Fall von Heavy-Metal-Musik oder den negativen Worten wurde das Wasser krank. Es gab keine schöne oder überhaupt keine Kristallbildung. So bilden sich auch bei fast allen Leitungswassern, Wasser aus umgekippten Seen oder solchem, das in die Mikrowelle gestellt wurde, asymmetrische Formen, oder es ist einfach nur grau – bei Mozart-Musik dagegen sehr schön. In zehntausenden Versuchen hat Dr. Emoto herausgefunden, dass Wasser aber nicht nur gute und schlechte Informationen, Musik und Worte, sondern auch Gefühle und Bewusstsein speichert. Da der menschliche Körper zu siebzig Prozent aus Wasser besteht, ist klar, dass Heavy Metal den Zuhörer nicht nur krank macht, sondern auch noch geistig stört. Im Umkehrschluss heißt das, dass schöne, harmonische Musik – wie Klassik beispielsweise – Menschen *positiv* beeinflusst, zu einer Genesung führt und glücklicher macht.

Hinzu kommt noch vieles andere: Dank Emotos Verfahren wurde es jedermann möglich, die Trinkwasserqualität erheblich zu verbessern. Vor allem bei dem Wort „Liebe" gibt es herrliche Kristallisationen. Beschimpft man hingegen jemanden oder brüllt ihn im Befehlston an: „Tue das!", so entstehen chaotische Bilder. Belangreich sind auch die Worte „danke" oder „bitte": Egal in welcher Sprache gesprochen oder geschrieben, ergeben sie stets harmonische Kristallformen.

In der Paraforschung wissen wir seit langem, dass nicht nur Wasser Informationen speichert, sondern ebenso die gesamte uns umgebende Natur. Wir kennen dieses vielseitige Phänomen unter der Sammelbezeichnung **Psychometrie**. Dieses Wort entstammt dem Griechischen und bedeutet so viel wie „seelische Messung". Es gab nämlich schon immer Begabte, die vermochten, wenn sie einen Gegenstand anfassten, zutreffende Aussagen zu machen über dessen Geschichte und/oder Besitzer.

Wodurch wird dies ermöglicht? Entströmt allen Dingen eine Art „Strahlungsenergie", die sich der Umgebung holografisch einprägt? „Bio-Photonen" vielleicht, deren Funktionsumfang uns noch unbekannt ist? In fernöstlichen Lehren spricht man seit jeher von der „Akasha-Chronik": In den uns umgebenden ätherischen Schichten wird quasi die gesamte Weltgeschichte, im Großen wie im Kleinen, unauslöschlich gespeichert. An Orten, wo sich Gewalttaten abspielten, kommt es vor, dass späterhin das grausige Geschehen als lückenlose Wiederholung beobachtet wird, zumeist des Nachts. Wir sprechen in solchen Fällen von „Geistertheater".

Hierzu ein Beispiel: In Russland, während des Zweiten Weltkriegs, war eine deutsche Truppe in Stärke von 300 Mann zu einem alten, einsam gelegenen Kloster befohlen worden. Dort hatten sich Partisanen eingerichtet. Die Deutschen stießen in drei Marschkolonnen vor. Sie wurden von einem betagten russischen Förster geführt, der unter dem Zaren gedient hatte und die Gegend gut kannte. Nach einem langen Marsch in glühender Sonne erreichte man gegen Abend das in einer weiten Heidelandschaft gelegene Kloster. Es war aber leer, die Partisanen hatten anscheinend „Wind bekommen".

Das Klostergelände war nicht groß. Die Truppe lagerte des Nachts im umliegenden Bereich, während ein Oberleutnant mit zehn Mann innerhalb der Baulichkeit bleiben sollte. Sie bezogen einen kleinen Raum neben dem Klosterturm und legten sich auf altem Stroh zum Schlafen nieder. Plötzlich begann die Turmuhr zu schlagen, alle wurden wach davon. Als der letzte Schlag verklungen war, begannen die Glocken zu läuten, rasch, als ob sie in großer Angst und Hast geläutet würden. Der Oberleutnant und seine Leute sprangen erschrocken auf, ergriffen ihre Waffen und stürzten in die Kapelle. Das Glockenläuten ging unterdessen unentwegt weiter, und der Offizier wunderte sich, dass die Wachposten draußen keinen Alarm schlugen. Als die Männer die Kapelle betraten, sahen sie zu ihrem großen Erstaunen vorne am Altar, der noch ziemlich gut erhalten war, in einem schwachen, nebelhaften Licht, eine Anzahl Mönche im großen Ornat. Von hinten, von der Empore her, ertönte mehrstimmiger Gesang. Der Oberleutnant wurde nervös. Er schrie: *„Schluss mit dem Zauber!"* und schoss mit seiner Maschinenpistole gegen den Altar. Die Schüsse klangen eigentümlich dünn, wie aus einer kleinen Kinderpistole, und die Mönche vorne kümmerten sich nicht im Geringsten darum!

Der Gottesdienst ging weiter, als wäre nichts geschehen. Leichter Weihrauch-Geruch erfüllte den Raum. Furchtergriffen, bleich und fassungslos standen die Soldaten da, der Offizier starr vor Schreck. Das Glockenläuten dröhnte laut in die Nacht. Auf einmal vernahmen alle ein wüstes Geschrei, Lärm und Stöhnen. Vorne am Altar wogte ein wilder Kampf. Dunkle Gestalten waren plötzlich zwischen den Mönchen. Gebete, verzweifelte Rufe hallten in der Kapelle wider. Die beobachtenden Soldaten fürchteten sich, in ängstlicher Hilflosigkeit umklammerten sie ihre Waffen...

Dann schlug plötzlich die Turmuhr an, einen einzigen schweren Ton: Es war ein Uhr! Das mörderische Getümmel vorn am Alter löste sich auf, Schreie und Glockengeläut verstummten. Es wurde vollkommen still, durch das offene Fenster der Kapelle fiel bleiches Mondlicht in den Raum...

Als die Deutschen am folgenden Morgen das Kloster genau untersuchten, stellten sie verblüfft fest, dass der Turm weder eine Uhr aufwies noch Glocken besaß! Nur vorne, am Altar, waren die Einschüsse aus der Maschinenpistole jenes Oberleutnants deutlich zu sehen. Merkwürdigerweise hatten die Posten im Außengelände des Klosters nichts gemerkt oder gehört. Der russische Förster erzählte sodann, dass dieses Kloster im Revolutionsjahr 1917 eines Nachts, während eines

feierlichen Gottesdienstes, überfallen wurde. Alle Mönche seien nieder-
gemetzelt und das Kloster total geplündert worden. Und am Jahrestag
jenes blutigen Geschehens, so berichtete der Förster, würde sich das
Ganze zur Mitternachtszeit lebensecht wiederholen.[70]

Die Truppe marschierte am nächsten Tag zurück. Nach der Durch-
querung einer Waldlichtung wurde sie aus dem Hinterhalt von Partisanen beschossen. Verwundete gab es keine, aber einen Toten: den Oberleutnant!

Aus den bisher angedeuteten Fakten ist zweifelsfrei die Fähigkeit
der Natur ersichtlich, alles Geschehene zu registrieren und zu spei-
chern. Selbst perfekteste und geheimste Verbrechen werden zu Anklä-
gern gegenüber den Verursachern, denn unsere Weltordnung ist gott-
bezogen-spiritueller Natur − und keine Untat bleibt ohne Sühne. Dies
mögen sich all jene „Teufel in Menschengestalt" hinter ihre Ohren
schreiben, die da meinen, sie dürften sich straflos alles erlauben. Welch
fataler Irrtum! Von drüben, aus der höherstufigen Jenseitswelt, war
einmal zur Baronin Adelma von Vay gesagt worden: Allem negativen
Denken und Tun entsteigt *„ein böses, nachteiliges Fluidum, welches die
Ursache vieler Epidemien und neuer Krankheiten sein wird".* An den
Folgen würden nicht nur die Menschen leiden müssen, sondern *„auch
alle Tiere und Pflanzen empfinden es mit."* Die durch all das falsche
Denken und Tun angezogenen negativen Geistwesen verstärken die
vorhandenen dunklen Energiepotentiale, und das hat − so wird uns
warnend versichert − Rückwirkungen auf die Luft und die Atmosphäre, die *„von unreinen Fluiden geschwängert, nun ihrerseits nachteilig wirkt
auf Mineralien, Pflanzen, Tiere und Menschen".* Unsere gesamte Umwelt, so wird uns gesagt, *„empfindet alles mit, das Üble ebenso wie das
Gute".*

Merkwürdigerweise gelangten viele Nahtod-Erfahrene zu denselben
Einsichten. Ein Beispiel dazu: Bei einer Frau setzte im Stadium tiefen
Friedens ihr Lebensrückblick ein. Sie sagt: *„Nicht wie im Kino, sondern
eher wie ein Wiedererleben jedes Gedankens, der gedacht, jedes Wortes,*

*das gesprochen worden war – und die **Wirkung** der einzelnen Gedanken, Worte und Taten auf alle und jeden, die sich jemals in mein Umfeld, in meinen Einflussbereich begeben hatten, ob ich sie kannte oder nicht, ebenso die Auswirkung der einzelnen Gedanken, Worte oder Taten auf das Wetter, die Luft, den Boden, die Pflanzen und Tiere, das Wasser und auf alles in der Schöpfung, die wir Erde nennen; und auf den Raum, den ich einmal eingenommen hatte."*

Kommen wir aber wieder auf die Psychometrie zurück, also die Tatsache, dass ein Gegenstand Informationen über seinen Besitzer speichert. (Das ist übrigens auch der Grund, weshalb man sich in Second-Hand-Kleidung oft nicht wohlfühlt oder mit dem Schmuck, den bereits ein anderer Mensch getragen hat.) Hierzu ein Beispiel dafür, wie auch *Steine* ein Informationslieferant sein können: Ein seinerzeit sehr bekannter Psychometrist war in Eger (ehemals Sudetenland) ein gewisser Franz Kölbl. An einem bestimmten Kilometerstein in Stadtnähe ereigneten sich fortlaufend Autounfälle. Kölbl ging hin und brach sich von jenem Kilometerstein ein Stückchen ab. Zu Hause experimentierte er mit diesem Steinsplitter und konnte alsbald die letzten Unfälle rekonstruieren. Einige Zeit später geschah an jener Straßenstelle ein neuerlicher Unfall. Das in Kölbls Besitz befindliche Steinstück konnte ihm aber keinen Aufschluss über diesen jüngsten Unfall geben; er musste sich ein neues Stück holen, und dann klappte es! Dieses Steinstückchen hatte – simpel ausgedrückt – den Unfall ,miterlebt', wodurch es dem Psychometristen bildhaft die Szenen jenes Unfalls übermitteln konnte. Von der Verkehrspolizei bekam Kölbl die Richtigkeit des von ihm eruierten Unfallverlaufs bestätigt!

An sich klingt das alles sehr einfach, wie eine Alltäglichkeit. In der Praxis ist das aber nicht so. Es kommt nämlich individuell darauf an, *welche* Informations-Schicht ein Psychometrist erfasst. Im Falle des Kilometersteines war ersichtlich, dass das zuletzt geholte Steinstück auch das Geschehen des neuesten Unfalles ,gespeichert' hatte.

Nun kann es aber vorkommen, dass ein Psychometrist (ja überhaupt ein Medium) nicht die jüngste Informationsschicht anzapft, sondern eine ältere, wie der folgende Fall veranschaulicht: Frau Lotte Plaat war eine sehr bekannte mediale Person, die nie eine wissenschaftliche Prüfung ihrer Fähigkeiten ablehnte. Prof. Dr. Christoph Schröder aus Berlin-Lichterfelde experimentierte mit ihr. Beispielsweise gab er ihr als Induktor die Armbanduhr seiner (nicht anwesenden) Gattin. Er trug diese Uhr an jenem Tage „zufällig", weil seine eigene in Reparatur war. Als Frau Plaat die Uhr in ihre Hand nahm, erwartete Prof. Schröder Aussagen über seine Gattin, denn sie besaß diese Uhr schon seit vielen Jahren. Diese Erwartungshaltung wirkte sich jedoch in keiner Weise aus, denn Frau Plaat begann, einen Mann von mittlerer Größe zu beschreiben, graue Haare, leicht gelockt, Scheitel, beginnende Glatze, Friesenbart, gepflegt, eckige breite Stirn und auffallend hervortretende Backenknochen. Letzteres wiederholte Frau Plaat mehrmals.

Prof. Schröder bemerkte, ein solcher Mann sei ihm unbekannt. Das Medium aber erwiderte, bei ihm zu Hause sei ein Foto dieses Mannes vorhanden. Dies stellte sich erstaunlicherweise als richtig heraus: Bei dem von Frau Plaat beschriebenen Mann handelte es sich um den seinerzeitigen Verkäufer der Uhr! Er hatte im gleichen Hause gewohnt wie die Eltern von Frau Schröder, und sie waren gut miteinander bekannt gewesen. Nur – und das ist der Clou dieser Geschichte –, der Mann war seit 20 Jahren tot, und jene Armbanduhr war vor 26 Jahren gekauft worden!

Ein erheblicher Nachteil der psychometristischen Begabung kann die Tatsache sein, dass das Medium auch alles *spürt*, was mit dem Induktor verbunden ist, also auch körperliche Schmerzen, starke Gemütsbewegungen negativer wie auch positiver Art. Frau Plaat sagte: *„Die Bilder kommen und gehen wie auf einer Kinoleinwand, und wenn ich einen Gegenstand unter verschiedenen anderen auswählen soll, dann ist es mir, als wispere mir eine Stimme ins Ohr, welchen ich wählen soll. Diese Stimme höre ich immer. Ich fühle auch genauso intensiv Schmerzen oder Krankheiten, die mit dem Gegenstand verbunden sind, mit dem ich jeweils arbeite."*

Psychometrisches Hellsehen kann auch durch Hypnose aktiviert werden. Einer der bekanntesten Forscher auf diesem Gebiet war der schwedische Psychiater und Parapsychologe Dr. John Björkhem (1910-1963). Er experimentierte mit mehr als 3.000 Versuchspersonen. Unter anderem gelang ihm einmal die psychometrische Aufklärung eines Kriminalfalles, bei dem ein Mann wegen angeblichen Mordes unschuldig verurteilt worden war. Es handelte sich um den Tod der 53-jährigen Hanna Andersson, Ehefrau des Mühlenbesitzers Nils Andersson, die im Mühlteich von Esarp (in der Nähe von Lund) tot aufgefunden worden war. Ihr um einige Jahre jüngerer Mann, dem Alkohol nicht abgeneigt, reiste mit seiner 18-jährigen Geliebten viel herum, wurde verhaftet und schließlich wegen vorsätzlichen Mordes zu lebenslänglicher Zwangsarbeit verurteilt. Dies, obwohl er ständig seine Unschuld beteuerte und obwohl nicht mit Bestimmtheit festzustellen war, dass die Frau auf gewaltsame Weise ums Leben gekommen war.

Dreizehn Jahre nach dem Tod von Frau Andersson unternahm Prof. Björkhem eines seiner Experimente. Es wurden sechs Gegenstände unterschiedlicher Herkunft in kleine Päckchen gepackt, die man mit den Buchstaben A bis F kennzeichnete. Björkhem versetzte sodann eine weibliche Versuchsperson in hypnotischen Schlaf und forderte sie auf, ein Päckchen auszusuchen, von welchem sie das Empfinden habe, Aussagen über den Inhalt machen zu können. Selbstverständlich war weder Dr. Björkhem noch der Versuchsperson der Päckcheninhalt bekannt.

Die Versuchsperson, eine 50-jährige Fürsorgerin, wählte das Päckchen F. Es enthielt, wie sich später herausstellte, ein Foto der ertrunkenen Hanna Andersson.

Aus Platzgründen gebe ich nur einen kleinen Ausschnitt der protokollierten Aussagen wieder:

„Ein Mann ist in die Geschichte verwickelt, aber er war nicht schuld an ihrem Tod. Er hing an einer anderen, und sie (seine Ehefrau) wusste das. Hieß er so ähnlich wie Nils? Verkaufte er Getreide? Er hatte mit Getreide zu tun. Viele Leute kamen und gingen. Man sprach über ihn. Alle wussten, dass die Ehe aus gewissen Gründen unglücklich war. Sie war etwas älter als er. Sie hatte sich gleichsam seiner angenommen und

ihm geholfen. Ihre Eltern wollten nicht, dass sie ihn nehmen sollte. Sie hat in ihrer Jugend einen gern gehabt, der nach Amerika ging. Nun hat sie ihren Mann mit einer anderen geteilt...
Sie war allein in dem Augenblick als es geschah... Sie lag auf dem Bauch (im Wasser). Es war nahe am Ufer. Sie lag mit dem Gesicht nach unten... Bluse und Rock. Die Bluse passte ihr nicht richtig. Blaue Bluse. Einige Knöpfe sind zugeknöpft, nicht alle. Sehe Kleidungsstücke darunter. Sie war wohl etwas schlampig. Sie war über der Brust aufgedunsen... Schwerer Kampf für sie. War es Selbstmord, und tat es ihr dann leid?"

Das Medium beschrieb sodann unter anderem das ungepflegte Grab jener Frau und die Szene, als die Mordkommission eintraf; ferner, wie die Leiche seziert wurde. Vom Ehemann der Ertrunkenen sagte das Medium:

„Der Mann betrauert sie nicht sonderlich, sie hatte ihn mitunter vernachlässigt. Er findet es peinlich. Er ist nicht schuld an ihrem Tod. Er hat sie nicht hineingestoßen, aber die Umstände sprachen gegen ihn. Ist der Mann krank? Oder wo ist er? Er hat nach wie vor mit ihr zu tun. Irgendwie kommt er nicht von ihr los. Wo ist er? Irgendwo weit weg?"

Nun, zu jenem Zeitpunkt war Nils Andersson bereits 13 Jahre lang inhaftiert, hatte also immer noch *„mit seiner Frau zu tun"*... Ein, zwei Jahre nach diesem Hypnose-Experiment wurde der Fall Andersson gründlich überprüft. Gegen Ende 1947 erfolgte vom obersten schwedischen Gericht der Freispruch. Für die unschuldig erlittene Haftzeit gewährte man ihm 150.000 Kronen Schadenersatz.

Bei dem geschilderten Fall ist – ich betone es nochmals – erstens bemerkenswert, dass weder Dr. Björkhem noch sein Medium wussten, dass jenes Päckchen ein Foto der 1932 umgekommenen Hanna Andersson enthielt. Zweitens ist der Fall Andersson ein klarer Beweis, dass es Psychometrie, Hellsehen usw. wirklich gibt. Drittens ist das Ganze denkbar gut dokumentiert. Somit bleibt den Gegnern parapsychologischer Forschung nichts mehr zu bemäkeln übrig. Mutter Natur hält noch viele Rätsel verborgen...

„Von den Toten ist noch niemand zurückgekommen!"
– Stimmt nicht! Nachtod-Kontakte (NTKs) als neues Feld moderner Weiterlebensforschung

Die mit Frau Dr. med. Elisabeth Kübler-Ross einsetzende wissenschaftliche Untersuchung der „Nahtodes-Erfahrungen" (NTEs) fand in der Öffentlichkeit starke Beachtung. Eine neuere Sparte dieser Forschung sind die ebenfalls und erstaunlich oft vorkommenden „Nachtod-Kontakte" (NTKs): Gestorbene Personen nehmen Kontakt auf mit zurückgelassenen Angehörigen oder Freunden. Der Begriff NTK wurde geprägt von dem US-Ehepaar Bill und Judy Guggenheim, die 1988 mit einer großangelegten Studie begonnen hatten. Damals ahnten sie nicht, mit welcher Lawine von Erfahrungsberichten sie konfrontiert würden! Ein Jahr zuvor schon hatte der in den USA bekannte katholische Priester und Autor Andrew Greeley eine diesbezügliche Befragungsaktion vorgenommen. Demnach geben 42 % der amerikanischen Männer und 67 % der Frauen an, Erlebnisse mit Verstorbenen gehabt zu haben.

Bill Guggenheim war als gewiefter Börsenmakler ehedem ein krasser Materialist. Sein Hauptinteresse galt dem Dow-Jones-Index und profitablen Investitionen. Er bekennt: *Meine Vorstellungen von Leben und Tod ließen sich in aller Kürze zusammenfassen: ‚Wenn du tot bist, bist du tot.'"* Eine TV-Sendung über die Sterbeforscherin Kübler-Ross faszinierte ihn jedoch dermaßen, dass er schließlich – wiewohl mit gemischten Gefühlen – an einem ihrer Seminare teilnahm. Von da an ließ dieses Thema ihn und seine Frau Judy nicht mehr los. Elf Jahre nach jenem Seminar im Frühjahr 1988 hatte Bill ein merkwürdiges Erlebnis: *„Ich hörte im Geist eine Stimme, die zu mir sagte: ‚Führe eigene Untersuchungen durch, und schreib ein Buch. Das ist Deine Aufgabe.'"* Schon einmal, acht Jahre zuvor, an einem Sonntagnachmittag des März 1980, hatte Bill diese geheimnisvolle Stimme im Kopf vernommen: *„Geh hinaus und schau in den Swimmingpool."* Er tat es und sah mit Schrecken seinen kaum zweijährigen Sohn mit dem Gesicht nach oben ein paar Zentimeter unter der Wasseroberfläche treiben. Er bewegte sich nicht, seine

Augen waren weit geöffnet! *„Ich sprang ins Wasser und zog ihn heraus. Er fing sofort an zu weinen und spuckte Wasser. Wie durch ein Wunder war ihm nichts geschehen. Als ich meiner Frau von der Stimme erzählte, wurde uns klar, dass unser kleiner Junge nur Sekunden, bevor mich die Stimme alarmierte, in den Pool gefallen sein musste."*

Bill und Judy hatten also allen Grund, jener mystischen Stimme zu vertrauen und wagten sich schließlich *„mit Zittern und Zagen"* an die Inangriffnahme ihrer weitgefächerten NTK-Studie. Während eines Zeitraums von über sieben Jahren konnten rund 2.000 Menschen zu ihren Nachtod-Kontakten befragt werden. Aus Hochrechnungen ergibt sich, dass rund 10 Millionen Amerikaner eine Nahtodes-*Erfahrung* hatten, mithin „nur" 4 % der Bevölkerung. Der Prozentsatz von Nachtod-*Kontakten* hingegen ist mit zirka 50 Millionen Menschen mindestens fünfmal höher!

Das Buch der Autoren Bill und Judy Guggenheim, *„Trost aus dem Jenseits – Unerwartete Begegnungen mit Verstorbenen"*, mag mit seiner überaus reichhaltigen und phänomenologisch geordneten Fülle an Erfahrungsberichten einmalig sein. Erstmalig ist es allerdings nicht, denn eine mehr als einhundertjährige parapsychologische (früher sagte man „psychische") Forschung hat sehr viel diesbezügliche Literatur hervorgebracht, nur blieb ihr leider die nötige Popularität versagt. Dennoch stellt die Arbeit der Guggenheims eine Pionierleistung dar, die durchaus geeignet wäre, dem philosophischen Primitivmaterialismus in Ost und West den Boden zu entziehen.

Dabei verdient betont zu werden, dass es sich bei den NTKs nicht um Halluzinationen handelt, sondern um *objektive Erfahrungen*, besonders dann, wenn die Erscheinungen von mehreren Beobachtern wahrgenommen wurden. *„Ihre unabhängig voneinander bezeugte Erfahrung ist bis heute der überzeugendste Beweis dafür, dass Nachtod-Kontakte zwischen Verstorbenen und Lebenden tatsächlich stattfinden"*, bemerken die Verfasser. *„Das ist auch die Überzeugung der zweitausend Frauen, Männer und Kinder, die an unserer Befragung teilgenommen haben."* Und an anderer Stelle: *„Ein Nachtod-Kontakt hat Beweiskraft, wenn man durch* *ihn etwas erfährt, das man vorher nicht wusste und nicht in Erfahrung bringen konnte.* "

Auch für diejenigen Leserinnen und Leser, die sich mit der Sterbeforschung bereits näher befassten, enthält das erwähnte Buch noch vielerlei aufschlussreiche und ergänzende Hinweise, ganz abgesehen vom Trostvollen solcher Erfahrungsberichte für all jene Hinterbliebenen, die um einen lieben Menschen trauern. Sie ahnen nicht, dass ihr Trauerschmerz auch die Hinübergegangenen belastet.

Mit freundlicher Erlaubnis der Autoren sei hier folgende Begebenheit wiedergegeben: Helen ist eine Hausfrau aus Alabama. Ihr Sohn Adam starb mit 27 Jahren als Mitglied der Küstenwache bei einem Helikopterunfall, und ihre 20-jährige Nichte Jessica verunglückte fünf Monate später mit dem Auto:

„Nach Adams Tod funktionierte ich nur noch. Ich empfand keinerlei Freude mehr. In mir war ein Loch, eine Leere, und zwar die ganze Zeit über...

Eines Nachmittags, ungefähr zehn Monate nachdem mein Sohn gestorben war, nahm ich eine Tasse heißen Kaffee mit ins Schlafzimmer, um Radio zu hören. Plötzlich erschienen Adam und meine Nichte Jessica Hand in Hand vor mir! Sie waren vollkommen gesund, und ihre Gesichter leuchteten. Sie wirkten absolut lebendig und trugen lange, weiße Gewänder. Ein sanftes Licht umgab sie beide. Sie waren so friedlich und glücklich, sie strahlten geradezu! Adam sagte: ,Hallo, Mutter. Ich liebe dich. Es geht mir gut. Ich bin glücklich, und du wirst eines Tages bei mir sein. Bitte trauere nicht so um mich, Mutter. Gib mich frei. Lass mich gehen...'

Dann sagte Jessica: ,Hallo, Tante Helen. Sag meiner Mutter, dass sie nicht mehr um mich trauern soll. Ich bin glücklich, und dies sollte so geschehen.' Dann gingen sie wieder. Ab diesem Zeitpunkt konnte ich meinen Sohn freigeben. Ich ließ Adam gehen, aber nicht in meiner Erinnerung, (sondern) in meiner Liebe. Mein Erlebnis ließ mich akzeptieren, dass Adam nicht mehr auf dieser Erde ist, sondern eine Stufe von ihr entfernt. Ich habe gelernt, Gott vollkommen zu vertrauen, und jetzt geht es mir gesundheitlich, und überhaupt in jeder Hinsicht, viel besser."

Das Buch „*Trost aus dem Jenseits*" vermag wirklichen Trost zu vermitteln. Zudem ist es einfach und verständlich geschrieben.

Interview mit Judy und Bill Guggenheim, den Autoren des Buches über unerwartete Begegnungen mit Verstorbenen[71]

Einleitung zum Interview: *„Liebe Freunde, die parapsychologische Forschung hat im Verlauf von rund 100 Jahren eine Unmenge an Berichten über Nachtodes-Kontakte (NTKs) gesammelt. Vieles davon wurde veröffentlicht. Dennoch hatte dies keine Auswirkung auf das materialistische Denken der Allgemeinheit. Euer Buch „Hello from Heaven", das seit 1997 auch in deutscher Sprache vorliegt, ist in der Art, wie der Stoff dargeboten wird, von großem Wert: Die kurzen verbindenden und erklärenden Texte zwischen den einzelnen Fallberichten machen das Lesen dieses Buches zum Vergnügen."*

Frage: *„Werden Eurem Buch weitere folgen?"*

Judy: *„Danke für die Anerkennung unserer NTK-Forschungen. Gegenwärtig bereite ich mein zweites Buch vor, in welchem ich meine mehr als zwölfjährige Forschung zusammenfasse. Der Schwerpunkt liegt hier auf den transformativen Wirkungen der NTKs auf das Leben von Betroffenen. Außerdem erweitere ich meine Seminar- und Vortragstätigkeit in aller Welt, um eine Stimme für Menschen zu sein, die zu erkennen beginnen, dass NTKs die Bestätigung sind für die Ewigkeit von Leben und Liebe, mit überwältigenden und überzeugenden Hinweisen, dass wir tatsächlich unseren körperlichen Tod überleben."*

Frage: *„Die Bücher von Elisabeth Kübler-Ross, Raymond Moody, Melvin Morse und anderen Autoren fanden in der Öffentlichkeit große Beachtung. Als Ergänzung und Erweiterung der Berichte über Nahtod-Erfahrungen (NTEs) ist Eure Sammlung von NTK-*

Fällen überaus wertvoll. Gibt es Anzeichen, dass Euer Buch eben-
so populär werden wird? Wurde es bereits in Fremdsprachen über-
setzt?"

Judy: *„Ich bin sowohl persönlich als auch beruflich sehr dankbar für de-*
ren mutige Beiträge auf dem Gebiet des Studiums und der Veröf-
fentlichung ihrer NTE-Forschungen, die vielfach das Bewusstsein
öffneten, sich auf einen Dialog zu den überwältigenden Beweisen
unseres Lebens jenseits des körperlichen Todes einzulassen. Die
Welt verlangt – über die Aussagen unserer religiösen Glaubenssys-
teme hinaus – eindeutig eine Bestätigung, dass wir ewig sind, eine
Bestätigung, die geeignet ist, die Angst vor dem Tod zu lindern
und gleichzeitig die Angst vor dem Leben an sich.
Die Verbreitung unserer ausgedehnten NTK-Forschungen ist sehr
ermutigend, und ihre Ergebnisse sind in dem grundlegenden Buch
‚Hello from Heaven' in der nordamerikanischen Ausgabe nieder-
gelegt, das auch in Großbritannien und in deutscher[72], holländi-
scher, italienischer und japanischer Sprache erhältlich ist. Natür-
lich kann ich die weltweite Verbreitung unseres Buches nicht vor-
aussagen, aber ich bin überzeugt, dass mindestens ein Drittel der
Weltbevölkerung einen NTK gehabt hat – ob die Betroffenen nun
wissen, wie man solche heiligen, spontanen Ereignisse nennt oder
nicht. NTKs kommen viel öfter vor als NTEs, und die Betroffenen
befinden sich zum Zeitpunkt des von einem verstorbenen Angehö-
rigen hergestellten Kontaktes sowohl seelisch als auch körperlich
fast immer bei guter Gesundheit."

Frage: *„Im Zuge des Bekanntwerdens der Sterbeforschung (Thanato-*
logie) entstand als zentrale Informationsstelle die IANDS[73], mit
Gruppen in vielen Ländern. Wird die NTK-Forschung mit der
IANDS fusionieren, oder wird sie sich gesondert organisieren?
Ferner: Besteht Aussicht, dass die NTK-Forschung, ebenso wie die
Thanatologie, auch an Universitäten Eingang findet?"

Judy: *„Ich stelle mir vor, die NTK-Forschung wird durch die kollektive*
Forschung vieler eher für sich alleine stehen und ihre eigene Orga-
nisation gründen, ähnlich der IANDS. Bill und ich gründeten

1988 das ‚NTK-Projekt' als Basis einer solchen Entwicklung. Ich
freue mich auf die Ergebnisse der umfangreichen Forschungen, die
das NTK-Projekt seither angeregt hat und darauf, dass die kollek-
tive Forschung für weitere Studien durch akademische Einrichtun-
gen in aller Welt verfügbar wird. Vorwegnehmend kann ich sagen,
dass unsere NTK-Forschung zum Beispiel an der Universität von
Arizona in Form einer umfangreichen Datenbank von fast 10.000
Berichten aus erster Hand zum wissenschaftlichen Studium ver-
fügbar sein wird."

Frage: *„Gibt es bereits selbständig arbeitende Forschergruppen für NTKs,*
und steht Ihr in Kontakt mit ihnen?"

Judy: *„Außer dem ‚NTK-Projekt' gibt es bisher leider keine eigenständi-*
ge Forschungsgruppe. Es ist jedoch lediglich eine Frage der Zeit, bis
eine solche Forschung weltweit die akademische und wissenschaft-
liche Beachtung erhält, die sie verdient. Wir beabsichtigen, unsere
ausgedehnten NTK-Forschungen weltweit voll verfügbar zu ma-
chen, solange ihnen der Respekt entgegengebracht wird, den sie
verdienen. Die Welt an sich verlangt so schnell wie möglich nach
diesem Wissen, um die Last des Menschen zu erleichtern, welche
die kollektive Angst vor dem Tode allen auferlegt."

Frage: *„Das umfangreiche Material an NTEs und NTKs weist eindeutig*
darauf hin, dass wir

1. *schon vor unserer Geburt existierten;*

2. *dass es nicht gleichgültig ist, wie wir unser Leben gestalten*
   und wie wir uns anderen gegenüber verhalten;

3. *dass die Folgen unserer Lebensweise weit über das Grab*
   hinausreichen. Das Kausalitätsprinzip bleibt wirksam, das
   heißt, wir gestalten täglich, bewusst oder unbewusst, unser
   künftiges Schicksal nach dem körperlichen Tode.

Von der sich daraus ergebenden Ethik her stellen diese Forschungs-
ergebnisse eine Brücke dar zwischen Naturwissenschaft und Reli-
gion. Seid Ihr optimistisch und glaubt Ihr, dass endlich auch die
Kirchen den Wert dieser Forschungen erkennen und nutzen?"

Judy: *„Es ist ermutigend, dass die NTK-Forschung derzeit bei so vielen* *der etablierten Weltreligionen angenommen wird, die römisch-katholische Kirche eingeschlossen. Natürlich lassen NTKs alle religiösen, sozialen, ideologischen und kulturellen Grenzen hinter sich, durch die Berichte aus erster Hand von Menschen aus allen Lebensbereichen, angefangen von sehr kleinen Kindern bis zu betagten Menschen. Das sind überzeugende Hinweise darauf, dass unsere religiösen oder nichtreligiösen Ansichten keinerlei Barrieren darstellen, um einen NTK zu erfahren. Selbst Atheisten haben NTKs, doch müssen sie dann einen Kontext für diese Erfahrung finden, von der sie wissen, dass sie echt war. Tatsache ist, dass nur ein einziger NTK dazu anregen kann, nach einem spirituellen Verständnis des Lebens zu suchen, sowohl sozial als auch religiös. Jedoch zeigt weder die NTK- noch die NTE-Forschung unbedingt, dass wir bereits vor unserer Geburt existieren. Und doch macht die ‚Vorgeburts-Forschung‘, wie sie von Dr. Brian Weiss in seinen Studien über frühere Leben betrieben wird, diese Theorie glaubwürdig, ganz zu schweigen von den Prinzipien der Reinkarnation. Gewiss regen sowohl NTEs als auch NTKs uns an, unser Leben mit umfassenderem spirituellen Bewusstsein zu gestalten; ob hier auf Erden oder jenseits des irdischen Lebens, in der Erkenntnis, dass Leben und Liebe tatsächlich ewig sind. Durch solches Hinweismaterial wird es wahrscheinlicher, dass die religiöse und die wissenschaftlich-akademische Gemeinde einen gemeinsamen Boden für die Zustimmung in Bezug auf das Überleben unseres Bewusstseins jenseits des körperlichen Todes finden werden.“*

Frage: *„Thanatologie und NTK-Forschung führen zu einem neuen Denken. Dieses neue Denken wäre geeignet, sowohl das Leben des Einzelnen als auch das der Gesellschaft, in spirituell positivem Sinne zu reformieren. Die Folge müsste eine spürbare Humanisierung der allgemeinen Verhältnisse sein, weil kriminellem Handeln sowie geld- und machtgierigem Denken mehr und mehr der Nährboden verloren ginge. Ist es für einen solchen dringend notwendigen Gesinnungswandel nicht schon zu spät? Oder seht Ihr beiden die Zukunft weniger pessimistisch?“*

Judy: *„Vielleicht bin ich einer der wenigen Optimisten, doch ist solch ein Optimismus nicht auf Wunschdenken meinerseits begründet. Ich hatte das Privileg, persönlich die Wandlung tausender Menschen durch nur einen NTK oder ein NTE mitzuerleben. Der denkende Mensch hat sich immer danach gesehnt, seine Wurzeln zu erkennen, sowohl kulturell als auch spirituell, und die Erfahrung eines NTK ist nur ein Weg zu einer solchen Horizonterweiterung. Nach meinem Verständnis schaffen wir in unserem Dasein unsere eigene Wirklichkeit, aufgrund unserer individuellen Wahrnehmungen und geformt durch die ‚Filter‘ unserer persönlichen Erfahrungen und Lernprozesse. Heute ist es mit den verfügbaren Massenkommunikations-Technologien jederzeit möglich, eine kollektive Bewusstseinserweiterung zu bewirken. Glücklicherweise stehen NTKs – genau wie NTEs – selten im Widerspruch zu religiösen Glaubensvorstellungen und erlauben daher eine völlige Integration des neuen Wissens. Es wird unser Leben beträchtlich erleichtern, wenn wir den Tod nicht länger als Ende unseres Daseins fürchten und ganz sicher wissen, dass wir ewig sind, genauso wie unsere geliebten Familienangehörigen und Freunde. "*

R.P.: *„Herzlichen Dank für dieses Interview, liebe Freunde, und viel Erfolg bei Eurer segensreichen Arbeit!"*

Jenseitskontakte? – Vorsicht!

Was man jetzt unter dem Sammelbegriff *Spiritismus* versteht, das gab es gewiss zu allen Zeiten und bei allen Völkerschaften, nämlich den Wunsch, mit den Geistern Verstorbener in Verbindung zu kommen oder andere unsichtbare Wesenheiten für persönliche Belange einzuspannen. Soweit man hierzu nicht selbst über die erforderlichen Fähigkeiten (zum Beispiel Hellsichtigkeit) verfügt, pflegt man entsprechend befähigte Leute, sogenannte *Medien*, zu konsultieren.

Nun, so verständlich es sein mag, dass trauernde Hinterbliebene nichts inniger ersehnen als ein trostvolles Lebenszeichen von schmerzlich vermissten Verstorbenen, so sollten dennoch die mit einem eventuellen Jenseitsverkehr verbundenen Gefahren bekannt sein und nicht unterschätzt werden – Gefahren, von denen Kontaktanbietende samt deren Kunden meist wenig bis gar keine Ahnung haben.

Eines der größten Risiken ist, mit dem Gesindel der Zwischenzonen niederer Astralwelt-Bereiche in Fühlung zu geraten oder gar mit dämonischen Kräften. Warnungen vor leichtsinnigen Experimenten (z.B. Ouija-Brett oder Gläserrücken) sind daher mehr als berechtigt. Selbst wenn keinerlei Interesse vorliegt für Esoterik, Medien oder Parapsychologie, kann man böse Überraschungen erleben.[74]

Zum alten Gezänk „pro und kontra Spiritismus" sei hier lediglich gesagt: Jedes Wissensgebiet verdient ein seriöses, das heißt unvoreingenommenes Studium. Grob unterscheiden wir zwischen dem ethisch verwerflichen *niederen* und dem ethisch *höheren* Spiritismus. Zu Letzterem gehört der sogenannte *romanische Spiritismus* nach Allan Kardec (1804-1869), der mit geschätzten 50 Millionen organisierten Anhängern speziell in Brasilien vertreten ist.[75] Das Zitieren Verstorbener wie überhaupt magische Praktiken unterbleiben hierbei. Konsequent steht man auf dem Boden des NT, mit einem wesentlichen Unterschied: Im 12. und 14. Kapitel des ersten Korintherbriefes finden sich jene Gnaden- respektive Geistesgaben angeführt, die bei den frühen Christen beziehungsweise deren Gebetszusammenkünften eine wichtige Rolle spielten. Man nennt sie heute „charismatische" Begabungen, wie Heilen, Weissagen, in ungelernten Sprachen reden, mediales Sprechen und Predigen, Geister-Unterscheidung und anderes mehr, was geradezu zur Legitimation ihres Christseins diente. Es gab keine studierten Theologen unter ihnen, und trotz schlimmer Verfolgungen gediehen ihre Gemeinden. Man bedenke: Zu den Frühchristen gehörten die ärmsten der Armen und Rechtlosen; wie hätten sie sich halten und entfalten können, ohne die „Zeichen und Wunder" der charismatischen Begabungen und Vorkommnisse? Unterbewusstseins-Theorien waren damals noch nicht erfunden. Auch Wunschdenken spielt keineswegs immer jene Rolle, die Neunmalkluge ihm heute so gerne zuschreiben.

Als Beispiel diene hier die Aussage meines Freundes Wilhelm Otto Roesermueller, der im Kreise ernsthafter Forscher oft Gelegenheit zum

Experimentieren mit teils hervorragenden Medien bekam. Er berichtet: *„Das erschütterndste Erlebnis hatte ich, als sich meine liebe verstorbene Mutter materialisierte. Beim ersten Wiedersehen weinte sie vor Freude und küsste mich."* – Die Gestalt seiner Mutter leuchtete von innen heraus, und er könnte alle Einzelheiten an ihr erkennen. Ihre Sprache und ihr Tonfall seien unverkennbar gewesen. Dies geschah ein Jahr nach ihrem Abscheiden von unserer Welt. *„Mein Vater, der 1918 gestorben war und den ich sehnlichst herbeiwünschte, erschien mir in keiner einzigen Sitzung und bei keinem der Medien, obwohl ich diesen Wunsch immer wieder vorbrachte. Wenn also das Unterbewusstsein (dieses parapsychologische ‚Mädchen für alles'), die Ursache solcher Manifestationen sein soll, so hätte doch wenigstens **einmal** in meinem langen Leben dieser, mein sehnlichster Wunsch Erfüllung finden müssen!"*

Mit bischöflicher Erlaubnis besuchte der katholische Theologe Prof. Dr. Peter Hohenwarter 33 Sitzungen bei dem Kopenhagener Materialisationsmedium Einar Nielsen (1894-1965). Am 10. April 1961 bildeten sich aus einem Nebel heraus 18 menschliche Gestalten hintereinander. Viele waren den Teilnehmern bereits bekannt, da sie schon öfters erschienen waren. Im Laufe der rund 50 Jahre, in denen Nielsen seine Medialität ausübte, ereigneten sich an die 20.000 Materialisationen! Hat sich die Schulwissenschaft um dieses Phänomen je gekümmert? Nein! Das ist kein Ruhmesblatt für die „wertfreie" Wissenschaft! Zu Recht meinte Prof. Hohenwarter: *„Selbst wenn es außer Nielsen kein anderes Materialisationsmedium seiner Art gegeben hätte, so wäre allein durch die bei ihm identifizierten Phantomgestalten*[76] *der Beweis für das persönliche Weiterleben nach dem körperlichen Tode tausendfach erbracht worden!"*

In den Fällen Roesermueller sowie Hohenwarter waren die geschilderten Begebenheiten von deutlich positivem Charakter. Aber auch bei lebensecht voll ausgebildeten Phantomgestalten, soweit es sich nicht um gestorbene Verwandte oder Bekannte handelt, kann man raffiniertes Getäuschtwerden nicht grundsätzlich ausschließen.

Einen krassen Fall dieser Art schildert der seinerzeit recht bekannt gewesene britische Schriftsteller Godfrey Raupert. Er war befreundet mit dem damaligen Kardinal Vaughan, dem Erzbischof von Westminster. Dessen Privatsekretär, ein junger Priester, besuchte spiritistische Sitzungen. Nach dem Tode des Kardinals erlebte dieser junge Monsignore während einer Experimentalsitzung im Hause eines Generals das vollmaterialisierte Erscheinen des gestorbenen Kardinals Vaughan!

Die Phantomgestalt ging sogleich auf den Privatsekretär zu und sprach: *„Ich habe eine wichtige Mitteilung zu machen: Was ich in meinem Erdenleben gelehrt habe, ist nicht wahr. Ich erkannte dies sogleich bei meinem Eintritt in die Welt, in der ich jetzt lebe. Sagen Sie jedermann, dass Sie mich gesprochen haben, und teilen Sie das Gesagte mit."* Damit verschwand das Phantom. Es erschienen dann andere und plauderten mit Sitzungsteilnehmern.

Verständlicherweise hatte das Erlebte den jungen Monsignore tief beeindruckt, und so versuchte er von da an, Beweise dafür zu erlangen, dass es sich wirklich um den verstorbenen Kardinal handelte. Er zog einen älteren Prälaten ins Vertrauen, der jahrelang Berater jenes Kardinals gewesen war. Von ihm erhielt er leihweise das rote Käppchen des Kardinals. Bei der folgenden Sitzung verstaute er es in seiner Rocktasche, ohne jemandem etwas davon zu sagen. Das Phantom erschien wie gewöhnlich, ging auf ihn zu und sagte: *„Wie ich sehe, haben Sie da etwas in der Tasche, das mir gehört."* Die Gestalt des Kardinals öffnete den Rock des Priesters, zog aus der Innentasche das Käppi heraus und setzte es sich auf. Darauf folgte die Auflösung des Phantoms, und die Kopfbedeckung fiel zu Boden.

Um nun wirklich unumstößliche Beweise zur Identität des jenseitigen Kardinals zu erlangen, stellte der Privatsekretär bei der nächsten Gelegenheit Fragen an das Phantom; Fragen über eine Angelegenheit, über die nur drei Personen Bescheid wussten: der Kardinal, sein Privatsekretär (eben jener junge Monsignore) und der damalige britische Katholikenführer, der Herzog von Norfolk. Doch das Phantom beantwortete alle Fragen in einer Weise, die keinen Zweifel mehr an der Identität des verstorbenen Kardinals ließen. Damit brach für den jungen Kleriker sein katholischer Glaube zusammen, denn jetzt glaubte er auch alles andere, was das Phantom gesagt hatte. Er trat aus seiner Kirche aus und zog sich als überzeugter Spiritist ins Privatleben zurück.

Eines Tages jedoch stellte sich die ernüchternde Tatsache heraus, dass das Ganze wohl eine dämonische Inszenierung von Lügengeistern gewesen war! Näheres vermochte Raupert nicht in Erfahrung zu bringen. Details sind leider nicht bekannt. Der nunmehrige Ex-Priester teilte ihm brieflich nur kurz mit, dass ihn nichts mehr in der Welt veranlassen könne, *„mit dem Spiritismus weiter etwas zu tun zu haben"*. Raupert selbst war langjähriges Mitglied der angesehenen britischen Gesellschaft für psychische Forschung. Als anglikanischer Geistlicher trat er zum Katholizismus über, stand in Beziehungen zu engsten Kreisen Londons und zu hohen kirchlichen (katholischen) Kreisen. Auf Anregung von Kardinal Vaughan gab er Vorträge über die Gefahren des Spiritismus an katholischen Priesterseminaren und – auf Wunsch von Papst Pius X., mit dem er persönlich bekannt war – auch an katholischen US-Universitäten. Raupert hielt mediale Jenseitskontakte für dämonisch.

Ein anderer Geistlicher praktizierte das sogenannte *Automatische Schreiben*. Anfänglich erhielt er Mitteilungen von ethisch einwandfreier Qualität. Bald jedoch änderte sich dies, und er vernahm Stimmen um sich herum. Nun bekam er es mit der Angst zu tun. Verzweifelt versuchte er, von diesen Einflüssen loszukommen, aber es war zu spät. Es stellte sich auch noch Hellsichtigkeit ein, so dass der Bedauernswerte die Quälgeister sehen konnte, die ihn Tag und Nacht beschimpften und schikanierten. Er starb in einer Nervenheilanstalt.

Eine Frau aus Graz widmete sich ebenfalls der Schreibmedialität. Jahrelang empfing sie auf diesem Wege nützliche Ratschläge für ihren Alltag. Sie besaß eine schöne Wohnung. Eines Tages bekam sie die Anweisung, sie solle ihren ganzen Besitz verkaufen und nichts behalten als die Kleider am Leibe. Von dem Erlös solle sie Lotterie-Lose kaufen und nur so viel Geld behalten, wie sie für zwei Wochen zum Leben braucht. Wenn sie Vertrauen habe und diesen Rat befolge, so werde sie den Hauptgewinn erzielen.

Gutgläubig tat jene Frau, was ihr empfohlen worden war und fiel völliger Verzweiflung anheim, als sie bei der Ziehung keinen Groschen gewann! Ein Nervenzusammenbruch war die Folge, sie kam ins Spital und starb nach einigen Monaten. Zuvor hatte sie sich noch einmal zum medialen Schreiben hingesetzt und gefragt, warum sie so belogen worden sei. Die höhnische Antwort lautete: *„Jahrelang habe ich Dir gedient, um Dich in Sicherheit zu wiegen, habe Worte von Frieden und Glück usw. geschrieben. Ich gab Dir gute Ratschläge, die sich bewährten. Nun aber hatte ich endlich Gelegenheit, Dich zu verderben!"* – Sollte dies alles ihrem Unterbewusstsein entstammen? Dies glaube wer mag!

Ein junger Mann schrieb mir, er sei durch die Mutter eines Freundes mit Methoden zur Herstellung von Jenseitskontakten bekannt geworden. Die Frau hantierte zumeist mit dem Pendel. Die Familie distanzierte sich bald von ihrem Tun und – schwupp – meldete sich „Jesus" persönlich! Er versicherte ihr, sie sei etwas Besonderes und er, Jesus, habe sie auserwählt...[77] Jene Frau vernachlässigte mehr und mehr ihre Familie. Sie saß fast nur noch an ihrem Schreibtisch und plauderte, via Pendel, mit ihrem *„lieben Jesus"*. Resolut streifte sie eines Morgens ihren Ehering vom Finger und erklärte ihrem verblüfften Mann, sie sei nunmehr die Gattin von Jesus! – Wie es in diesem Fall weiterging, weiß ich nicht.

Bei einem Schweizer Schokolade-Fabrikanten lernte ich Frau Hilde M. kennen, die davon überzeugt war, per Pendel nicht nur mit UFOs in Verbindung zu sein, sondern auch mit Erzengel Michael höchstpersönlich. Dessen forsche Befehle sandte sie auftragsgemäß an Spitzenpolitiker. Als sie es zu arg trieb, griff die Polizei ein.

Und ein Mann namens Othmar E. wollte einmal von seinem Pendel wissen, woher beziehungsweise von wem die Antworten auf gestellte Fragen kommen. Der überraschende und wenig schmeichelhafte Bescheid lautete: *„Von Dir selber, Du Aff!"*

Man verstehe mich recht: Mir geht es nicht um das Verteufeln von Leuten oder Geistesrichtungen, die anderer Meinung sind als ich. Das steht mir nicht zu; aber es entspricht letztlich den Aspekten der Nächstenliebe, vor Gefahren zu warnen, die mit der Ausübung spiritistischer, magischer, schamanistischer oder artverwandter Praktiken verbunden sein können. Man verzichte auch auf das Erlernenwollen des sogenannten *Astralwanderns*. Gemeint ist hiermit die Fähigkeit, bewusst seinen Körper zeitweilig verlassen und in ihn zurückkehren zu können. Selbst ein geübter Mann auf diesem Gebiet, der US-Amerikaner Robert A. Monroe, dessen Bücher in viele Sprachen übersetzt wurden, warnt davor und gibt zu, mitunter in Panik geraten zu sein, wenn es bei der Rückkehr in seinen Körper erhebliche Schwierigkeiten gab. Ungewollt zog es ihn zum Beispiel in den Leib eines Schwerkranken, der im Sterben lag, was sehr schmerzhaft gewesen sei. Den erfahrungsgemäß zuverlässigsten Schutz, auch im Alltagsleben überhaupt, schafft man sich durch Gottvertrauen und Gebet. Besonders für Seelsorge und Befreiungsdienst ist dies von größter Wichtigkeit.

Begegnung mit dem gestorbenen Vater

Frau Josefine P. in H. berichtet:
„Eines Abends ging ich durch die beleuchteten Straßen nach Hause. Viele Leute waren unterwegs. Plötzlich stutze ich: Dieser Mann, der mir entgegenkommt, scheint mir bekannt. Es ist... um Gottes Willen, narren mich die Sinne? Das ist ja, wahrhaftig, mein Vater! Wie kommt er hierher? Unsinn! Mein armer Vater ist doch vor zwei Jahren gestorben! – Jetzt geht er an mir vorüber. Er sieht mich gar nicht. Einige Zeit stehe ich wie erstarrt, dann laufe ich heim, um es Mutter zu erzählen. Ich eile die Treppe hinauf, betrete die Küche. Meine Mutter sitzt am Tisch und schaut fragend auf, weil ich die Tür so hastig aufgerissen habe. Und neben der Mutter, auf einem Stuhl, da sitzt mein Vater!
Endlich finde ich die Sprache wieder und stoße hervor: ‚Aber Vater, du bist doch tot!' – Er blickt zur Mutter hin und antwortet leise: ‚Ja, ich gehe auch gleich wieder. Ich wollte dir nur sagen, dass ich bald jemanden holen muss, der dir lieb ist.' Nach diesen Worten steht er langsam auf und entfernt sich lautlos. ‚Mit wem hast du denn gesprochen?', fragt Mutter erstaunt. ‚Mit wem? Ja, hast du denn Vater nicht gesehen? Da stand er doch! Soeben ist er weggegangen.' – ‚Der Vater ist doch tot.

Wie kannst du nur so daherreden!' Sie ist erzürnt, meine gute Mutter, und ich kann sie nicht überzeugen von dem, was ich doch mit eigenen Augen gesehen habe. – Viele Tage blieb ich beunruhigt durch den eigentümlichen Blick, den der Verstorbene meiner Mutter zugeworfen hatte. Sollte ich auch sie noch verlieren?

Aber es kam alles ganz anders. Ich erlitt einen Verlust, der mich ebenso schmerzlich traf: Mein Mann, mit dem ich in guter Ehe zusammengelebt hatte und der im völlig erschöpften Zustand aus der Kriegsgefangenschaft zurückgekehrt war, wurde ernstlich krank. Dann starb er in meinen Armen, ohne Schmerzen, wie ein Kerzenlicht, das sanft erlischt. Und jetzt wusste ich auch, was der Vater gemeint hatte!

Lange Zeit später, an einem Sommerabend, saß ich allein in der Küche und sann vor mich hin. Da plötzlich kam mein verstorbener Mann zur Tür herein, ganz ruhig, als müsste das so sein. Er setzte sich mir gegenüber und schaute mir freundlich in die Augen. Auch seine Hände spürte ich, die er mir auf den Arm legte. Seltsamerweise empfand ich dabei keinerlei Furcht. Dann fragte ich ihn etwas, worüber ich mir schon lange Gedanken machte: ,Wie war das damals eigentlich, als du starbst. Hast du da Schmerzen verspürt?' – Er schüttelte den Kopf und sagte: ,Nein, Schmerzen hab' ich keine gehabt. Ich hörte dich reden, und auf einmal hörte ich nichts mehr. Ich schlief ein. Es war ganz einfach.' Danach stand er auf und entfernte sich, indem er mir zum Abschied lächelnd zunickte."

Hier darf angenommen werden, dass Frau P. die Erscheinungen ihres Vaters und ihres Gatten hellsichtig wahrnahm. Das erforderliche Energiefeld beim Abschied von Letzterem ließ anscheinend keine längere Dauer zu. Dennoch war das Erlebte für sie beweiskräftig genug, um vom Weiterleben nach dem körperlichen Sterben überzeugt zu sein.

Abgestürzter Flieger warnte

Nach dem Ersten Weltkrieg war Adrienne Bolland eine bekannte Pilotin, zumal sie die Vorarbeiten leistete für die Einrichtung einer regelmäßigen Fluglinie über die Anden. An dieser Aufgabe waren bereits fünf Piloten gescheitert und abgestürzt. Karl S. lernte Madame Bolland in einem Hotel in Rio de Janeiro kennen. Bei ihren Gesprächen kamen sie irgendwie mal auf übersinnliche Phänomene zu sprechen, und als Frau Bolland das große Interesse hierfür bei Herrn S. bemerkte, schilderte sie ihm ein seltsames Erlebnis, welches sie vor der riskanten Überquerung der Anden hatte:

„Ich war fest entschlossen, die mir gestellte Aufgabe zu lösen. Aber je näher der Tag des Starts heranrückte, um so unruhiger wurde ich. Das Schicksal der fünf Abgestürzten stand mir plötzlich mahnend vor Augen."

An einem Nachmittag bekam sie den Besuch einer ihr unbekannten Frau. Ohne Umschweife erklärte ihr diese:

„Ich will Ihnen sagen, dass Sie Ihr Vorhaben gut zum Erfolg führen können. Wenn Sie beim Flug ungefähr die halbe Strecke zurückgelegt haben, sehen Sie unter sich einen See, der die Form einer Auster hat. Dieser See liegt am Ende eines Tales, das nach rechts abbiegt. Wenn Sie diesem Tale folgen, sind Sie verloren. So starben die fünf Piloten, die nicht zurückkehrten. Drehen Sie nach **links** *ab, in Richtung eines hohen Berges, der Ihnen zu hoch erscheint, um ihn überfliegen zu können. Da tut sich zu Ihrer Rechten ein Einschnitt auf. Wagen Sie es: Sie können dort hindurchfliegen."* Die Frau schloss mit den Worten: *„Ich übergebe Ihnen hier ein Päckchen, das Sie erst nach Ihrer Rückkehr öffnen dürfen. Es wird alles gut gehen, wenn Sie auf das hören, was ich Ihnen sage."*

Und, es kam haargenau so, wie diese Frau gesagt hatte.
„Ich sah den See in Form einer Auster. Ich flog nicht nach rechts, sondern nach links. Ich sah vor mir den Riesenberg und dann die Bresche, welche mir vorher nicht sichtbar werden konnte und die auf keiner Karte eingezeichnet war. Ich flog hindurch. Auf der anderen Seite lag in Sichtweite Santiago de Chile. Das war mein Erfolg, das war mein Sieg!"

Als Madame Bolland nach Rio zurückgekehrt war, öffnete sie das Päckchen. Es enthielt unter anderem die Adresse jener Frau. Kurz: Die Betreffende war stark medial veranlagt (in Brasilien durchaus keine Seltenheit) und erklärte, einer jener Piloten, der beim Andenflug den Tod fand, habe gebeten, Frau Bolland seine Angaben zu übermitteln. *„Seien Sie froh, dass Sie auf diesen Rat, der aus einer anderen Welt für Sie gegeben wurde, hörten."*

Ein verhinderter Mord

Von hellsichtig veranlagten Personen ist bekannt, dass ihre Schauungen im Zustand körperlicher Starrheit auftreten, oder ihre Augen bekommen einen starren, wie geistesabwesenden Ausdruck. Beim berühmten seherisch veranlagten bayerischen Brunnenbauer Alois Irlmaier (1895-1959) war dies der Fall.

In der folgenden Begebenheit war jedoch – mit dem Auftreten des „starren Blickes" – zugleich ein Körper-Austritt verbunden[78]: Mit einem Freund befand sich ein etwa 50-jähriger Architekt in einer Gaststätte. Mitten im Gespräch wurde er plötzlich kreidebleich. Er vermochte sich nicht mehr zu bewegen und starrte minutenlang mit glanzlosen Augen in eine bestimmte Richtung. Noch ganz verstört verlangte er die Rechnung, und beide verließen das Lokal. Auf der Straße erzählte sodann der Architekt seinem Freund, er habe im Hause soeben etwas Furchtbares gesehen: Es sei ihm gewesen, er befände sich in einem Zimmer des Gebäudes, wo ein Mann auf dem Bett saß, mit dem Gesicht zum Fenster hin. Im Rahmen der Zimmertür stand eine Frau, die mit einem Revolver auf den nichtsahnenden Mann zielte. Und plötzlich habe er, der Architekt, wieder neben seinem Freund in der Gaststube gesessen...

Dem Mann ließ es keine Ruhe. Wenig später fühlte er sich gleichsam getrieben, jenes Gasthaus noch einmal aufzusuchen. Im Treppenflur begegnete er einer Frau. Als die ihn sah, fiel sie vor ihm auf die Knie und bat mit gefalteten Händen eindringlich, niemandem etwas von dem

Vorfall zu sagen; sie habe die beabsichtigte Tat ja unterlassen, weil er sie gewarnt habe zu schießen!

Zu dieser Begebenheit fehlt mir die Angabe, ob der Architekt öfters derlei Zustände (AKEs) zu erleben pflegte. Aber das tut nichts zur Sache. Es hat sich jedenfalls nicht um spontan auftretendes Hellsehen gehandelt, sondern um ein ganz reales außerkörperliches Erleben und Handeln. Dabei verdichtete (materialisierte) sich der Astralkörper des Architekten so stark, dass jene Frau ihn im Treppenhaus wiedererkannte.

Heroischer Kinderglaube im Gottlosen-Regime

Wer die Schrecken der Religionsverfolgung in den ehemaligen Ostblockstaaten miterlebt hat, kann von erlebten Wundern berichten, über die man im rationalistischen Westen ungläubig lächelt. *„In dieser Hinsicht gleichen gewisse Katholiken bei euch im Westen unseren Kommunisten"*, sagte Pater Norbert. *„Das Wunder, alles Wunderbare, ärgert sie. Und dennoch antwortet Gott den Listen der Hölle mit Gaben, die an die Kirche der Apostel erinnern."*

Als Zeuge der ungarischen Erhebung 1956 und einer der letzten, denen die Flucht gelang, trug sein von Leiden und Entbehrungen gezeichnetes Gesicht noch deutlich die Spuren schrecklichen Erlebens. Er wirkte verkrampft und voller Misstrauen gegenüber dem westlichen Journalisten, der ihn im Flüchtlingslager zu einem Interview aufsuchte. Einige von vielen unglaublich klingenden Berichten vom Widerstand gegen den antireligiösen Kampf der übermächtigen kommunistischen Partei enthält das Buch *„Die Ikone – Tatsachen aus der Kirche des Schweigens"* von Maria Winowska.[79]

In dem folgenden, gekürzt wiedergegebenen Tatsachenbericht geht es um die heroische Haltung gottgläubiger Kinder (Orts- und Personennamen wurden geändert).

„Es geschah in Ungarn, wo die Wahrheit teuer zu stehen kommt..., zum Preis des Blutes", erzählt Pater Norbert, *„in einem Städtchen von*

rund 1.500 Einwohnern. Die Lehrerin der Gemeindeschule war kämpferische Atheistin. Ihr ganzer Unterricht entsprach einer der Hauptforderungen des marxistischen dialektischen Materialismus: Gott muss beseitigt werden! Sie benützte jede Gelegenheit, um unsere Religion zu verspotten. Mit allen Mitteln wollte sie den Gottglauben in den Herzen der Kinder zerstören. Die verschüchterten Kinder wagten nicht, sich zu verteidigen.

In der 4. Klasse A war ein Mädchen von zehn Jahren mit dem Namen Angela. Sehr begabt, war sie immer Klassenerste. Sie besaß ein goldenes Herz, war immer zu allen nett und hilfsbereit."

Eines Tages bat Angela den Pater, jeden Tag zur hl. Kommunion gehen zu dürfen. Der Pater warnte sie vor möglichen unangenehmen Folgen für sie, aber sie erwiderte: *„Sie verlangen von mir, dass ich allen ein gutes Beispiel gebe. Dazu brauche ich Kraft. Ich bin mutiger, wenn ich die Kommunion erhalten habe."* So erhielt sie denn die erbetene Erlaubnis, aber von da an wurde ihr seitens der Lehrerin das Leben zur Hölle gemacht. Auch wenn sie ihre Aufgaben noch so gut erledigte, wurde sie von ihr gescholten und geplagt. Das Kind hielt sich tapfer, wurde aber rasch bleicher, erzählte Pater Norbert.

„Ich war voller Bewunderung für solch eine Tapferkeit. Und nicht Angela beklagte sich, sondern ihre Klassengefährtinnen erzählten mir weinend, wie das Kind täglich schikaniert wurde. Da an den Aufgaben nichts auszusetzen war, versuchte die Lehrerin den Gottglauben des Kindes ins Wanken zu bringen. Die Gegner waren sehr ungleich. Angela fand keine Antworten auf die heftigen Angriffe der Lehrerin, die das Unterrichtsprogramm vergaß und vor den Schülerinnen den ganzen Wust der Gottlosenpropaganda ausbreitete. Das Kind stand mit gesenktem Haupt da und unterdrückte die Tränen.

Vom November an verwandelten sich die Schulstunden in der 4A in scharfe Duelle zwischen der Lehrerin und dem zehnjährigen Mädchen. Voller Angst riefen mich die Mitschülerinnen um Hilfe. Was sollte ich tun? Die Lage noch verschlimmern? Gott sei Dank gab Angela nicht nach. Wir konnten nur noch beten, aus ganzem Herzen beten!...

181

Die Geschichte wurde im Städtchen und in der Umgebung herumgeflü-
stert. Niemand tadelte mich, weil ich Angela das tägliche Kommunizie-
ren erlaubt hatte. Es war für niemand ein Geheimnis, dass die Lehrerin
in diesem zarten Mädchen ein jedem Christen gehörendes Gut treffen
wollte, das Gut des Gottglaubens. Selbst Angelas Eltern ermunterten
die Kleine, durchzuhalten. Von einem Tag zum andern wurde sie zur
Hauptperson der Gegend. Jedermann bewunderte ihren Mut! Sie allein
war sich ihrer Tapferkeit nicht bewusst. Sie fühlte sich gedemütigt durch
ihre Unfähigkeit, sich zu verteidigen und Beweise zur Rechtfertigung
ihres Glaubens zu finden. Kurz vor Weihnachten, am 17. Dezember,
erfand die Lehrerin ein neues, grausames Spiel, das nach ihrer Auffas-
sung dem alten Aberglauben, der die Schule ‚verpestete‘, den Todesstoß
versetzen sollte. Das Ereignis verdient, in allen Einzelheiten wiederge-
geben zu werden.“

Angela war natürlich wieder der Angriffspunkt. Die Lehrerin befragte sie mit süßer Stimme: *„Höre, mein Kind, wenn die Eltern Dich rufen,*
was machst Du?“ „Ich gehorche“, erwiderte Angela schüchtern. *„Gewiss,*
Du hörst sie rufen, und Du gehst rasch zu ihnen, wie ein braves folgsames
Kind. Und was geschieht, wenn die Eltern den Kaminfeger rufen?“ „Der
kommt“, antwortete Angela. Ihr Herz schlug zum Brechen; sie ahnte
eine Falle, doch erkannte sie sie nicht. *„Gut, mein Kind, der Kaminfeger*
kommt, weil er existiert.“ Einen Augenblick herrschte Schweigen. *„Du*
gehst hin, weil Du da bist, weil Du existierst. Aber nehmen wir an, dass
Deine Eltern den Großvater rufen, der gestorben ist. Wird er kommen?“
„Nein, ich glaube nicht.“ – „Bravo! Und wenn sie Rübezahl rufen? Oder
Rotkäppchen? Oder den Gestiefelten Kater? Du hast Märchen gern, nicht
wahr? Was geschieht dann?“ – „Niemand wird kommen, denn das sind
Erfindungen.“
Angela hob ihren hellen Blick, senkte ihn aber sogleich wieder. *„Ihre*
Augen taten mir weh“, erklärte sie später dem Pater. Die Befragung ging
weiter: *„Sehr gut, sehr gut!“,* triumphierte die Lehrerin. *„Wirklich, Dein*
Denken macht Fortschritte. Ihr seht also, Kinder, dass die Lebenden, die-
jenigen, welche existieren, auf den Ruf kommen. Jene aber kommen nicht,

die nicht leben oder die aufgehört haben zu leben. Ist das klar?" „Ja", antwortete die ganze Klasse.

„Gut, jetzt machen wir ein kleines Experiment." Sie wandte sich an Angela. „Geh' vor die Tür, mein Kind!" Das Mädchen verließ zögernd die Bank. Die Tür schloss sich schwer hinter der zarten Gestalt. „Und jetzt, Kinder, ruft sie herbei!" – „Angela, Angela!", schrien die Kinderstimmen aus Leibeskräften. Angela trat ein, mehr und mehr bekümmert. Die Lehrerin genoss die erzielte Wirkung. Die Kinder waren geneigt, an ein Spiel zu glauben. „Haben wir nun alle verstanden?", fragte sie. „Wenn ihr einen Menschen ruft, der existiert, so kommt er. Wenn ihr jemanden ruft, der nicht vorhanden ist, so kommt er nicht, weil er nicht kommen kann. Angela besteht aus Fleisch und Blut, sie lebt, sie hört. Wenn man sie ruft, dann kommt sie. Nehmen wir nun an, ihr ruft das Jesuskind herbei. Glaubt jemand von euch noch an das Jesuskind?" Einige der Kinder antworteten schüchtern: „Ja."

„Und Du, mein Kind, glaubst Du, dass das Jesuskind dich hört, wenn Du es rufst?" Angela fühlte sich erleichtert. Das war die Falle! Sie erwiderte mit tiefer Überzeugung: „Ja, ich glaube, dass es mich hört!"

„Gut, sehr gut! Wir werden das nun untersuchen. Ihr habt gesehen, wie Angela hereingekommen ist, als wir sie riefen. Wenn das Jesuskind existiert, so hört es euren Ruf. Ruft also alle zusammen so stark ihr könnt: Komm, Jesuskind, komm! Alle zusammen, eins, zwei drei!" – Die Mädchen senkten die Köpfe. Im angstvollen Schweigen ertönte ein teuflisches Lachen: „Genau auf das habe ich hingezielt! Das ist der Beweis! Ihr wagt nicht, es herzurufen, weil ihr nur zu gut wisst, dass euer Jesuskind nicht kommen wird. Es hört euch nicht, weil es ebenso wenig existiert wie Rübezahl oder der Gestiefelte Kater! Weil es eine Erfindung ist, ein Märchen, das niemand ernst nimmt, nicht wahr?"

Die Kinder waren entsetzt. Keines sagte ein Wort. Das grobe, plumpe Vorgehen traf sie mitten ins Herz... Angela blieb stehen, bleich wie eine Tote. Die Lehrerin freute sich an der Verwirrung der Mädchen. Plötzlich geschah etwas völlig Unerwartetes. Mit einem Sprung stand Angela mitten unter den Schülerinnen. Mit glühenden Augen rief sie aus: „*Wir wollen es herbeirufen. Versteht ihr mich? Alle zusammen: Komm, Jesuskind!*" Im Nu erhoben sich die Mädchen. Mit gefalteten Händen und flehenden Blicken, die Herzen voll unendlicher Hoffnung, begannen sie zu bitten: „*Komm, Jesuskind! Komm, Jesuskind!*"

Die Lehrerin war überrascht. Unbewusst trat sie etwas zurück und heftete ihren Blick auf Angela. Ein paar Sekunden herrschte dumpfes Schweigen. Dann erklang das helle, kristallene Stimmchen von neuem: „*Noch einmal, noch einmal!*" – Der Pater bemerkt: „*„Wir schrien als müssten wir Mauern umwerfen', sagte mir eines der Mädchen. Angst, im Augenblick bezwungener, aber zum Weiternagen bereiter Zweifel, das Gefühl der Zusammengehörigkeit, das unter dem Impuls einer Kameradin, die sich als Führerin offenbarte, aufgeweckt worden war, alles das wirkte zusammen: Es fehlte nur die Erwartung eines Wunders. ‚Ich rief, aber ich erwartete nichts Ungewöhnliches', gestand mir eines der Kinder.*"

Und da geschah es. Die Mädchen blickten nicht auf die Tür; sie schauten auf die gegenüberliegende Wand und an der weißen Wand auf Angela. Die Tür aber öffnete sich lautlos! Sie bemerkten es, denn das ganze Tageslicht strömte zur Türe hin. Das Licht wurde stärker und stärker und verwandelte sich in eine feurige Kugel. Da bekamen die Kinder Angst, aber alles vollzog sich so rasch, dass sie keine Zeit fanden zu schreien. Die Kugel öffnete sich, ein Kind erschien darin, schön, wie sie noch keines gesehen hatten. Das Kind lächelte ihnen zu, ohne ein Wort zu sagen. Die Kinder empfanden keine Angst mehr, es herrschte nur noch Freude! Es dauerte... einen Augenblick..., eine Viertelstunde... oder noch länger? – Sonderbar, darüber gingen die Aussagen auseinander. Tatsache ist, dass das Ereignis die Dauer der Schulstunde nicht überschritt.

Das Kind war „*weiß gekleidet und glich einer kleinen Sonne*". „*Es hat das Licht hervorgebracht*" (Das Licht ging also von der Erscheinung selbst aus.) Das Tageslicht erschien wie schwarz daneben. Einige Mädchen waren geblendet, ihnen schmerzten die Augen. Andere betrachteten die Erscheinung des Kindes unbehindert. Dann verschwand es in der Lichtkugel, die *„langsam, langsam schmolz".* Die Mädchen, von Freude überflutet, vermochten kein Wort hervorzubringen...

Plötzlich zerriss ein greller Schrei die Stille. Fahl, die Augen traten ihr aus den Höhlen, rief die Lehrerin: *„Es ist gekommen! Es ist gekommen!"* Darauf floh sie aus dem Raum und schlug die Tür hinter sich zu. Angela schien wie aus einem Traum zu erwachen. Sie sagte nur: *„Seht ihr, es hat uns gehört! Und jetzt wollen wir danken!"* – Alle knieten nieder und beteten ein Vaterunser, ein Ave-Maria und ein Gloria. Dann verließen sie das Klassenzimmer, denn es läutete zur Pause. Pater Norbert ergänzt: *„Das Ereignis wurde natürlich bekannt. Ich befragte die Kinder einzeln. Ich darf unter Eid erklären, dass ich in ihren Aussagen nicht den geringsten Widerspruch gefunden habe."*

Die Lehrerin musste in eine Irrenanstalt verbracht werden. Pater Norbert versuchte mehrmals, sie zu besuchen. Priestern wurde jedoch der Zutritt verweigert. Angela beendete die Schule. Als ältestes Kind einer großen Familie wurde sie zur Stütze ihrer Mutter.

Die Begebenheit selbst spielte sich im Rahmen des Gewahrwerdens einer höheren Realität ab. Mit Massenhalluzination oder unbewusster Selbsthypnose hat das Geschehen absolut nichts zu tun. Jene feurige Lichtkugel war das Ergebnis eines Energie-Verdichtungsprozesses, welcher die Erscheinung des Jesuskindes ermöglichte. Es würde zu weit führen, das Phänomen der Licht- oder Feuerkugelerscheinungen – vom Erfahrungswissen her – näher zu erläutern. Und es wäre vergebliche Liebesmüh', Besserwissern klarmachen zu wollen, dass es reale Welten gibt, die für unsere Sinne zwar nicht wahrnehmbar, aber dennoch vorhanden sind.

Die schrecklichen Christenverfolgungen in betont atheistisch regierten Staaten wurden von westlichen Massenmedien weitgehend verschwiegen. Warum? Und weshalb hört man jetzt fast nichts über die Christenverfolgungen in muslimischen Ländern? Ist den christlichen

Kirchen das Leiden ihrer Glaubensgeschwister völlig egal? – Alexander Jakowlew, Vorsitzender der Moskauer Regierungskommission zur Rehabilitierung der Opfer politischer Unterdrückung, gab bekannt, dass zwischen 1917 und 1985 rund 200.000 Geistliche umgebracht und etwa 300.000 in Zwangsarbeitslager verbracht wurden. Er sagte: *„Die Tatsachen beeindruckten mich auf schreckliche Art und Weise. Popen und Mönche wurden an Kirchentüren gekreuzigt, erschossen, stranguliert und im Winter solange mit Wasser übergossen, bis sie zu Eissäulen erstarrt waren."* – In einem Kommentar hierzu heißt es: *„Lenin, der rote Zar, hat mehr Blut zu verantworten als überhaupt vorstellbar ist. Vor seinem Tod hat er Tisch und Stühle für seine Untaten um Vergebung angefleht."* Stalin sagte 1928 auf einem atheistischen Kongress: *„Gebt mir einige Jahre Zeit, und ich zeige euch den letzten Christen!"* – Und jetzt? Jetzt erklingt auch wieder im „Mütterchen Russland" der frohe Oster-Morgengruß: *„Christus ist auferstanden: Er ist wahrhaftig auferstanden."*[80]

Ja, es geschehen auch heute noch „Zeichen und Wunder" – zumeist in der Stille, und sofern sie überhaupt bekannt werden, finden sie keinen Glauben. Dies gilt auch für die folgende wahre Begebenheit, die wir dem vormaligen Wiener Rittmeister Hermann Medinger verdanken. Mit ihm stand ich in Korrespondenzverbindung. Ihm wurde eine Reihe ganz außergewöhnlicher Erlebnisse zuteil, und ich weiß, dass er die Wahrheit sprach. Die folgende Begebenheit passt inhaltlich zu der schier unglaubwürdigen Begebenheit mit dem Mädchen Angela.

Das falsche und das echte Christkindl – Eine unvergessliche Weichnachtserinnerung

Hermann Medinger erzählt:

„Wo sind die schönen Tage unserer Kindheit? Sie liegen weit zurück! Aber einmal im Jahr erstehen sie jedem von uns, dessen Herz noch nicht ganz verhärtet ist, deutlich vor seinem geistigen Auge wieder, nämlich zur Weihnachtszeit! Vor vielen Jahrzehnten erlebte ich im Advent ein ebenso seltsames wie wunderschönes Mysterium. Die Jahre

186

vergingen darüber, und manchen Heiligen Abend brachte ich hinter mich: Weihnachten im Felde zur Zeit des Ersten Weltkrieges, dann in der Heimat, manches Mal schön und weihevoll, dann auch hungernd und frierend zur unseligen Bomben- und Nachkriegszeit des Zweiten Weltkrieges. Aber immer wurde mir das Fest durch die Erinnerung an mein selbsterlebtes Weihnachtsmärchen vor sechzig Jahren, von dem ich nun erzählen will, verschönert.

Schon wiederholt erzählte ich von meiner ausgesprochenen Hellsichtigkeit als kleiner Bub. Die meisten Kinder, die von der sogenannten ,Erziehung' verschont, also unverbildet bleiben, das heißt ihre Phantasie behalten dürfen, verfügen zum Großteil über mediale Fähigkeiten und haben ,Gesichte', die sie aber, aus Misstrauen und Angst, von den Erwachsenen verlacht zu werden, sorgfältig verschweigen. So war es auch bei mir der Fall. Im Alter von fünf Jahren bekam ich eine französische Erzieherin. Sie stammte aus der französischen Schweiz und hieß Caroline Todeschini. In Liebe denke ich noch heute an diese ebenso sympathische wie gütige ,Mademoiselle' mit ihren heilenden Händen!

*Das war vor sehr langer Zeit, 60 Jahre zogen seither ins Land. Heute weilt sie nicht mehr unter den Lebenden. Nun, diese Erzieherin verstand es, wie später niemand mehr im Leben, mein Herz zu erschließen und, selbst sehr phantasiereich und medial veranlagt, meine ersten bewussten Schritte in die übersinnliche Welt zu leiten. Es war Weihnachtszeit, kurz vor der Jahrhundertwende; man schrieb 1898. In unserem Hause waren große Weihnachtsvorbereitungen im Gange. Ich selbst aber brannte nur darauf, das Christkind zu sehen! Dieser inbrünstige Wunsch beschäftigte mich mehr als alle zu erwartenden Geschenke. Meine Erzieherin wollte mir diesen ,Wunsch' erfüllen und kam, weiß gekleidet und verschleiert, mit einem Kranz von Engelshaaren auf dem Kopf und einem kleinen Glöckchen nachts zu mir in mein Kinderzimmer. Im Scheine des Nachtlichtchens konnte ich sie natürlich nicht erkennen und war von dieser geheimnisvollen Erscheinung so tief beeindruckt, dass ich laut das ,Vaterunser' zu beten begann! Da vernahm ich unvermittelt ein **überirdisches Rauschen**, und abermals erschien, diesmal aber scheinbar aus dem ,Nichts' kommend, ätherisch, durchsichtig*

*und strahlend, **eine zweite weiße Gestalt** von derartiger Schönheit, dass ich wie verzaubert war!*
Da erbebte das zuerst gekommene ‚Christkindl' heftig, fiel vor der himmlischen Erscheinung auf die Knie und entschleierte sich. Erst da erkannte ich das erschrockene Antlitz meiner Gouvernante. Eine Weile knieten wir beide vor der Lichtgestalt, die den ganzen Raum erhellte. Nachdem sie uns gesegnet hatte, verschwand sie, indem sie sich scheinbar in einen Nebel auflöste, der Fräulein Todeschini vollkommen verhüllte. Wir waren unendlich glücklich und leicht-beschwingt.

*‚Siehst Du, mein Kind', sagte das Fräulein zu mir, ‚ich wollte Dir eine Freude bereiten und Dir das Christkind zeigen. Ich hatte mich daher verkleidet. Aber nun ging unser beider sehnlichster Wunsch wirklich in Erfüllung. Das **wahre Christkind** ist zu uns gekommen!'*
Zu niemandem ließ ich damals jemals ein Sterbenswörtchen über dieses schöne Erlebnis verlauten. Wir beide hüteten dieses mystische Geheimnis sorgfältig in unserer Brust. Erst heute, nach 60 Jahren, drängt es mich, dasselbe zu lüften.
Wen wir damals allerdings schauten, ist mir bis heute nicht ganz klar. Vielleicht war dies das Christkind oder aber ein anderes lichtes Geisteswesen. Es könnte auch der ausgetretene Astralleib der Erzieherin gewesen sein. Jedenfalls war es mein schönstes Weihnachtserlebnis: Ein Weihnachtsmärchen, das ich nie vergessen werde!"

Kurzkommentar: Hier handelte es sich um einen Materialisationsvorgang (Verdichtungs-Prozess), wie er auf unterschiedlichste Weise geschehen kann. Das hierzu erforderliche Energiepotential lieferte unbewusst die stark medial veranlagte Erzieherin. Die Auflösung der Lichtgestalt in eine Art *Nebel*, der die Schweizerin *„vollkommen verhüllte"*, verdeutlicht das Zurückströmen der abgegebenen Energien zu ihrem physiologischen Ursprung.

Unbegrenzte Weiterlebensforschung

An sich erfasste die bisherige Forschung hauptsächlich jene Nahtod-Erfahrungen, die den Betroffenen selber widerfuhren. Die hieraus abzuleitende Beweiskraft des inzwischen enorm angewachsenen Studienmaterials reicht allerdings völlig aus, um von unserem individuellen Fortleben nach dem Sterbe-Prozess überzeugt zu sein. Wer es besser zu wissen meint, werde selig damit.

Nun eröffnete Dr. Raymond Moody[81] überraschende Ausblicke, die unseren diesbezüglichen Kenntniskreis noch erheblich erweitern können: das persönliche Zugegensein und Miterleben des Hinüberganges Sterbender, einschließlich des Mitbetrachtens ihrer Lebensrückschau. Örtlich befindet man sich quasi *„halb hier, halb drüben"*, gemeinsam mit der sterbenden Person. In Ermangelung eines besseren Begriffes spricht Moody hier von „empathischen" Erlebnissen mit Sterbenden.[82]

Der Begriff „empathisch" ist insofern unzutreffend, als es nicht davon abhängt, ob jemand, der dies in aller Klarheit und vollbewusst erlebt, *„die Bereitschaft und Fähigkeit, sich in die Einstellung anderer Menschen einzufühlen"* besitzt oder nicht. Beispielsweise erzählt eine Frau, sie habe beim Sterben ihres Mannes dessen „Lebensfilm" miterlebt! Visuell verschwand für sie das Spitalzimmer, und rund um sie und ihren Gatten erstrahlte ein helles weißes Licht. In der darauf folgenden Lebensrückschau betrachteten und begutachteten beide ihr Erdendasein. Zwischendurch sah die Frau sich selbst (auf der physischen Ebene), wie sie den leblosen Körper ihres Mannes in den Armen hielt.

Nachdem Dr. Moody immer mehr solcher Begebenheiten geschildert worden waren, begann er, die Berichte zu sammeln und zu vergleichen. Das Phänomen als solches fällt völlig aus dem Rahmen üblicher NTEs, und die Betroffenen erwarteten von ihm Erklärungen, die er nicht zu geben vermochte. Bald erfuhr er von Fällen, wo *mehrere* Personen sich (unbewusst) in den Sterbeprozess „einklinkten". Zwei Schwestern beispielsweise, die solches am Sterbebett ihrer Mutter erlebten: „*Was wir sahen*", erklärte die eine, „*war so real, dass wir dachten, wir wären **auch** gestorben.*"

Eines Tages nun geschah das, womit Dr. Moody am wenigsten gerechnet hatte: Beim Tode seiner krebskranken Mutter wurde ihm selbst, samt seinen Angehörigen, ein „empathisches" Erlebnis besagter Art zuteil! Zuletzt umstanden sechs Angehörige das Bett der im Sterben Liegenden. Als es sichtlich dem Ende zuging, hielten sie sich an den Händen. Plötzlich schien das Krankenzimmer seine bauliche Form zu verändern. Vier von den sechs Anverwandten hatten das Empfinden, als würden sie nach oben schweben. Da erblickte eine der Schwestern den verstorbenen Vater am Bettende: „*Da ist Papa! Er ist wiedergekommen, um sie abzuholen.*" – Und anstatt schmerzlicher Trauer, bemächtigte sich der Anwesenden eine befreiende, tiefe *Freude*! „*Wir waren*", beendet Dr. Moody seinen Bericht, „*den halben Weg zum Himmel mit unserer Mutter mitgegangen.*"

Bemerkenswert in dieser Erzählung ist, dass nicht *allen* Beteiligten das außergewöhnliche Erleben beschieden war. Ob vielleicht ein gewisser Grad an Medialität hierzu erforderlich sein mag? – Wir wissen es nicht.

Dem bekannten Sterbeforscher Bernard Jakoby erzählte eine Dame von ihrem „Mitsterben" beim Tode ihres Vaters: Nach vielen Tagen, die sie am Krankenbett verbracht hatte, begab sie sich völlig erschöpft nach Hause. Als sie am nächsten Tag gegen 10 Uhr erwachte, sah sie ihren Vater quicklebendig auf sich zukommen! – Sie umarmten sich, und ihr Vater nahm sie an der Hand. Gemeinsam gelangten sie durch eine Art Tunnel in ein wunderbares Licht. Es schien ganz aus Liebe zu bestehen! Ihr Vater winkte ihr noch einmal zu und ging in das Licht hinein... Kurz nachdem die Tochter zu sich gekommen war, erreichte sie telefonisch die Mitteilung, dass ihr Vater um 10 Uhr gestorben sei.

Das miterlebende Begleiten von Sterbenden bis zum Tunelausgang oder gar darüber hinaus stellt *eine neue Phase der modernen Weiterlebensforschung* dar. Hierdurch entfallen Lieblingsargumente gegen die

190

Realität von Nahtod-Erfahrungen wie Sauerstoffmangel im Gehirn oder Kohlendioxidspiegel und Ähnliches. Genauso unwichtig wird die Frage, ob Nahtod-Erlebende wirklich „tot" waren oder nicht. Weitere Forschungsergebnisse werden eine erhebliche Grenzausdehnung unseres Kenntis- und Erkenntniskreises zur Folge haben, und wir können mit Goethes „Faust" ausrufen: *„Zu neuen Ufern lockt ein neuer Tag!"*

Zelle West 4/36 – Fragen an Gevatter Tod
Eine kurze Rückschau auf meinen Weg

Wussten Sie, dass man wegen politischer Witze 25 Jahre Zuchthaus bekommen kann? – Doch! In Diktaturen gilt so etwas als Schwerverbrechen, nach § 58/10 des sowjetischen Strafgesetzbuches ebenfalls. Mir und Tausenden anderen ist das passiert! Aber wir hatten „Glück": Statt der üblichen Todesstrafe gab es ersatzweise „nur" 25 Jahre Zuchthaus oder Zwangsarbeitslager... Noch ein weiteres „Verbrechen" trug zu diesem Urteil bei: Im naiven Glauben an die von den Siegern gebrachte Demokratie, sammelte ich als Heimatvertriebener Unterschriften bei anderen Betroffenen für eine Eingabe an die UNO, mit der Bitte, doch eine eventuelle Rückführung von Vertriebenen in ihre Heimat erwägen zu wollen. Mit Mühe und Not, und meinem bisschen Gottvertrauen, hab ich's überlebt – zumeist in Zelle West 4/36 im „Speziallager 4", nach dem Kriege, in Bautzen. „Gelbes Elend" wurde der aus gelben Backsteinen errichtete Zuchthauskomplex genannt, konzipiert für 1.200 Häftlinge, überbelegt mit mehr als 7.000 Menschen – auch Frauen –, hermetisch abgeschottet von der Außenwelt. Für die Angehörigen galten wir als verschollen. Tausende starben, bevor sie nach Sibirien verfrachtet werden konnten. Nachts in Massengräbern verscharrt, beschleunigte Chlorkalk die Zersetzung ihrer Leiber. Was aber geschah mit ihren Seelen? Haben wir überhaupt eine? Und wenn ja: Stirbt sie mitsamt dem Körper? Liberale Theologen behaupten das...

Zwei Jahre verschärfte Isolierhaft, Hunger, plus einem Jahr Einzelhaft und die ständige Konfrontation mit dem Tod, bewirken zwangsläufig die Frage: *„Was ist der Tod eigentlich?"* Bedeutet er das absolute

Ende unserer Persönlichkeit, oder folgt noch etwas nach? Worin besteht der *Sinn* unseres Lebens und Leidens? Und letztlich: Gibt es überhaupt einen Gott, wie die Kirchen ihn lehren? Noch dazu einen „Gott der Liebe"?

Das waren bohrende, quälende Fragen, die mich bewegten. Doch niemand vermochte, sie plausibel zu beantworten, auch nicht die dafür zuständigen (mitgefangenen) Theologen und Seelsorger. Wessen Gottglaube in solcher Lage nicht stark genug ist, dem bleiben nur Trostlosigkeit und Verzweiflung! Vermögen Sie, liebe Leserin, lieber Leser, sich vorzustellen und nachzuempfinden, wie furchtbar lang ein Tag sein kann, eine Woche, ein Monat, ein Jahr − ohne Tätigkeit, ohne etwas lesen zu können; ohne Menschenrechte; quasi lebendig begraben; die Fenster verbarrikadiert; nur ein kleiner Streifen Himmels zu sehen. Die Zelle Nr. 4/36 war eine Ein-Mann-Zelle, belegt mit vier Gefangenen, in der Ecke der stinkende Notdurftkübel. Hin- und Herlaufen war nur abwechselnd möglich, sieben Schritte. Der Gesprächsstoff geht allmählich aus, wenn jeder seinen Lebensverlauf erzählt hat oder seine Pläne für die Zukunft, sofern er eine haben sollte...

Wohl an die hunderttausendmal während der sieben Jahre Strafgefangenschaft, stellte ich mir eine überraschende Freilassung vor, das Nachhausekommen in unsere karge Flüchtlingswohnung, das Wiedersehen mit der (invaliden) „Mutti", die mich großzog. Ob sie noch lebt? Und was wurde aus ihrem kleinen Flüchtlingsmädchen, das sie aufnahm, obwohl sie selbst kurz vor der Heimatvertreibung stand?

1955 packte mich eine typische Lagerkrankheit. Erfahrungsgemäß signalisierte sie das nahe Ende. Auf der Holzpritsche liegend, sagte ich zu Sepp Klass, einem Kameraden aus Westdeutschland: *„Wenn es einen Herrgott gibt, so müsste er sehen, wie es mir jetzt geht." − „Ja",* erwiderte Sepp, *„das müsste er sehen".* Zwei Tage später kam ich plötzlich frei!

Der Neubeginn in Westdeutschland wurde hart. Ich besaß nur, was ich am Leibe trug (es gab nur 36 Mark Unterstützung pro Woche), und mehrere Spitalaufenthalte folgten. Bald jedoch machte ich mich auf die Suche nach Antworten auf die Sinnfragen unseres Daseins, vor allem nach Aufklärung über den Sterbevorgang und das Wesen des allgemein so sehr gefürchteten Todes. Fündig wurde ich schließlich in den Grenzwissenschaften, wie sie von der Parapsychologie erfasst und untersucht werden. An der päpstlichen Lateranuniversität in Rom wurde 1969 ein diesbezüglicher Lehrstuhl eingerichtet. Dessen Forschungsergebnisse lässt die Kirche leider ungenutzt, obwohl sie gerade in unserer Zeit der allgemeinen ethischen Orientierungslosigkeit sehr hilfreich sein könnten.

Was nun „die Sache mit *Gott*" anbelangt, so bin ich heute nicht mehr auf Vermutungen und blindes Glaubenmüssen angewiesen. Gott sei Dank! Zwar ist die Beweisführung mehr von indirekter (deduktiver) Art, aber streng logisch. Dass alles rein „zufällig" aus sich selbst entstanden sein soll, mag glauben wer will. In unserer unheilvollen Zeit wäre eine *Wiederbesinnung auf das Wesentliche* dringlich geboten. Dazu gehört vor allem die Abkehr vom rein materialistisch ichbezogenen Profitdenken. Laut Pascual Jordan ist der Materialismus zu einem naturwissenschaftlich begründeten Irrtum geworden. Um jedoch ihr Machtsystem, zu welchem gezielte Volksverdummung gehört, nicht zu gefährden, versuchen die Verantwortlichen zu verhindern, dass das von Parapsychologie und Quantenphysik erarbeitete neue Welt- und Menschenbild ins öffentliche Interesse rücken kann. Die Quantenphysik hat ja vor allem den Primat der Materie ad absurdum geführt. Demnach ist nicht die Materie der Ursprung und die Grundlage allen Seins, sondern Energie. Das ist experimentell bewiesen. Schon für Albert Einstein war Materie lediglich *„eine Form der ewigen Energie"*.

Neben dem tröstlichen Überzeugtsein von einem glücklichen Wiedersehen mit lieben Vorangegangenen, die unserem Herzen nahestehen, verschaffte mir die Grenzlandforschung auch die Gewissheit von der realen Existenz einer Engel- und Geisterwelt. Mir ist dies längst kein Glaube mehr im Sinne von Fürwahrhalten, sondern ein Erfahrungswissen. Theologie kann man ja studieren; Religion jedoch ist seit jeher eine Sache der Erfahrung. Und ich halte die christliche Religion insofern für die beste, weil in ihr die Liebe am stärksten betont wird! Liebe entspricht offenbar dem Grundprinzip der Schöpfung. Das beweist jeder neue Frühling. Und das erkannten die meisten von jenen, die bereits „*mit einem Fuß im Jenseits*" standen. Ein US-Rechtsanwalt zum Beispiel erklärte nach seinem Nahtod-Erlebnis: „*Zum Ende meiner Lebensrückschau kam ich zu dem Schluss, dass die wichtigsten Dinge im Leben Anstand, Liebe und Hilfsbereitschaft sind!*" Dies mögen sich all jene „*hinter den Spiegel stecken*", die Macht ausüben oder die sich für Christen, Spiritualisten oder Esoteriker halten. Albert Schweitzer schrieb ganz richtig: „*Das einzig Wichtige im Leben sind die Spuren von Liebe, die wir hinterlassen, wenn wir weggehen.*"

Ach, hätten wir das doch alles schon damals gewusst. Damals im „Gelben Elend", in der Zelle West 4/36...

Nachbemerkung: Im Jahre 2006 erreichte mich aus Moskau der amtliche Bescheid, ich sei zu Unrecht verurteilt worden.

Vom Geheimnis der Tierseele

Dass auch Tiere eine Seele haben sollen, fand stets Befürworter wie auch Gegner. Zu Letzteren gehörte Thomas von Aquino, der größte Scholastiker (1224-1274). Kirchenvater Augustinus hingegen (354-430) hatte die Auffassung vertreten, dass man die Tiere nicht „animalia" nennen könne, wenn sie nicht eine „anima" (Seele) hätten. Von Luther (1483-1546) ist der Ausspruch bekannt, er glaube, „*dass auch die Hündelein in den Himmel kommen und jede Kreatur eine unsterbliche Seele hat*". Descartes (1596-1650) jedoch sprach den Tieren neben einer Seele auch die Denkfähigkeit ab.

Dieses materialistische Denken mündete in den Marxismus, der auch dem Menschen keine Seele zubilligt. Tiere jedenfalls betrachtet man spätestens seit Descartes lediglich als *Instinkt- und Reflex-Automaten*, die – juristisch – als „Sache"[83] gelten. Nur auf der Basis solch naturfremden Denkens konnte es zu den Greueln der Vivisektion (Eingriff am lebenden Tier) und zum Wirtschaftsbegriff der „Fleischproduktion" kommen sowie zu der schrecklichen Definition „Leben = Chemie + Physik".

Nun ist es aber gerade – und gewiss unbeabsichtigt – die moderne Pharmaforschung, die indirekt der Tierseele als solcher zur Anerkennung verhilft. In zunehmendem Maße werden nämlich die Wirkungen von Psychopharmaka an Tieren ausprobiert! Der Schweizer Arzt Dr. Markus Scheuring[84] bemerkt hierzu:

„So kommen die Tiere über die Hintertüre offiziell endlich zu ihrer Seele. Die Folgerung betreffend Seelenforschung kann nur sein:

- *Eine Ähnlichkeit mit der menschlichen Seele besteht; also dürfen nur echt notwendige Tierversuche durchgeführt werden,*
- *oder es besteht keine Seelenverwandtschaft; somit sind die Ergebnisse von Tierversuchen nicht übertragbar auf den Menschen.“*

Für den Tieferblickenden ist das Problem der Tierseele keine Frage mehr, nachdem neuere Forschungsergebnisse sogar die Beseeltheit der Pflanzen nachgewiesen haben.[85] Für den strenggläubigen Buddhisten wie auch in der gottbezogenen Esoterik ist alles beseelt, nicht bloß belebt. Daraus erklärt sich der ethisch begründete Vegetarismus. Hier wird das Tier nicht als „Vieh" betrachtet, sondern als „jüngerer Bruder" – ein Geschöpf Gottes, wie der Mensch, nur auf einer niederen Sprosse der Entwicklungsleiter stehend.

Unter den zehn Lebensregeln, die Buddha (560-480 v. Chr.) seinen Jüngern gab, steht an erster Stelle: *„Zerstöre kein Leben!"*

Rund 500 Jahre, nachdem „die Leuchte Asiens" in ein besseres Leben eingegangen war, erhellte ein neues Licht die geistige Dunkelheit unserer Welt: das „fleischgewordene Wort Gottes", Jesus, der Christus. Freilich, die Finsternis hat's nicht begriffen, wie schon der Apostel klagt – bis heute nicht! Sollte aber ausgerechnet der Nazoräers, der Kinder liebkoste und segnete und die Religion der Liebe begründete, teilnahmslos und gleichgültig gewesen sein gegenüber dem Leid der Tierwelt, das auch ihm damals nicht verborgen bleiben konnte? Waren es nicht Haustiere, die – der Überlieferung zufolge – der heiligen Familie im Stall zu Bethlehem Wärme spendeten? Wie konnte im Christentum diese deutliche Symbolik übersehen werden, wonach „*der König der Liebe und des Mitleids*" auch die Tiere von ihren Leiden erlösen wollte, indem er die Menschen zur praktizierten Liebe ansporne?

Wenn im Römerbrief, Kap. 8,19-23, vom „*ängstlichen Harren der Kreatur auf die Offenbarung* (das Offenbarwerden) *der Kinder Gottes*" die Rede ist und dass sie sich mit uns sehnt nach Erlösung von allem Übel, so ergibt sich hieraus das Vorhandensein seelischer Empfindungen und somit einer Seele auch beim Tier. Darauf deuten auch die ehemals üblich gewesenen *Gerichtsverhandlungen gegen Tiere* hin. Tiere konnten sogar exkommuniziert und somit aus der Gemeinschaft der Christgläubigen ausgeschlossen werden! Ausschließen aber kann man doch nur jemanden, dem man Mitverantwortung beimisst. Seitens Jahwe, dem alttestamentlichen Gott, ist das offenbar der Fall, da er (laut 1. Mose 9,5) den Tieren Vergeltung androht, wenn sie einem Menschen Schaden zufügen. Andererseits gibt er sie der Willkür des Menschen preis, mit den Worten (Vers 2): „*Furcht und Schrecken vor euch sei über alle Tiere... In eure Gewalt sind sie gegeben.*"

Beginnend im 11. Jahrhundert erfolgten Gerichtsprozesse gegen Tiere bis ins 18. Jahrhundert hinein. Aktenkundig sind Justizurteile gegen Tiere aller Art, vom Esel bis zur Heuschrecke. Gerichtliche Vermahnungen ergingen ferner gegen Ratten, Maulwürfe, Schmetterlinge, Schnecken und Blutegel. Der Franzose Berriat-Saint-Prix sammelte und veröffentlichte 80 solcher Urteile. Die angeklagten Tiere bekamen einen offiziellen Verteidiger gestellt, einen „Prokurator", der entlastende Argumente vorzubringen hatte. Manchmal verurteilte man Tiere zum Tod auf dem Scheiterhaufen, weil man sie für verkappte Dämonen hielt. Auch Hexen verbrannte man bisweilen mitsamt ihren Haustieren.

Auch bei sogenannten Naturvölkern wurde eine Art „Gerichtsverhandlung" gegen Tiere beobachtet; freilich nicht anhand einer Bibelstelle, sondern aufgrund besserer Kenntnis der Natur und ihrer Geheimnisse. So berichtete 1939 der Forschungsreisende Jan Scott, er habe auf Borneo erlebt, wie die Eingeborenen ein Krokodil zur Rechenschaft zogen, das eine junge Frau gefressen hatte: Man schickte einen sogenannten „Rufer" an jene Stelle des Flusses, wo das Unglück geschehen war. Dieser Mann begann, am Ufer unartikulierte Schreie auszustoßen, und bald tauchten einige Krokodile auf. Der Mann begann nun mit seiner Anklagerede, und bald torkelte ein Krokodil auf ihn zu. Man erschlug das Tier, und dessen Mageninhalt erbrachte den Beweis, dass es der „Täter" war!

In den USA können Tiere noch heute zum Tode verurteilt werden. Im Bundesstaat New Jersey hatte ein Hund namens Taro ein kleines Mädchen verletzt. Im Februar 1991 wurde dieser 45 kg schwere Akita (japanischer Spitz) in einem Hundezwinger der Polizei eingesperrt. Neben der Tierfreundin Brigitte Bardot hatten sich auch die japanische Regierung (!) sowie ein Geschäftsmann aus Kenia für die Begnadigung des Hundes eingesetzt. Taro hatte Glück, denn die Gouverneurin von New Jersey, Frau Whitmann, begnadigte den Hund mit der Auflage, dass er New Jersey zu verlassen habe.

Zurück zum Thema „Tierseele" und ob Tiere auch denken können: Für Tierfreunde kann es aufgrund vielfältiger Erfahrungen und Beobachtungen keinem Zweifel unterliegen, dass Tiere bis zu einem gewissen Grade denken und notfalls überlegt handeln können. Hierzu einige Beispiele: Ein Drogist besaß einen Irisch-Setter, dem er jeden Nachmittag eine Münze zwischen die Zähne steckte. Damit lief der Hund zu einem in der Nähe befindlichen Verkaufsstand, wo es eine Art Fleischklops gab. Dort legte der Hund das Geldstück auf ein Tablett und bekam dafür seinen Klops. Hierdurch wurde das Tier stadtbekannt, und so mancher gab ihm eine Münze, womit es schnurstracks seinen Leckerbissen kaufen ging. Der Mann am Verkaufsstand erlaubte sich mal einen „Spaß", indem er zwar das Geld in Empfang nahm, dem Hunde aber nichts gab. Der Setter schien ganz fassungslos zu sein, und nachdem er lange traurig gewartet hatte, schlich er davon. Als er jedoch das nächste Mal kam, legte er die Münze nicht wie sonst auf das Tablett, sondern (in einiger Entfernung vom Stand) auf die Straße, stellte eine Pfote drauf und hielt das Geldstück so lange fest, bis ihm der Fleischklops gereicht worden war! – Nur Instinkt?

197

Eine Katze hatte sich zum Schlafen auf dem Sofa hingelegt. Durch das laute Reden eines Buben fühlte sie sich jedoch gestört. Nach mehrmaligem kurzen „mrrau, mrrau" sprang sie auf, reckte sich an dem Jungen, der angelehnt am Sofa stand, in die Höhe und drückte ihm sanft eine Pfote auf den Mund! Das tat sie von da an immer, wenn sie schlafen wollte und der Bengel zu laut war. Sie kletterte an seiner Kleidung empor und legte recht nachdrücklich eine Pfote auf seinen Mund! Wenn er ihr dann gut zuredete und leiser wurde, begab sie sich zufrieden auf ihren Platz.

Auch im folgenden Fall kann man von einer vernünftigen Intelligenzleistung reden: Auf einer Pferdekoppel befand sich eine Wasserpumpe mit einem Trog davor. Dieser Trog wurde nicht oft genug mit Wasser gefüllt, denn eines der Rösser lernte es von selbst, Wasser zu pumpen. Es nahm den Pumpenschwengel zwischen die Zähne und bewegte den Kopf rauf und runter. Die anderen Pferde schienen hierzu keine Lust oder zu wenig Geschick zu haben. Da sie sahen, dass ihr Kollege dieses Kunststück fertigbrachte, so pflegten sie ihn, wenn kein Wasser mehr da war, solange zu puffen und zu beißen, bis er für die anderen gepumpt hatte! Ihn selbst aber ließen sie erst dann trinken, wenn sie ihren Durst gelöscht hatten.

Ein alter Schäfer im schottischen Hochland lebte in einer abgelegenen Hütte ganz allein mit seinen beiden Collies. Eines Tages erkrankte er schwer. Er fand nur noch die Kraft, einen Hilferuf auf einen Zettel zu schreiben und ihn einem der beiden Hunde ins Halsband zu stecken. Der Hund begriff, was sein Herr von ihm wollte und rannte 30 km weit ins nächste Dorf. Dort benahm er sich so auffällig, dass man die Nachricht fand und Hilfe veranlasste, die dann noch rechtzeitig eintraf.

Ein französischer Landwirt besaß 28 Jahre lang ein Arbeitspferd, das er sehr gern hatte. Nach einer besonders schweren Arbeit brach es zusammen und war seitdem krank. Man pflegte es, so gut es ging, aber es erholte sich nicht mehr. Das Anbinden im Stall unterließ man, da es sich ohnehin kaum rühren konnte. Einmal fand man das Pferd stehend, und es schien, als ob es den Stall verlassen wolle. Man öffnete das Tor, und schwankend ging das Ross langsam hinaus. Es lief um das Herrenhaus herum, am Garten vorbei, hinaus auf die Felder. Langsam, mühselig umschritt das Tier genau jene Äcker, die seinem Herrn gehörten und auf denen es so oft gearbeitet hatte. Es schaute dabei nach allen Seiten. Schließlich kehrte es um, schritt auf den Bauer zu und ließ ein unterdrücktes Wiehern hören. Es klang wie Weinen. Dann legte es sich hin und starb, ohne den geringsten Todeskampf. Das brave Tier hatte den nahenden Tod gefühlt. Es hatte wohl die Stätten seines Lebens und seiner Arbeit noch einmal sehen und von seinem Herrn Abschied nehmen wollen.

Die bislang besten Beweise für *das Denkvermögen unserer Haustiere* wurden von Pferden und Hunden erbracht. Es begann mit dem Pferd des Herrn von Osten, das als „der kluge Hans" Weltberühmtheit erlangte. Dessen Leistungen wurden jedoch weit übertroffen von den Araberhengsten Muhamed und Zarif des Tierpsychologen Karl Krall aus Elberfeld. Hier gelang erstmals eine intellektuelle *Verständigung mit Tieren* – eine Verständigung, die mit Instinkt, Nachahmungstrieb oder Dressur nicht zu erklären war. Auf die Unterrichtsmethode kann hier aus Platzmangel nicht eingegangen werden. Es sei lediglich bemerkt, dass eine Buchstabentafel benutzt und den Pferden Fragen oder Rechenaufgaben gestellt wurden. Die Antworten klopften sie nach einem sinnreichen System, das *eigenständiges Denken* erforderte; und sie antworteten phonetisch, nicht gemäß unserer Grammatik. Wenn zum Beispiel ein Selbstlaut (Vokal) schon im vorangegangenen Mitlaut (Konsonant) enthalten war, so wurde der Selbstlaut nicht extra geklopft: hb = habe, hbn = haben, hls = Hals. Wenn Muhamed oder Zarif etwas nicht verstanden, so klopften sie das Wort „erklären"! Die Pferde verwendeten sinnvoll-richtige Worte und Begriffe, die ihnen weder beigebracht noch auf die Tafel geschrieben worden waren. Die Verständigung klappte auch, wenn niemand im Raume war; man beobachtete dann die Tiere durch ein Guckloch.

In der Presse erhob sich ein Sturm der Entrüstung: Tiere sollen denken können? Das ist unmöglich, das wäre eine Herabwürdigung des Menschen! Schließlich beruhigte man sich mit der „wissenschaftlichen

Erklärung", die Tiere würden aus unwillkürlichen Bewegungen oder Gesichtsmuskelzucken ihres Lehrmeisters die richtigen Antworten erraten. Dass dies jedoch eine noch weit höhere Intelligenzleistung erfordern würde, bedachte man nicht. Jedenfalls dürfte es noch nie einem Schüler gelungen sein, aus den Gesichtszügen seines Lehrers die richtigen Antworten herauszulesen...

Besondere Erwähnung verdient noch der Mannheimer Airedale-Terrier Rolf. Es war ein „Zufall", der zur Entdeckung der außergewöhnlichen Fähigkeiten dieses Hundes führte: Die Kinder des Ehepaares Dr. Moekel in Mannheim saßen eines Tages beim Hausaufgabenmachen. Die kleine Frieda hatte Probleme mit dem Rechnen. Ihre Mutter verlor schließlich die Geduld und schlug das Kind. Rolf nun, der rührend an den Kindern hing, schaute sichtlich betrübt drein und blickte Frieda mit so ausdrucksvollen Augen an, als wolle er ihr helfen. Die Mutter sah das und sagte: *„Schau mal, der Rolf macht Augen, als wüsste er es, und du weißt es nicht!"* – Nach diesen Worten stand der Hund auf und kam zu Frau Moekel hin. Darüber erstaunt, fragte sie ihn: *„Ja Rolf, weißt du denn, wieviel zwei plus zwei ergibt?"* Daraufhin hob Rolf eine Pfote und gab der Frau *vier Pfotenschläge auf den Arm.* Frau Moekel erzählt: *„Wir alle waren sprachlos! Nach einer Weile fragten wir ihn: fünf und fünf? Auch darauf kam die richtige Antwort, und so fragten wir ihn schon an diesem Tag bis in die Hundert. Alles glückte!"*
Von da an begann man, mit Rolf zu arbeiten wie mit einem talentierten Kind. Rasch lernte er die vier Grundrechenarten plus Kubikwurzelziehen. Bald merkte man, dass Rolf auch Buchstaben kennt. Nachdem er gelernt hatte, bei „Ja" zweimal und bei „Nein" dreimal die Pfote zu geben, entwickelte Frau Moekel gemeinsam mit Rolf ein *Klopf-Alphabet.* Sie fragte ihn zum Beispiel: *„Rolf, wieviele Pfotenschläge gibst du für A?"* – Der Hund nannte vier. Interessanterweise gab er denjenigen Buchstaben, die am häufigsten benötigt wurden, die niedrigsten Zahlen. Und er merkte sich das Klopfalphabet für immer, während sein Frauchen doch immer wieder die Tabelle zu Hilfe nehmen musste. Auch Rolf wählte, ebenso wie Kralls Pferde, eine phonetische Schreibweise, also dem Klange nach.

Im Laufe der Zeit klopfte Rolf ganze Sätze und diktierte Briefe. Dabei brachte er oft *„eigene Gedanken und Begriffsbildungen"* zum Ausdruck. Beispielsweise statt des Wortes „Eis": *„Wasser hart von kalt".* Statt „Schiff": *„Haus in Wasser".* Er selbst nannte sich „Lol" statt „Rolf". Später diktierte er sogar seine Lebensgeschichte, das heißt jene Zeit, bevor er zur Familie Moekel kam. Seine Herrin nannte Rolf „Mudr" (Mutter). Als diese gestorben war, diktierte er an den Hausarzt folgende Mitteilung: *„Lib! Arm Lol is draurig wegn (hier korrigierte er sich) weil mei lib mudr is dod; du soln gomn dresdn arm Lol; Lol wil wisn, wi lang wardn bis gan gn dsu ir; wisn du; gus von dei arm Lol."* – Im Klartext: *„Lieber! Der arme Rolf ist traurig, weil meine liebe Mutter tot ist. Du sollst kommen trösten den armen Rolf. Rolf will wissen, wie lang er warten muss, bis er kann gehen zu ihr. Weißt du es? Kuss von deinem armen Rolf."*

Der Hund Rolf wurde von Dutzenden Forschern und anderen Personen geprüft. Auch in öffentlichen Veranstaltungen konnte sich jedermann von den Fähigkeiten dieses klugen Tieres überzeugen. Von seinen zehn Kindern erbten fünf seine Begabung, später noch zwei Enkel und ein Urenkel. Von seiner Tochter Lola wurde er sogar noch übertroffen. Auf die Frage, ob sie Mensch sein möchte, antwortete Lola mit *„Nein".* *„Warum?"* – Antwort: *„Wegen arbeiten."*

Rolf klopfte einmal, als er von einem Herrn überschwenglich gelobt worden war, folgende Aussage (ich gebe sie gleich im Klartext wieder): *„Von wegen rechnen. Rolf nicht klug. Alle Tiere können das. In Aug guck Katz, Gaul, Hundl, dann du kannst sehen: Tiere kann denken."*

Hat man auch schon mal überlegt, wie es möglich ist, dass Hunde oder Katzen über hunderte von Kilometern den Weg nach Hause finden? Auch wenn die Familie inzwischen woandershin übersiedelt war? Soll das alles nur „Instinkt" sein? – Wer höherentwickelten Tieren, die sich durch ihren engen Umgang mit Menschen sozusagen „individualisieren" konnten, nicht bloß die Seele (als Empfindungsträger) abspricht, sondern auch jedwede Denkfähigkeit (was eine geistige Tätigkeit darstellt), der muss sich den Vorwurf absoluter Unwissenheit gefallen lassen.

Möge meine Abhandlung, die nur einen winzigen Bruchteil des vorliegenden Forschungs- und Erfahrungsmaterials zur Tierpsyche darstellt, dazu beitragen, dass die Tierschutzbewegung mehr und mehr aktive Freunde gewinnt. Entwicklungsmäßig sind die Tiere, besonders unsere Haustiere, zweifellos *„unsere geringeren Brüder"*, die Jesus gewiss ebenfalls meinte, als er sprach: *„Was ihr getan habt einem unter diesen meinen geringsten Brüdern, das habt ihr mir getan"*. (Matth. 25,40)

Die Hündin Lola wurde einmal von ihrer Herrin, Frau Henny Jutzler-Kindermann gefragt, warum Hunde, anstatt mit ihresgleichen, lieber mit Menschen beisammen sind? Lolas nachdenkenswerte Antwort lautete: *„Wegen ihren Augen und ihren Sorgen ohne Ruhe."* Erstaunt fragte Frau Jutzler-Kindermann weiter: *„Ja, und was wollt ihr damit erreichen?"* Und Lolas Antwort lautete: *„Trösten!"*[86]

Dem Wiener Emanuel Cihlar wurde aus Speyer eine merkwürdige Begebenheit mitgeteilt. Hier der betreffende Briefauszug: *„Ich schreibe Ihnen aus Speyer. Der Parlamentsabgeordnete Maximilian Pfeiffer war gestorben, und wir, seine Freunde, gaben ihm das letzte Geleit. Wir standen vor dem offenen Grab, und der Pfarrer hatte seinen Nachruf zu sprechen begonnen, als eine Drossel, die auf dem benachbarten Grabstein saß, so laut zu singen begann, dass man die Worte des Priesters nicht mehr verstehen konnte. Durch nichts lies sich das gesprenkelte Tierchen stören. Es sang und pfiff, es flötete, tirilierte und tremolierte ohne Unterlass, und immer variierte es die Melodie. Die trauernden Familienmitglieder und die Gäste blickten erstaunt und dann aufmerksam auf den Vogel und lauschten dem außergewöhnlichen Gesang. Auch der Pfarrer schwieg und beobachtete die Drossel. Mit einem Male schwieg sie und flog hinweg. Die Begräbnis-Zeremonie wurde zu Ende geführt. Auf dem Heimweg erzählte ein anderer Abgeordneter: ‚Wissen Sie, die erste Rede, die Herr Pfeiffer im Parlament gehalten hatte, galt dem Vogelschutz.'"* – Sollte sich hier die geheimnisvolle Kraft einer Gruppenseele Gehör verschafft haben?

Von einem ungenannten Verfasser stammen die Worte: *„Oh Mensch, du bist fürs Tier ein höh'res Wesen, gewalt'gen Willens, überreich an List! In seinen Augen aber kannst du lesen, ob du ihm Gott, ob du ihm Teufel bist!"*

„Quäle nie ein Tier zum Scherz,
denn es fühlt wie du den Schmerz!"

Dr. Krueger van Hoogbrand, Florenz, bekam von den Baronessen B. den folgenden Bericht über einen seltsamen Traum und dessen außergewöhnliche Folgen:

„Eines Nachmittags", so erzählte mir die Baronesse, *„ging ich mit meiner Schwester F. in den Anlagen des unweit von unserer Villa gelegenen Viale Michelangelo spazieren. Da wurde unsere Aufmerksamkeit von dem Geschrei einer Kinderschar gefesselt, die sich damit befasste, auf etwas Unerkennbares im Gebüsch Steine zu werfen. Meine Schwester, eine große Tierfreundin, witterte sofort irgend eine Schändlichkeit gegenüber einem Lebewesen, und auf die Gesellschaft losstürzen und sie anherrschend: ,Was treibt ihr hier?' war eins.*

Die Kinder flohen. Meine Schwester hatte sich nicht getäuscht: In dem Gebüsch lag, mit einer schweren Wunde am Kopf, ein kleiner gelber Hund, wie man sie unter dem Volk von Florenz bisweilen sieht. Er war das Opfer der marterfreudigen Kinder geworden.

,Diese schändlichen Quälgeister, wenn ich die erwische', sagte meine Schwester, hochrot vor Entrüstung, und nahm das arme zitternde Tier auf den Arm. ,Wie sie es zugerichtet haben, es ist eine Schmach! Komm, wir wollen nach Hause eilen und sehen, ob noch etwas zu machen ist.'

In unserer Villa angekommen, wurde das Tierchen, das alle Handreichungen mit dankbaren Blicken und dem Lecken der wohltätigen Hände lohnte, mit etwas Milch erquickt und in ein Körbchen gebettet. Sodann wurde der nächstgelegene Tierarzt gebeten, sofort zu kommen. Er erschien, konnte aber nur feststellen, dass schwere innere und äußere Verletzungen vorlagen. Um dem Tier große Qualen zu ersparen, schlug der Tierarzt vor, es einzuschläfern. Schweren Herzens ging meine Schwester auf den Vorschlag ein, und in weniger als einer Minute war das Hündchen erlöst.

In derselben Nacht hatte ich einen seltsamen Traum: Mir erschien der kleine gelbe Hund, glänzend das Fell, frisch und ohne Spuren seiner Wunden. Freundlich wedelnd kam er auf mich zu, und ich vernahm

deutlich die Worte: ‚Habt Dank für alles, was ihr an mir getan habt.
Durch euch und eure Herzensgüte bin ich von einem elenden Leben
und endlosen Martern befreit worden. Glücklich weile ich nun in einer
besseren Welt, und das soll euch nicht vergessen werden. Nur eine ein-
zige Sorge quält mich: Ich hatte auf der Erde einen Bruder, auch ihm
geht es bitter schlecht. Nehmt euch seiner an, damit ich Ruhe habe.'
Also hatte dieses Tier einen Bruder, dem es ebenso schlecht ging, wie es
ihm gegangen war? Sprachlos hörte ich diese Worte. Ich wollte etwas
fragen, woran ich ihn erkennen könne und wo er sich befinde, aber
schon war das Bild verschwunden, und ich lag erwacht in meinem Bett.
Am Frühstückstisch erzählte ich Eltern und Schwestern den Traum, der
natürlich sehr unterschiedlich aufgenommen wurde. Während Mutter
und Schwestern das Merkwürdige der Sache erörterten, spottete mein
Vater in lustiger Weise und sagte: ‚Ihr seid imstande, auch noch den
Tieren eine ewige Seligkeit zuzusprechen und eine neue Überwelt zu
bevölkern mit Hunden, Katzen und Kälbergeistern. Es wird immer
schöner! Ich bitte nur um eins, erzählt diese Geschichte nicht weiter,
denn sonst wird es bald einen Hundespiritismus geben.'
In diesem Augenblick klingelte es an der Haustür. Ich stand auf, um zu
öffnen. Vor mir stand eine arme Bäuerin, und wer beschreibt mein Er-
staunen: An einer dicken Schnur hält sie den gleichen Hund, wie den,
den wir am Abend vorher aufgenommen hatten. ‚Kaufen Sie einer ar-
men Frau einen kleinen Hund ab. Einen Lire nur, meine Dame, haben
Sie Mitleid um der Mutter Gottes willen', lamentierte sie immer wie-
der, während das Tierchen wie an einer alten Bekannten an mir empor
sprang und vor Freude außer sich schien. Sprachlos stand ich da. Mein
Gott, was war das? Da war er, der Bruder des Traumhündchens, un-
verkennbar in Farbe, Ausdruck, Größe und Wesen!
Auf das Lärmen der Frau hin erschienen die Schwestern und die El-
tern, aber auch sie waren ebenso verdutzt wie ich. Und auch sie begrüß-
te der kleine Bruder, als wären sie seine besten Freunde!
Am verlegensten war natürlich unser guter Vater, und auch am ver-
blüfftesten. Wie gebannt starrte er bald auf die Frau, bald das gelbe
Tierchen an, und es dauerte eine ganze Weile, bis er sich fasste und end-

lich entschlossen seine Geldbörse zog und der Frau den Kaufpreis in Gestalt von mehr als einer Lire zureichte.

Damit wurde der Bruder des toten Hündchens unser Hausgenosse und ist es lange Jahre in treuester und rührendster Pflichterfüllung geblieben. Über Hundespiritismus wurde aber nie mehr gespottet. Mein Vater liebte dieses Thema nicht."

Naturgeister – Aberglaube oder Realität?

Gibt es die Gestalten der Zwerge und Feen, der Nymphen und Nixen, der Feuer- und Luftgeister nur in Sagen und Märchen? Oder sind sie Produkt metaphysischer Spekulationen?

Im Mittelalter war dies keine Frage des Zweifels, denn Naturgeister galten als allgemein erfahrbare Realität, und in der Mark Brandenburg beging man noch um 1900 den St. Johannis-Tag als Tag der Naturgeister, speziell der Elfen und Feen. Paracelsus, der große Eingeweihte, schrieb ein Buch *„von den Bergleuten, den Feuerleuten und Windleuten... und was denen gleich ist; alle, die wie Menschen erscheinen und doch nicht aus Adam sind, sondern andere Geschöpfe und Kreaturen, unterschiedlich von Menschen und allen Tieren".*

Paracelsus sah demnach in den Naturwesenheiten eine *gesonderte Entwicklungslinie der Schöpfung,* einzuordnen möglicherweise zwischen Mensch und Tier. Im Allgemeinen werden seit jeher vier große Kategorien Naturgeister genannt, nämlich jene der Erde, des Wassers, der Luft und des Feuers. Sie sind feinstofflicher Natur und können deshalb von uns nur dann wahrgenommen werden, wenn sie ihren Körper entsprechend verdichten (es sei denn, man ist hellsichtig veranlagt). Infolge ihrer Feinstofflichkeit, die anderen Naturgesetzen unterliegt als die feste Materie, können sie aber auch ihre Gestalt willentlich verändern. Diese Naturwesen scheinen jedoch keine Möglichkeit zu haben, Naturgesetze zu missachten, wie wir Menschen das tun; sie wirken ausschließlich innerhalb der Naturgesetze, ja sie gelten sogar als deren Träger und Vollstrecker. Mir persönlich dünkt die Vorstellung durchaus glaubwürdig, wonach zum Beispiel die Atmosphäre erfüllt ist von zahllosen Luftgeistern, zu deren Aufgaben es gehört, elektrische Spannungen auszugleichen, ebenso wie Hoch- und Tiefdruckzonen der Luftschichten. Sie können zu Sturmerregern werden und sind wohl überhaupt am Wettergeschehen maßgeblich beteiligt. Die Beeinflussung des Wetters durch Gebet, wie dies schon oft praktiziert wurde, fände hier eine rationale Erklärung, denn die Naturwesenheiten reagieren – je nach Umständen – auf das Denken und Verhalten der Menschen.

Oder nehmen wir die Wassergeister: Die bekanntesten unter ihnen, die Nymphen und Nixen, galten im Volksglauben seit jeher als real existierende Wesen, und die griechische Meeresgottheit *Poseidon* (von den Römern *Neptun* genannt) mag ebenso wie der *Klabautermann* der Seefahrer nicht bloß ein „Archetypus" nach C. G. Jung sein...

Den Naturgeistern, die bereits eine gewisse Individualitätsstufe erreicht zu haben scheinen, untersteht offenbar eine andere Kategorie von Wesenheiten, die *Elementseelen oder Elementargeister*. Hierauf näher einzugehen, würde den Rahmen dieses Kapitels sprengen und darüber hinaus lediglich die engen Grenzen unseres Wissens aufzeigen. Über Naturgeister gibt es zwar allerlei Literatur, speziell im Bereich der Esoterik, aber nur wenig Übereinstimmung in den Aussagen. Zudem sind diesbezügliche Angaben nicht nachprüfbar.

Nach altdeutschem Volksglauben werden die deutschen Hauptflüsse von einem männlichen Nix regiert, mit Ausnahme einiger Ströme wie zum Beispiel der Donau. Die Donau stand unter der Obhut der Nixenmutter Wachilde. Von ihrem Namen leitet sich der Name des lieblichen Donautales Wachau ab. Vor Zeiten, als die Donau noch unreguliert und mit ihren zahlreichen Stromschnellen ein gefährlicher Fluss war, achtete man bei der ersten Bootsfahrt im Jahr ängstlich darauf, nicht ins Wasser zu fallen. Wem es dennoch passierte, für den war die Aussicht, von den anderen gerettet zu werden, sehr gering. Man war der Auffassung: *„Der Erste gehört dem Strom!"* Und mit dem Zuruf: *„Gib dich, der Herrgott will's net anders!"*, überließ man den Ertrinkenden sich selbst. Nur seinem Hut jagte man nach. Der wurde dann mitgeführt als Zeichen, dass „*der Tribut*" für dieses Jahr entrichtet worden war...

Naturgeister werden in der vedisch-brahmanischen Religion als *Naturgottheiten* verehrt unter dem Sammelbegriff „Devas". Sogar Engel rechnet man dazu. In der altpersischen Religion, unter Zarathustra, wurden sie „Daevas" genannt und erfuhren etwa ab dem 8. Jahrhundert v.Chr. eine Herabsetzung. Etliche dieser Daevas wurden geradezu als Teufel charakterisiert, von denen die Sünder in der Hölle gepeinigt werden. Bei den Hebräern werden die Naturgeister „Schedim" genannt, was Luther fälschlicherweise zumeist mit „Teufel" übersetzte. Es gibt im Alten Testament noch andere Bezeichnungen für diese Naturwesenheiten, was beweist, dass dieselben schon damals als Realität galten.

Der christliche Platoniker Michael Psellus versuchte um das Jahr 1100 eine Klassifizierung der Naturgeister. Er unterteilte sie in sechs Klassen: In Luft-, Feuer-, Wasser- und Erdgeister sowie in unterirdische und lichtscheue Geistwesen. Der berühmte Abt des Klosters Sponheim (bei Bad Kreuznach) Trithemius behielt diese Einteilung bei. Ebenso Agrippa von Nettesheim (15./16. Jahrhundert).

Wie dem auch sein mag: Unzählige Erfahrungsberichte aus allen Zeiten und Völkern stimmen in ihren Angaben ebenso überein wie die Beobachtungen hellsichtig begabter Menschen. Es wäre sehr gewagt, all dies als Selbsttäuschungen (Halluzinationen) oder Erfindungen (Lügen) abtun zu wollen. Hier ein Bericht aus neuerer Zeit: Der Vater des Berichterstatters war in den Wald gegangen, um Pilze zu suchen. Als sein Sohn gegen 18 Uhr nach Hause kam, fand er zu seiner Bestürzung den Vater mit allen Anzeichen einer schweren seelischen Erschütterung auf dem Sofa liegen. Er war mit schlotternden Knien und schreckhaft aufgerissenen Augen aus dem Wald zurückgekommen, ohne auch nur ein Wort hervorbringen zu können. Erst am nächsten Tag war er in der Lage, sein Erlebnis zu erzählen: Er hatte sich, als die Sonnenstrahlen schon schräg durch die Bäume fielen, auf einen Baumstumpf gesetzt, um das mitgenommene Brot zu verzehren. Da fühlte er plötzlich, wie jemand ihm auf die Schulter klopfte, und sah ein kleines Männchen neben sich stehen, etwa einen Meter groß, mit weißem Bart und uraltem Gesicht! Es war mit kurzen Hosen und Halbschuhen bekleidet, auf dem Kopf eine Zipfelmütze. Die Gestalt winkte mit dem Zeigefinger der rechten Hand, der Mann solle mitkommen. Der Pilzesucher jedoch erschrak dermaßen, dass er nicht imstande war, sich von der Stelle zu bewegen oder auch nur den Brotbissen hinunterzuschlucken, den er im Munde hatte. Das Männchen winkte zum zweiten Mal. Beim dritten Male aber fand der Mann endlich die Kraft, sich zu erheben und die Flucht zu ergreifen! Der Brotbissen, den er wieder aus dem Munde genommen hatte sowie das restliche Brotstück, wurde steinhart, denn sie wurden von der Familie als Erinnerungsstücke noch viele Jahre lang aufbewahrt.

Hier hatten wir es also mit einem sogenannten *Gnom* zu tun, einem Zwerg oder Wichtel. Im folgenden zweiten Bericht ist von *Blumenelfen* die Rede: Frau Margarete Hoerwald musste im Alter von neun Jahren ihr ländlich gelegenes Elternhaus verlassen und wurde von einer Großmutter aufgenommen. Dort hatte das naturliebende Kind keine Blumen und Tiere mehr um sich und litt schwer unter Heimweh. Sie verkroch sich des Öfteren in eine Ecke, zwischen ihre Spielsachen, und weinte still vor sich hin. Sie berichtet:

„Und dann geschah das Wunder: Zuerst schien es mir, als sähe ich Blumen, ganz hell, wie von Sonnenschein umflutet. Glücklich streckte ich die Hände aus, hielt aber sogleich inne in freudigem Schreck, denn aus dem Geflatter von Licht und Farben lösten sich kleine Gestalten heraus, schlank und zierlich gebaut, wie kleine Menschlein! Eines huschte zu mir herüber, setzte sich auf meine linke Hand und lachte mich an. Sein zartgelbes Kleidchen schien wie aus Blütenblättern geschaffen, und das ganze Persönchen, etwa 9 cm groß, war leichter als ein Maikäfer! Und dann sprach es zu mir. Es wisperte in ganz hohen feinen Tönen, doch ich verstand kein Wort. Ich gab ihm den Namen ‚Lieb‘, weil es gar so klein und so lieb aussah... Täglich kam nun Lieb, um mich zu trösten, wenn ich allein bei meinen Spielsachen war. Doch als ich Freundinnen fand und draußen herumtollte, da blieb es fort, und ich vergaß es fast.“

Frau Hoerwald beendet ihren Bericht mit den Worten: „*Damals glaubte ich, die Elflein kämen aus dem Märchenland. Erst viel später erfuhr ich, dass diese kleinen Wesen der ätherischen Welt der Naturgeister angehören.*"

Wieso höherentwickelte Naturwesen unsere Sprache verstehen und sprechen, muss hier als Frage offenbleiben. Belangreicher jedoch ist die Angabe in der jüdischen Kabbala, wonach die Schedim auch Zukünftiges wissen; aber nur über die nahe Zukunft.

Als Beispiel hierzu ein märchenhaft klingender Bericht, der aber wirklich erlebt wurde: Die Dinge ereigneten sich in der Zeit vor dem Ersten Weltkrieg. Frau Ida besaß von Kindheit an die Gabe des Hellsehens. Sie war eine Müllerstochter aus dem Oderbruch und hatte ständigen Kontakt mit einem Gnom, der ihr wohlgesonnen war und dem sie den Namen „Puck" gab. Puck war ein kleines graues Männchen, mit grauer Mütze, an der ein kleines silbernes Glöckchen hing. Über die Schulter pflegte Puck einen leeren Sack zu tragen; und den füllte er, nachdem Ida es erlaubt hatte, jedes Mal mit Getreide oder Mehl. Der gefüllte Sack war dann jeweils größer als der Zwerg, aber er trug ihn mit einer Leichtigkeit, als trüge er eine Feder. Nach einer Plauderei pflegte Ida den Kleinen bis zu einem in einen Erdhügel gebauten Keller zu begleiten, wo Puck samt seinem Sack verschwand. Ida versicherte, er sei vor ihren Augen immer durchsichtiger geworden, bis er ganz in der Steinwand verschwunden war.

Später einmal hatte ihr Vater sie an einen reichen Bauernsohn verheiraten wollen, und sie fragte ihren Puck um Rat. „*Nee, Mädchen*", sagte er, „*da lass' man deine Finger von. Der macht dich nicht glücklich.*" „*Warum denn nicht*", erwiderte Ida, „*er sagt, er liebt mich.*" „*Das mag wohl sein*", versetzte Puck, „*aber das tut er sein Leben lang auch mit anderen Mädchen und das täte dich unglücklich machen.*"

Kurze Zeit danach verliebte sich Ida in einen jungen Briefträger. Wieder wandte sie sich an ihren Puck. „*Was soll ich tun?*", fragte sie. „*Der ist arm wie 'ne Kirchenmaus, und Vadder wird mich aus'm Haus ja-*

gen." Puck jedoch sagte: *„Lass' man, Mädchen, der ist der Rechte, und so schlimm wird das nich mit dim Vadder. Ihr werdet in die Stadt ziehn, und dann sehen wir uns nicht mehr. Aber wenn Not am Mann ist, dann komm' her, dann helf' ich dir. Ihr werdet drei schöne Kinder haben, und jedes Mal, wenn dein Mann einen Goldfuchs kriegt, dann denk' an mich*" (damals gab es noch die Goldmark-Währung).

Und nun begann Puck von einem großen Krieg zu reden, der bevorstünde. Er wusste also, dass der Erste Weltkrieg ausbrechen würde. – Hier wäre natürlich zu fragen, woher er das wusste? Und: Sind solche Geschehnisse unabwendbar vorprogrammiert? Aber wieso wissen Naturgeister, was in der Menschenwelt passieren wird? Fragen über Fragen!

Puck hatte jedenfalls gesagt: *„Wenn der große Krieg kommt, dann musst du aufpassen, dann sind die Goldfüchse in Gefahr. Aber deine Jungs, die kommen heil nach Hause zurück."* Nun, es kam tatsächlich alles so, wie Puck es prophezeit hatte: Ida heiratete ihren Albert, sie bekamen zwei Söhne und eine Tochter, und wirtschaftlich ging's auch voran. Die Goldstücke freilich, 100 an der Zahl, konnte sie leider nicht retten, ihr Mann hatte damit heimlich eine Kriegsanleihe gezeichnet...

Als der Krieg ausbrach, mussten die Söhne Bernhard und Reinhold ins Feld. Der Jüngere kam zur Marine. Einmal kam lange keine Post von ihm. Damals wurden die Verluste noch ehrlich bekanntgegeben, und Ida las in der Zeitung, dass Reinholds Schiff untergegangen sei. Eilends fuhr sie heim in den Mühlenhof. Auf dem Kornspeicher angekommen, hockte sie sich schluchzend auf den Boden und rief: *„Hilf mir, Puck, hilf mir doch! Reinhold ist tot! Du hast doch gesagt, du willst mir helfen in der Not. Ach Puck!"* Auf einmal vernahm sie seine Stimme (sie sah ihn also nicht) und die Worte: *„Wat heulst du denn, Mädel."* *„Aber Puck, mein Junge..."* *„Sei still, er ist nicht tot, er lebt."* *„Aber wenn doch sein Schiff untergegangen ist"*, erwiderte Ida. Darauf sagte Puck: *„Hab' ich dir nicht gesagt, deine Jungs kommen heil nach Hause? Er ist nicht untergegangen. – Und nun geh' nach Hause, da liegt'n Brief. Musst immer Vertrauen haben, Mädel. Und nun leb' wohl!"*

Als Frau Ida heimkehrte, fand sie einen Brief vor von Reinhold! Er war krank geworden und lag im Lazarett. Deshalb hatte er mit dem Schiff nicht auslaufen können, und dieser Umstand rettete ihm das Leben. Von da an hat Ida ihren kleinen Freund aus dem Reich der Naturgeister stets in ihr Gebet mit eingeschlossen...

Jahre später beendete ein Herzschlag das Leben von Mutter Ida. Als ihr Mann heimkam, fand er sie tot auf der Diele liegen, aber mit lächelndem Gesicht. In einer Hand hielt sie, festumschlossen, ein kleines silbernes Glöckchen, von dem man nicht wusste, wo es herkam. Man nahm an, es sei von irgendeinem Spielzeug. Aber Gertrud, ihre Tochter (der wir diesen Bericht verdanken), dachte sich mehr dabei; sie gab es ihrer Mutter mit ins Grab.

In Skandinavien ist man sich der Realität der Naturgeister noch immer bewusst, besonders in Island. Dort gibt es sogar eine staatlich beauftragte Person, Frau Erla Stefansdottir, die aufgrund ihrer Hellsichtigkeit die Wohnstätten von Naturwesen lokalisieren kann. Ich besitze ein Exemplar der offiziellen Landkarte von Reykjavik und Umgebung, auf der die Standorte von Naturgeistern eingezeichnet sind – je nach Art in einer bestimmten Farbe: Huldufòlk (Felsenvolk), Alfar (Elfen), Ljòsàlfar (Licht-Elfen), Gnòmar (Erdgeister) und Dvergar (Zwerge). Gemäß dieser Karte baut, fällt oder sprengt man nur dort, wo man nicht in Konflikt mit Naturgeistern gerät.

Allesbesserwisser mögen über so etwas lächeln, doch nur ein Beispiel hierzu: In der Hauptstadtregion wollte man im Zuge eines Straßenbau-Projektes einige Felsen sprengen. Aber es gab unerklärliche Schwierigkeiten. Am ersten Tag verschwanden alle Baupläne. Dann zündete der Sprengstoff nicht, und ein Auto verschwand spurlos, das heißt die Reifenspuren hörten an einer Stelle plötzlich auf! Danach gingen alle Bulldozer kaputt, sobald sie sich den Felsen näherten. Daraufhin gab die Bauleitung auf, die Straße wurde um jene Felsen herumgelegt. Von da an gab es keine Zwischenfälle mehr, man wurde sogar früher fertig als vorgesehen.

Außerhalb der Esoterik kümmern sich eigentlich nur Parapsychologen um das Phänomen der Naturgeister. 1934 brachte die „Zeitschrift für Parapsychologie" einen Aufsatz, in welchem es unter anderem heißt:

„So spielerisch uns Menschen das Dasein dieser Geschöpfe erscheinen mag, sind sie selbstverständlich nicht zwecklos, sondern füllen ihren Platz in der Schöpfung vielleicht besser aus als so mancher Mensch, der eigensinnig das Dasein Gottes und seiner unzählbaren Scharen von Hilfskräften leugnet, nur weil er sie mit seinen abgestumpften Sinnen nicht wahrnehmen kann." Und weiter: *„Wie der Gnom das Wachstum der Edelsteine und Metalle in den Bergen, so fördert der Baumgeist das Gedeihen des Waldes oder Haines, dessen ältesten Baum er bewohnt. Obwohl diese Wesen sehr langlebig sind, können sie sich nicht vor Zerstörung durch Elementarereignisse retten, besonders, weil die meisten von ihnen eine geringe Bewegungsfreiheit haben. Der Baumelf zum Beispiel kann sich nur so weit von seinem Baum entfernen, als dessen Wurzeln reichen; allenfalls bis zur Grenze des Wurzelgeflechts des ganzen Haines. Die Blumenelfen verlieren ihr Eigendasein mit dem Verwelken der letzten Blüte, um im nächsten Jahr, beim Aufblühen der ersten Blume, wieder da zu sein."*

Wird nun durch menschliche Einwirkung ein Fluss begradigt oder ein Teich ausgetrocknet, dann leiden die Wassernixen – ihre Gestalt verdunkelt und verzerrt sich. Marco Pogačnik, der bekannte Revitalisierer von Landschaften, erklärt, sie können ihre Aufgabe nicht mehr wahrnehmen, bleiben aber an die Örtlichkeit ihres bisherigen Wirkens gebunden. Die betreffende Örtlichkeit selber jedoch ist in ihrem natürlichen dynamischen Energiegefüge gestört oder gar zerstört und verkarstet. Naturgemäß gestalten Bäche und Flüsse ihren Lauf mäanderförmig. Die dadurch entstehenden energetischen Brennpunkte werden von den Wasserwesen benutzt, um die ätherische Kraft des Wassers (sozusagen seine Lebenskraft) auf das umliegende Land zu übertragen.

Zu alledem wäre noch viel zu sagen. Belangreiche Informationen enthalten die Bücher von Marco Pogačnik, wie das Taschenbuch *„Elementarwesen – Die Gefühlsebene der Erde".*[87]

Manche Kinder sind, meist bis zu ihrem 7. Lebensjahr, hellsichtig und nehmen Naturwesenheiten wahr. Wenn sie von Erwachsenen ausgelacht oder gar beschimpft werden, erzählen sie nichts mehr. So ging es auch dem schon erwähnten Hermann Medinger (S. 186). Dieser berichtet: „*Im Walde sah ich als Kind allerhand Elementargeister, Kobolde, Baumseelen und Elfen, manchmal aber auch bösartige Geister. Wenn ich davon erzählte, war immer ein Sturm der Entrüstung innerhalb meiner Anverwandten die Folge, und ich bekam neue Bromgaben verordnet.*"[(88)]

Marco Pogačnik hatte einmal Kontakt mit einer Nymphenkönigin, eine „*hohe Gestalt von unbeschreiblicher Schönheit, die in allen Abstufungen von Weiß erstrahlte*". Dass die Erscheinung der höchsten Entfaltungsstufe der Wasserwesen angehörte, erkannte er „*an der diademartigen Krone, die sie auf dem Haupt trug und deren Mitte ein silbergrauer Edelstein wie ein Kosmogramm zierte*". Die Königin sprach: „*Ihr Menschen verderbt vieles. Wir bleiben unserer Aufgabe treu.*"

Pogačnik erwiderte: „*Die Menschen hören nicht auf, ihr Unwesen zu treiben.*" Worauf sie die eindeutigen und schicksalsdrohenden Worte sprach: „*Sie werden die Kraft der Elemente zu spüren bekommen!*"

Nun, dies ist ja in zunehmendem Maße und überall auf der Welt bereits der Fall. Zwar pflegt man beschwichtigend zu sagen, Unwetter und Naturkatastrophen habe es schon immer gegeben. – Gewiss, aber nicht in einer sich dermaßen häufenden Weise wie heutzutage.

Und das Fazit aus dem hier Dargelegten?
1. Man unterstütze Umweltschutzbestrebungen.
2. Man beschädige keinen Baum und reiße keine Blumen unnötig ab. Und
3. welch armselige Weltkenntnis haben doch jene Leute, die als Materialisten dem Grundsatz frönen: „*Ich glaube nur, was ich sehe.*"

Der Schweizer Naturschützer Franz Weber
– ein Ritter ohne Furcht und Tadel

In diesem Buch, das auf Forschung und Erfahrung beruhende praktische Lebens- und geistige Orientierungshilfe bietet, darf ein Hinweis auf das Wirken dreier wunderbarer Menschen nicht fehlen: der Schweizer „Rebell für die Natur" Franz Weber, mit Gattin Judith und Tochter Vera – samt all jenen Lichtträgern, die zu ihrem großen segensreichen Werk beitragen. Was hier geleistet wurde und noch wird, ist nicht hoch genug einzuschätzen!

Franz Weber wurde als drittes Kind von sieben Geschwistern 1927 in Basel geboren. Infolge des frühen Todes seiner Mutter verbrachte er sechs Jahre in einem Kinderheim. Nach einer kaufmännischen Ausbildung begab er sich 1949 nach Paris, wo er durch seine fundierten Beiträge und Prominenten-Interviews rasch bekannt wurde. Er war einer der Ersten, der auf schwerwiegende Umweltprobleme verwies. So lenkte ihn sein Schicksal auf jenen Weg, der ihm zur Lebensaufgabe wurde: aktiver Tier- und Naturschutz. Dies jedoch nicht bloß auf regionaler oder nationaler Ebene, sondern auch im internationalen Bereich – praktisch weltweit. Er erreichte sensationelle Erfolge selbst in Fällen von staatlich bereits „abgesegneten" überdimensionierten Projekten, gegen die anzutreten völlig aussichtslos schien.

Abb. 2: Franz Weber mit Gattin Judith und Tochter Vera am romantischen Giessbach-Wasserfall am Brienzersee. Im Talhintergrund das architektonisch bezaubernde „Grandhotel Giessbach". Von Franz Weber vor dem Abriss bewahrt, wurde es im Mai 1984 wiedereröffnet.

Zum Beispiel der grandiose Kampf zur Erhaltung der wunderschönen Donaulandschaft zwischen Wien und Hainburg, zur slowakischen Grenze hin. Das begann 1983. Ein gigantisches Wasserkraftwerk hätte die herrliche Landschaft dort in eine tote Beton-Einöde umgewandelt. Franz Weber koordinierte den beginnenden Widerstand. Es kam zum Einsatz prügelnder Polizisten. Vor 12.000 heimat- und naturverbundenen Demonstranten rief er aus: „*Ich rufe es den österreichischen Machthabern ins Gewissen, dass nur Menschen, die kein Gewissen haben, sich anmaßen können, Hand anzulegen an die für ganz Europa unersetzlichen Donau-Auen; dass nur Karikaturen von Politikern es wagen können, sich am größten noch erhaltenen Feuchtgebiet unseres Kontinents zu vergreifen; dass nur Rohlinge, miserable, primitive Politganoven es über sich bringen können, die Bulldozer und die Motorsägen in die Hainburger Au zu schicken.*"

Im Verlauf dieses Kampfes hatte Franz Weber die Hainburger Au kurzerhand zum „Weihnachtswald Europas" erklärt. Einige tausend Bürger kampierten dort, bei Temperaturen bis zu 15 Grad minus! Presse und TV mehrerer Länder sorgten für europaweite Empörung. Die österreichische Presse schwieg. Eine einzige Zeitung hielt sich nicht daran. Die Lage spitzte sich dramatisch zu. 2.500 schlagbereite Polizisten aus Wien wurden in Marsch gesetzt, mit Hunden, Scheinwerfern, Tränengas und Wasserwerfern. Das Hainburger Spital war auf Anordnung des Innenministeriums, in „Aufnahmebereitschaft". Doch es kam gottlob nicht mehr zur „demokratischen" Konfrontation. Ein Wunder war geschehen, dank des mutigen Ausharrens der Auschützer. 1995 wurde die Hainburger Au zum ersten Nationalpark Österreichs erklärt. Somit ist sie dem Zugriff jener entzogen, denen es zwar weder an Schlauheit mangelt noch an finanzieller und politischer Macht und Brutalität (von eventuellen Ausnahmen abgesehen), aber in punkto Ehrenhaftigkeit und Gewissen scheinen teils beträchtliche Defizite vorzuliegen...

Im Jahre 1978 erreichte Franz Weber ein Ruf aus Griechenland, zur Rettung des antiken Kulturjuwels Delphi. Hier plante ein griechisch-amerikanischer Konzern zwei riesige Industriekomplexe, ein Aluminiumwerk und eine gigantische Zementfabrik. Franz Weber und seine Helfer brachten dieses Irrsinnsprojekt jedoch zum Scheitern. Doch bald folgte eine neuerliche Bedrohung für Delphi. Diesmal hatten es die Sowjets auf die heilige Stätte abgesehen. Wiederum rief man Franz Weber zu Hilfe. Am 17. Mai 1986 telegrafierte er Michael Gorbatschow, *„er möge im Namen der zivilisierten Welt von dem für die Wiege Europas apokalyptischen Projekt absehen"*. Doch im Februar 1987 verlautete, die Verhandlungen zwischen Griechenland und der UdSSR seien vertragsbereit abgeschlossen. Die Projektbetreiber schienen vor ihrem Sieg zu stehen. Es kam jedoch anders: Delphi blieb, dank Franz Webers Einsatz, das deprimierende Schicksal der antiken Mysterienstadt Eleusis, die völlig verschandelt wurde, erspart. Und: Seit 1997 ist er Ehrenbürger von Delphi!

Eine andere Großtat unseres Freundes war beziehungsweise ist die Rettung des architektonisch bezaubernden „Grandhotel Giessbach" am Brienzersee. Im Rahmen seiner Stiftung „Giessbach dem Schweizervolk" gelang, mit umsichtigem Engagement von Frau Judith, eine schwierige Renovation dieses Landschafts-Juwels am romantischen Giessbach-Wasserfall. Allen Schwierigkeiten zum Trotz konnte am 26. Mai 1984 die Wiedereröffnung erfolgen.

Im Jahre 1975 war die Stiftung „Fondation Franz Weber" gegründet worden, ein Jahr später die Vereinigung „Helvetia Nostra". Seit 1987 erscheint die Vierteljahres-Zeitschrift „Journal Franz Weber". Hier wird über laufende Kampagnen berichtet sowie über ethische, ökologische und soziale Fragen. Jeder, aber auch jeder Mensch mit hilfsbereitem Herzen, sollte wenigstens das Journal abonnieren. Oder ist dies, in Anbetracht unserer unheilvollen Weltsituation, zu viel erwartet?

Nach dem Muster der Vereinten Nationen rief Franz Weber 1979 die „Vereinten Tier-Nationen" (United Animal Nations, U.A.N.) ins Leben. Ihr gehören bereits mehr als 120 Mitgliederorganisationen in der ganzen Welt an. Ein internationaler „Tier-Gerichtshof" ahndet in öffentlichen Prozessen schwere Vergehen gegen die Tierwelt, zum Beispiel die qualvollen Schlachttiertransporte durch Europa, den entsetzlichen Massenmord an Robben, die von einer abstoßend niederen Zivilisationsstufe zeugenden Stierkämpfe und das massenweise, aus purer Mordlust erfolgende Abschießen von Zugvögeln. Ferner läuft die Volksinitiative „Rettet den Schweizer Boden gegen Überbauung".[67]

Zum Schutze erbarmungslos verfolgter Wildpferde in Australien erwarb Franz Weber 1989 ein 50.000 Hektar großes Freiland-Reservat: die vormalige Rinderzuchtfarm „Bonrook Station". Es gibt dort viele Wildpferde (Brumbies). Sie wurden in von Behörden organisierten Aktionen von Hubschraubern aus auf freier Wildbahn abgeknallt. Die meisten Tiere hatten nicht das Glück, sogleich tödlich getroffen zu werden. Leicht- bis schwerverletzt überließ man sie ihrem qualvollen Sterbenmüssen. – *„Menschenbestie, du allein willst der Schöpfung Krone sein?!"*[68] Dank Tätigwerdens von Franz Weber und seiner Freunde wurden diese Abscheulichkeiten weltbekannt. Australien sah sich veranlasst, die Helikopter-Mordsafaris einzustellen. Bonrook-Station heißt heute „Franz Weber Territory". Gelegentlich weilen hier auch alte Arbeits- oder Rennpferde, die vor dem Schlachthof bewahrt wurden, quasi als „Pensionisten". Judith Weber erzählt von einem Wallach namens Denver. Auch er musste keinen „letzten Gang" ins Schlachthaus tun, *„mit seinem Höllenlärm und seinem Geruch nach Blut und Todesangst".* Im Franz Weber Territory lebte das müde alte Tier noch einmal auf. *„Sein stumpfes Fell bekam wieder Glanz, eine jahrealte schwärende Wunde heilte überraschenderweise plötzlich zu."*

Schließlich schien es, als ob sein Rückgrat spitzer wurde, *„dass er sich häufiger von der Herde absonderte und seltener graste".* Dave Russel, sein früherer Besitzer, kam ihn besuchen und sagte: *„Ja, es ist Zeit für ihn".* – Nun lag der Körper Denvers leblos im Gras... *„Auf Wiedersehen, Denver! Ob du uns einst wiehernd entgegentraben wirst, dort, in jenen leuchtenden Gärten des Jenseits?"*

Diese Stelle in Franz Webers Buch (S. 243) berührte mich tief... Dachte ich mir's doch, dass er über *„die Dinge hinter den Dingen"* Bescheid weiß. – Ja, Franz Weber *„ist einer von uns"*! Er, seine Gattin Judith und Tochter Vera sind *Wissende*! Wie anders hätten sie ihren Kampf gegen die Dunkelmächte unserer Welt und Zeit überhaupt durchhalten können? In seinem Buch lässt Franz Weber stellenweise durchblicken, dass er den Beistand höherer, lichter Kräfte und Wesen verspürte. Deshalb schrieb ich ihm: *„Sie müssen ein Elite-Regiment an Schutz- und Hilfs-Engeln haben! Gottlob, dass es noch Menschen, wie Sie und Ihre Freunde es sind, gibt!"*

Unterdessen wurde wieder eine neue Kampagne erforderlich: Das Leid der Müllabfuhr-Pferde in Argentinien...

Franz Weber blieben natürlich – wie könnte es auf Erden auch anders sein – vielerlei Bitterkeiten nicht erspart. Um sein Ansehen und Wirken nachhaltig zu schädigen, wurden Gerichtsverfahren gegen ihn inszeniert, zum Teil auch mit gefälschten Dokumenten. Zuletzt musste er den Europäischen Gerichtshof anrufen. Wie aber mag dem Ehepaar Weber und ihrer kleinen Vera zumute gewesen sein, als ihr Haus eines Tages gegen 7 Uhr morgens von einem Polizeitrupp regelrecht überfallen wurde? Wer das diesbezügliche erste Kapitel seines Buches liest, wird so etwas nicht für möglich halten in einem Land wie der Schweiz, mit ihrer bewährten demokratischen Tradition. Wenn man den am selben Tag aufgezeichneten Bericht von Frau Judith liest, meint man, ein überaus gefährliches Terroristen-Versteck sei ausgehoben worden! Aber es war „nur" die Verhaftung des Naturschützers Franz Weber, am 30. Juni 1987. Viele Schäden entstanden am Haus und im Garten: dessen schweres Tor wurde aufgebrochen, das Balkongeländer weggerissen! Fünf Mann stürzten sich auf Franz Weber, schleppten ihn fort. Das Fernsehen war dabei...

Ja, was Hass und Niedertracht doch so alles fertigbringen! Undank ist bekanntlich der Welt Lohn. Andererseits fehlte es nicht an (verdienten) Auszeichnungen: Die Orthodoxe Kirche ehrte Franz Weber mit ihrem höchsten Orden, dem Orden des heiligen Sava. Ähnliches auch von *unseren* Kirchen erhoffen zu wollen... Uff, eher heiratet der Papst!

Das Lebensziel von Franz Weber und den Seinigen ist, die Schönheit der Natur zu erhalten und das Leid der Tiere zu beenden. Jedoch: Einen Mann seines Formats hervorzubringen, ist nicht jedem Volk beschieden!

ZWEITER TEIL: ERFAHRUNGSRELIGION

Aus dem dunklen Schriftbuchstaben,
aus der Lehr' erstarrter Haft,
drin der Heil'ge Geist begraben,
lass ihn auferstehn mit Kraft!

Lass ihn übers Rund der Erde
wieder fluten froh und frei,
dass der Glaube Leben werde
und die Tat Bekenntnis sei!

Emanuel Geibel

Buchstabenglaube oder Erfahrungswissen?
Das Elend mit der Bibel

Friedrich Schiller schrieb (im „Abfall der Niederlande") über die Bibel: *„Ich muss gestehen, dass ich in allem, was historisch ist, den Unglauben zu jenen Urkunden gleich so entschieden mitbringe, dass mir Zweifel an einem einzelnen Faktum noch sehr raisonabel (angemessen, anständig) vorkommen. Mir ist die Bibel nur wahr, wo sie naiv ist. In allem andern, was mit Bewusstsein geschrieben ist, fürchte ich einen Zweck und einen späteren Ursprung. "*

Damit erahnte Schiller das, was die heutige Zersplitterung der Christenheit verursachte: ein ethisch unzumutbares „Altes Testament" sowie ein „Neues Testament", von dem es keine Urschriften gibt. Man verstehe mich jedoch recht, denn das Folgende, wie überhaupt mein ganzes Buch, richtet sich weder gegen die Kirchen, die Theologenschaft, das Judentum, die Freimaurerei, gegen politische Strömungen, den Islam oder gegen sonst irgend jemanden. Mein Wollen und Wirken orientiert sich grundsätzlich nicht am *Gegen,* sondern am *Für:* für Wahrheit (denn am meisten krumm wird das Gerade genommen), für Aufrichtigkeit im Denken und Handeln, für Harmonie im Zusammenleben aller und für den friedlichen Ausgleich gegensätzlicher Ansichten, die hinsichtlich Religion und Gott ja immer nur verschiedene Facetten sein können, durch die das gleiche Licht unterschiedliche Farben wirft. Jedweder Auserwähltheitsdünkel scheint mir weniger von hoher Intelligenz zu zeugen, als vielmehr von unterentwickelter Vernunft.

219

Andere Kulturen, Völker und Religionen betrachteten ihre „heiligen" Schriften ebenfalls als das einzig Wahre und Höchste. Aber sie alle hatten ihre sehr irdische Entstehungsgeschichte. Die Bibel, insbesondere das AT, macht da keine Ausnahme. Ja, es war sogar Jahrhunderte hindurch strengstens verboten, sie überhaupt zu lesen. Sogar Geistliche durften das nur mit Erlaubnis ihrer Oberen tun. Noch 1805 wurde der spanische Pfarrer Miguel Solano zu Esco, ein betagter Mann, verhaftet und bis zu seinem Tode in einem geheimen Gefängnis der Inquisition festgehalten, weil er ohne Genehmigung in der Bibel studiert hatte. *„Die Laien dürfen die Bücher des Alten und Neuen Testaments nicht besitzen"*, lautete eine Bestimmung der Synode von Toulouse 1229. Und in einem kirchlichen Gutachten unter Papst Julius III. (1550-1555) heißt es: *„Endlich ist unter allen Ratschlägen, die wir zur Zeit geben können, der wichtigste, mit allen Kräften dahin zu streben, dass niemandem auch das geringste aus dem Evangelium, vorzüglich in der Volkssprache, zu lesen erlaubt ist und werde."*

Es gäbe hier noch mehr zu berichten, doch belassen wir es dabei. Seit 1943, mit hundert Jahren Verspätung, ist die Bibel nun auch in der katholischen Kirche Gegenstand wohlwollend-kritischer Prüfung geworden, nachdem Papst Pius XII. in seiner Enzyklika *„Divino afflante spiritus"* (*„Unter Eingebung des göttlichen Geistes"*) die grundsätzliche Anwendung aller modernen Forschungsmethoden erlaubte und verfügte. Im außerkatholischen Bereich war dies längst geschehen. Mühseligste Kleinarbeit hochqualifizierter Fachleute war erforderlich, um im Rahmen der Kanonskritik, der Textkritik, der historisch-literarischen Kritik und der Archäologie das vermutlich Ursprüngliche von später Hinzugefügtem trennen zu lernen. Das mag nicht immer in kirchenfreundlicher Absicht geschehen sein, aber wohl in jedem Falle der Wahrheitsfindung wegen.

Wer die Bibel nicht bloß oberflächlich kennt und außerdem über ihre abenteuerliche Entstehungsgeschichte wenigstens in den Grundzügen Bescheid weiß, wird der kühnen Behauptung, in der uns heute vorliegenden Fassung sei das Wort Gottes rein, irrtums- und widerspruchsfrei aufgezeichnet, mit höflicher Zurückhaltung begegnen.

Schon die Tatsache, dass keine Originale der einzelnen Schriften mehr existieren, sollte zu denken geben.

Beim **Alten Testament** kommt erschwerend hinzu, dass die hebräische Schrift im Laufe der Zeiten mehrfachen Veränderungen unterlag, ja, dass während der sogenannten hellenistischen Zeit des Spätjudentums (beginnend etwa um 200 v.Chr.) in Palästina kaum noch jemand die Sprache der Patriarchen und Propheten verstand. Noch schlimmer aber ist, dass man ursprünglich bloß die Konsonanten aufzuschreiben pflegte, die Mitlaute, und zwar fortlaufend, ohne Interpunktion – die Vokale wurden ausgelassen. Somit waren jene *„Urkunden den Lese- und Schreibversehen ihrer Abschreiber, dem Missverständnis und schließlich auch der Entstellung aus dogmatischen Rücksichten in hohem Maße ausgesetzt".* Erst 700 Jahre (!) nach unserer Zeitrechnung gingen die Masoreten, das waren Rabbiner, daran, Vokale und Akzente einzufügen – eine Aufgabe, die meines Erachtens nur mit mediumistischer Hilfe lösbar ist – und so den Text leserlich zu machen. Sie vermerkten dabei alle ihnen bekannten Lesarten und Schreibweisen der einzelnen Worte.

Neben anderen hier erspart bleibenden Fakten verdient noch erwähnt zu werden, dass die älteste vollständige hebräische Bibel aus dem Jahre 1010 n.Chr. stammt, woraus geschlussfolgert werden darf, dass ihre Zusammenstellung erst ab dem 11. Jahrhundert als abgeschlossen gelten kann. Zu allem Überfluss ergibt sich aus den Texten des Alten Testaments, dass mehr als 20 Bücher respektive Schriften verschwunden sind. Und schlussendlich müssen wir uns mit der Tatsache abfinden, dass manche Bücher aus unterschiedlichen Teilen bestehen, deren Entstehen zeitlich weit auseinander liegt, und dass die Verfasser nicht jene sind, deren Namen sie im einzelnen tragen. Moses zum Beispiel ist keineswegs der Autor der nach ihm benannten Bücher.[89] Die Sprüche Salomo segeln ebenfalls unter falscher Flagge, und die meisten Psalmen können unmöglich von David sein. Die beiden Teile des Jesaja-Buches differieren entstehungszeitlich um mehr als 150 Jahre. Das Milieu, in welchem die Prophezeiungen des Daniel-Buches spielen, ist historisch nicht nachweisbar und so weiter und so fort.

Die in grauer Vorzeit allmählich gesammelten religiösen Aufzeichnungen, Aussprüche, Lieder, mediumistischen Aussagen (sogenannte *Prophetenworte*) und Sagen bildeten erst ganz allmählich das, was uns heute als „Altes Testament" vorliegt. Im Laufe der Jahrhunderte erfuhren diese Texte Zusammenstellungen, mannigfaltige Ergänzungen, Zusätze und Ausschmückungen. Sie wurden ineinander verwoben und mehr oder weniger geschickt zu größeren Einheiten umgestaltet. *„Diese Mosaikkunst wurde zuerst im 1. Buch Mose erkannt, danach im ganzen Pentateuch (die fünf Bücher Mose), schließlich in den erzählenden Büchern überhaupt."* Nachdem dies erkannt worden war, qualifizierte sich die Quellenscheidung zur vordringlichsten Aufgabe der Kritik beziehungsweise Wahrheitsfindung, eben weil die einzelnen Bücher inhaltlich aus Teilen verschiedener Zeitperioden zusammengewürfelt sind.

Mit dem **Neuen Testament** sind wir nur wenig besser dran. Die Originale waren schon im 2. Jahrhundert n.Chr. verschollen. Geblieben sind lediglich Abschriften von Abschriften, wovon keine zwei völlig miteinander übereinstimmen. Allein in griechischer Sprache kennen wir mehr als 800 Evangeliumhandschriften aus dem 2. bis 13. Jahrhundert. Eine der ältesten und bekanntesten ist die von Konstantin Tischendorf 1844 und 1859 entdeckte Handschrift, der „Kodex Sinaiticus", der aus dem 4. Jahrhundert stammt und die Abschrift einer uns unbekannten griechischen Vorlage aus dem 2. Jahrhundert darstellt.

Die Zahl der Abweichungen und Verschiedenheiten in den zirka 1.500 mehr oder weniger vollständig erhalten gebliebenen Texten ist Legion, wie der verdienstvolle Theologe Julius Wellhausen in seiner *„Einleitung zu den ersten drei Evangelien"* sagt. Hinzu kommt, dass die ältesten dieser Dokumente als sogenannte Uncial- oder Majuskel-Handschriften nur in großen Buchstaben geschrieben sind, fortlaufend, ohne Satzzeichen, ohne Unterbrechung, wie bei den Texten des Alten Testaments. Nicht in jedem Falle kann mit letzter Sicherheit gesagt werden, wo ein Satz aufhört oder beginnt.

Die Kapiteleinteilung geschah erst im 13. Jahrhundert! Die Vers-Einteilung erfolgte dreihundert Jahre später (Luther kannte noch keine Vers-Bibel), und zwar durch den Buchdrucker Robert Estienne alias

Stephens (Stephanus), der dies größtenteils während einer Reise von Paris nach Lyon erledigte. Dass er weder fachmännisch noch sorgsam vorging, ist unbestreitbar.

Jesus selber scheint keine Vorkehrungen getroffen oder Anweisungen gegeben zu haben, seine Lehre schriftlich festzuhalten. Er mochte wohl gewusst haben, wie wenig hierdurch die Reinheit einer Überlieferung gewährleistet ist, ja, es ist überhaupt fraglich, ob er ein Religionsgründer sein wollte.

Erst nach dem Ausbleiben der erhofften Wiederkunft Jesu scheint man daran gedacht zu haben, die Begebenheiten um Jesus und seine Worte aufzuschreiben. So erklären sich die widersprüchlichen und lückenhaften Angaben, die jeder mündlichen Überlieferung zwangsläufig anhaften. Noch Jahrhunderte später, als die Kirche bereits zu einem machtpolitischen Faktor geworden war, wurden solche Schriften produziert und mit den Namen von Aposteln versehen, um Glaubwürdigkeit und Autorität zu erhöhen. Die heute im Neuen Testament enthaltenen *kanonischen*, das heißt *kirchlich anerkannten* Schriften stellen bloß einen Bruchteil jener Pergamente dar, die in den Christengemeinden der ersten drei Jahrhunderte in Umlauf waren und allesamt wertgeschätzt wurden. Aus der Vielzahl jener Erbauungsschriften – und mehr waren sie nicht! – erfolgte schlussendlich und nach langwährenden Streitigkeiten die Zusammenstellung des Kanons.

Die nicht in den Kanon aufgenommenen Schriftstücke nennt man *Apokryphen*. Von ihnen existieren noch einige. Obwohl auch hier die wirklichen Verfasser unbekannt sind, ist nicht von der Hand zu weisen, dass in ihnen die eine oder andere Aussage in klarerer Form enthalten sein kann als im Kanon. Hierzu ein belangreiches Beispiel: In den Petrusakten lauten die Worte Jesu am Kreuz nicht *„Mein Gott, mein Gott, warum hast du mich verlassen?"*, sondern: *„Meine Kraft, meine Kraft hat mich verlassen!"* Das ergäbe einen ganz anderen und überdies glaubwürdigeren Sinn als die im Grunde ungeheuerliche Annahme, Gott, den Jesus als einen in seiner Liebe unwandelbaren Vater verehrte, habe ihn ausgerechnet in seiner schwersten Stunde verlassen. Solches zu glauben wird wohl nur Menschen möglich sein, die noch heute blindlings bereit sind, statt eigenen Nachdenkens das Opfer ihres Verstandes zu bringen.

Neben der betrüblichen Tatsache, dass wir heute durch den Einfluss des ersten christlichen Theologen, Paulus, mehr ein paulinisches als ein jesuanisches Christentum haben, gesellt sich zu den bisher aufgezählten Unsicherheitsfaktoren des Neuen Testaments noch ein weiterer. Schon lange vor dem Konzil zu Nicäa (325 n.Chr.) war es der besonnene, gelehrte Grieche Marcion aus Sinope (geboren um 85 n.Chr.), der im Jahre 144 n.Chr. vor die Christengemeinde in Rom trat und ihr zwei Schriften zur Begutachtung unterbreitete: ein Evangelium und die „Antithesen". Er versicherte, dass in diesen beiden Büchern, an denen er in fünfjährigen Studien gearbeitet hatte, die unverfälschte Lehre Jesu enthalten sei. Sein Evangelienbuch enthielt den Lukasbericht sowie zehn Paulusbriefe, jedoch gereinigt von allen bis dahin schon vorgenommenen Beifügungen und Entstellungen. Marcion wäre somit der erste Vorläufer der heutigen Textkritik, zumal es ihm offenbar um nichts anderes als um die Bewahrung der reinen Lehre Jesu ging.

Die heftige Reaktion der Etablierten gestaltete sich ganz im paulinisch-alttestamentlichen Sinne, wie leider so oft in der Kirchengeschichte: Marcion wurde ausgestoßen und mit Schmähungen überhäuft (Justinus nannte ihn einen *Apostel der Dämonen"*, Polykarp gar den *„Erstgeborenen Satans"*), und um 500 n.Chr. waren nahezu alle marcionitisch orientierten Gemeinden „bekehrt", aufgelöst oder ausgerottet. Von seinen Schriften blieb uns keine erhalten, die nach weltlicher Macht strebende Kirche hatte gründliche Arbeit geleistet. Wann, wo und wie er starb, blieb verborgen.

Von den seinerzeit kursierenden Schriften wollte verständlicherweise jeder der in Nicäa versammelten Gemeindeoberen die seinigen als echt anerkannt wissen. Zuletzt, so erzählt die fromme Legende, legte man alle Schriften unter einen Altar und bat im Gebet darum, dass die echten durch göttliches Eingreifen obenauf zu liegen kommen möch-

224

ten, die anderen aber unten bleiben sollten. Und – oh Wunder – das war am nächsten Morgen der Fall.

Trotz dieses „Gottesurteils" fiel die endgültige Entscheidung über den Kirchenkanon erst auf den Synoden zu Rom (382 n.Chr.), Hippo-Regius (393 n.Chr.) und Karthago (397 und 419 n.Chr.), und zwar speziell auf Betreiben Augustins.[90]

An diesen für die Christenheit „heiligen Schriften" nahmen Abschreiber und Bearbeiter im Laufe der Jahrhunderte ungezählte Korrekturen, Verschlimmbesserungen und Ergänzungen vor. Ihre Einschübe (sogenannte Interpolationen), Streichungen und Erläuterungen verdarben die Texte noch mehr. Allein im Kodex Sinaiticus fand Tischendorf rund 16.000 (!) Korrekturen, die auf insgesamt sieben Überarbeiter schließen lassen. Teilweise sind bis zu drei Korrekturen abgeschabt und eine vierte darüber geschrieben. In Anbetracht solcher Fakten gehört eine erstaunliche Portion Verwegenheit dazu, bei alledem noch von „göttlicher Inspiration" zu reden.[91]

Als wichtigstes Argument für die Unersetzbarkeit des Alten Testaments wird der Hinweis auf den Monotheismus Israels ins Feld geführt, wonach sich der Ein-Gott-Glaube nur dort rein entwickelt habe. Dies wird allerdings durch das Alte Testament selber widerlegt, denn der vermeintliche Monotheismus entpuppt sich bei genauerem Hinsehen als *Monolatrie*, als *Sondergottlehre*. Unter diesem Begriff versteht man die Anbetung einer Gottheit, die im Leben einer Gemeinschaft, eines Stammes, einer Stadt oder Nation zu so hoher Bedeutung gelangt ist, dass sie – die Gottheit – das höchstvorstellbare Wesens- oder Idealprinzip der betreffenden Verehrerschaft zum Ausdruck bringt.

Nach Prof. Dr. Dr. Hermann Schneider und anderen Forschern war Jahu/Jaho/Jahwe ursprünglich ein Stammesgott umherstreifender Nomaden, die sich durch fortgesetzte Überfälle auf sesshafte Völkerschaften nicht gerade beliebt machten. Eine solche Gottheit pflegt ihrem Wesen nach der Schützer des Stammes gegen andere Götter und Einflüsse, mithin ihr Führer zu sein und erhebt dafür den Anspruch auf absolute Herrschaft und göttliche Ehren, nämlich Beuteanteil und Opfer. Jahwe genoss anfänglich Verehrung in Gestalt einer Schlange. Der in 4. Mose 21,8-9 und Joh. 3,14 erwähnte Schlangenstein war sein Heiligtum. Seine Priester nennen sich seitdem Leviten (Lev = Schlange), „Söhne der Schlange". Mit dem Sesshaft-werden wurde aus dem Stammesgott ein Lokalgott, *„aus dem Schützer und Führer eines beweglichen Verbandes wird er der Herr eines Ortes, einer Bodenfläche, einer Stadt und einer erweiterten Stadt, eines Reiches".*

Die Wesenheit *Jahwe* betont im Alten Testament oft und eindeutig genug, dass sie ausschließlich der Gott Israels sein wolle. Es wäre demnach die Frage erlaubt, ob der christliche Anspruch auf das Alte Testament und dessen Religion nicht den Tatbestand des Raubes fremden Kulturgutes darstellt? Und wie entstand überhaupt dieses folgenschwere Missverständnis der Gleichsetzung *Jahwes* mit dem, was der Christ unter dem Begriff *Gott* verstehen und verehren sollte?

Luther und andere übersetzten die wechselnden hebräischen Götterbezeichnungen wie Jahwe, Elohim, El Elion, El Schaddai, Adonai, Zebaoth und so weiter fast durchweg mit „Gott, der Herr". So entstand für uns der Eindruck einer Eingottlehre auch da, wo sie in Wahrheit nicht vorhanden war. Im hebräischen Text der ersten Schöpfungsgeschichte (in der zweiten spielt Jahwe die Hauptrolle) steht zum Beispiel nicht: *„Im Anfang schuf Gott Himmel und Erde"*, sondern *„Im Anfang schufen Elohim Himmel und Erde"*, was richtig mit „Götter" oder „Gottheiten" übersetzt werden müsste.[92] Wie schon mehrfach betont, nannte man ehedem jedes übersinnliche Wesen „Gott", und alles übersinnliche Wirken schrieb man den „Göttern" zu; heute würden wir „Geister" oder „Geistwesen" sagen.

Den Elohim-Begriff, der wie die meisten althebräischen Begriffe zweideutig bis zur Gegensätzlichkeit sein kann[93], erläutert der Kenner des Althebräischen, der jüdische Eingeweihte Oskar Goldberg, in seiner Arbeit *„Die Wirklichkeit der Hebräer"* (Berlin 1925) in dankenswerter Offenheit folgendermaßen: Elohim bedeute nicht „Gott" im theologischen Sinne. Der Plural von El, Elohim, sei ebenso wie der von

Adonim, der Plural unumschränkter Macht und Überlegenheit, wobei der Begriff Elohim gleichermaßen auf Gegenstände wie auf Menschen, Götter oder Prinzipien angewendet werden könne.

Aus alledem geht jedenfalls unzweideutig hervor, dass Jahwe ausschließlich der Gott der Hebräer ist und sein will und dass wir es hier mit einer nationalen Sondergottreligion zu tun haben, bei der man ständig und intensiv bemüht ist, durch Rassereinhaltung und peinlich genaue Beachtung der althergebrachten Rituale (siehe Schächten), jedwede Fremdeinflüsse anderer Götter (Elohim) auszuschalten. Wer freilich bloß die materielle Seite von Welt und Schöpfung zu akzeptieren in der Lage ist und von der Realität der unsichtbaren Welten keine Spur einer Ahnung hat, wird dies alles für mythologische Phantastereien halten. Aber eben das sind sie nicht!

Wenn ferner aus jüdisch-orthodoxer Sicht ehrlicherweise zugegeben wird, dass Jahwe keineswegs allmächtig und allgegenwärtig ist, ja, dass er im Kampf mit anderen Elohim sogar unterliegen kann, so folgt daraus deutlich genug, dass IHWH mit der geläuterten Gottesvorstellung des Christentums (im neutestamentlichen Sinne) schlicht unvereinbar ist. IHWH-Jahwe gilt als Herr dieser, das heißt der materiellen Welt, genauer gesagt: unseres Planeten.[94] Hieraus erklärt sich die krasse Diesseitsbezogenheit der Religion des Alten Testaments ebenso wie die rein irdisch verstandene Messiashoffnung und das triebhafte Streben nach weltlicher Macht und sinnlichen Genüssen. Sogar das große Fest nach Vollendung des erwarteten Gottesreiches (auf Erden) wird als ein üppiges *„Gastmahl von markreichen Fettspeisen und abgelagerten Weinen"* rein irdisch-materiell vorgestellt, währenddem die bösen Feinde *„wie ein Strohbündel in der Lache einer Düngerstätte niedergetreten"* werden (Jes. 25,6 und 10).

Im Alten Testament gelten nur Diesseitige als lebend. Das geht – nach Goldberg – so weit, dass vor Jahwe jeder Hinübergegangene, jeder Desinkarnierte als „unrein" gilt, und da er sich selber als „Gott der Lebenden" versteht, sind ihm alle anderen Elohim „Götter der Toten" im Sinne Gestorbener, sind „Elohim metim" (Jes. 8,19), sind Bewohner eines als trostloses Schattenreich gekennzeichneten Jenseits, wo es *„kein*

Schaffen und keine Überlegung mehr, weder Erkenntnis noch Weisheit" gebe (Pred. 9,10). Damit bekommt auch das vielzitierte Verbot des Totenbefragens einen für uns völlig neuen Aspekt, der neben dem bereits Dargelegten besondere Aufmerksamkeit beanspruchen darf!

Unsere Theologen mögen sich doch einmal bei den primitiv-spiritistischen Kulten der Dritten Welt umsehen. Da werden sie zwischen diesen und der Götterverehrung im Alten Testament keinen wesentlichen Unterschied entdecken. Hier wie dort belobhudelt man die sich via Medien (Propheten) manifestierenden Unsichtbaren und verschafft ihnen sinnfällige Genüsse, um ihr Wohlwollen zu erwerben und sich ihre Dienstbereitschaft zu sichern. Je mehr Anbeter solche Wesenheiten um sich scharen können, desto mehr *Odkraft* (Lebenskraft) steht ihnen zu Gebote (das gehört zu der von Goldberg erwähnten biologischen Wechselwirkung), und so wird ihnen manches zu tun möglich, was sie sonst niemals vermöchten. Dabei dürfte den weitaus meisten dieser „Gottheiten" ihre eigene Erbärmlichkeit durchaus bewusst sein, aber *mundus vult decipi*, die Welt will betrogen sein, und außerdem schmeichelt das Verehrtwerden in nicht geringem Maße ihrer Eitelkeit. Hier liegt zudem auch die vielbeschworene Gefährlichkeit des Vulgärspiritismus: in ideologischer Hinsicht durch das für die Jenseitigen leicht zu bewerkstelligende Täuschen und gesundheitlich im Entzug von Lebenskraft (Od), die den Geistergläubigen nicht ersetzt wird. Diese Gefahren entfallen jedoch im Verkehr mit wirklich höherentwickelten Geistern, die sich aber für plumpe physikalische Manifestationen ebenso wenig hergeben wie für albernes Geschwätz. Man versäume nie, bei alledem das spirituelle Grundgesetz der Anziehung des Ähnlichen zu beachten — Gleiches zieht Gleiches an.

Luther nun ließ die Namen *El Elion* und *El Schaddai* zwar an einigen Stellen stehen, übersetzte sie aber zumeist ebenfalls mit „der Herr" oder „Gott, der Allmächtige". El Elion wie auch El Schaddai waren jedoch bereits Gottheiten der kanaanitischen Völkerschaften, bevor die Hebräer in deren Gebiete einbrachen. Während El Elion als *Gott des Lichtes* Verehrung genoss, verkörperte oder symbolisierte El Schaddai vorwiegend dessen Gegenpol. (Er ist der *Scheitan*/Satan im Islam und auch der Ursprung des Wortes *Schatten*, englisch *shadow*.) Als solcher, das heißt als Personifikation des zerstörenden Prinzips, begegnet uns dieser Name in den ersten drei Mosesbüchern, in Ruth und Hiob. Dem Autor des Buches „*Lexikon des Geheimwissens*" Horst Miers zufolge dürfe es bei Hiob 6,4 nicht heißen: „*Die Pfeile des Allmächtigen stecken in mir*", sondern „*die Pfeile El Schaddais*".

Soviel wir wissen, war Marcion der Erste, der das Alte Testament als unvereinbar mit der Lehre Jesu ablehnte. Nach dem Theologen Adolf von Harnack musste er es „*als ein falsches, widergöttliches Buch verwerfen, um das Evangelium rein behalten zu können*". Von Verwerfen sei aber heute nicht mehr die Rede, vielmehr werde dieses Buch „*erst dann in seiner Eigenart und Bedeutung... gewürdigt und geschätzt werden, wenn ihm die kanonische Autorität, die ihm nicht gebührt, entzogen worden ist*". Harnack betrachtete die Gleichstellung des Alten Testaments mit dem Neuen Testament als „*im Christentum unstatthaft*", was schon der Theologe Friedrich Schleiermacher erkannt habe, und schreibt weiter: „*Seit einem Jahrhundert wissen das die evangelischen Kirchen und haben nach ihren Prinzipien die Pflicht, dem Folge zu geben, das heißt, das Alte Testament zwar an die Spitze der Bücher zu stellen, die gut und nützlich zu lesen sind und die Kenntnis der wirklich erbaulichen Abschnitte in Kraft zu erhalten, aber den Gemeinden keinen Zweifel darüber zu lassen, dass das Alte Testament kein kanonisches Buch ist.*"[95]

Das Alte Testament habe ich, zum Unterschied von wohl 90 % der Christen, von vorn bis hinten gelesen. Streckenweise vermochte ich kaum zu glauben, welch entsetzliche Dinge im „Buch der Bücher" stehen. „*Die Propheten wurden nicht müde*", schreibt Dr. Robert Kehl, „*zur Ausrottung anderer Religionen aufzurufen. Das Ergebnis war eine Intoleranz, die, obschon auch andere Völker oft religiös intolerant waren, ihresgleichen suchte.*"[96]

Ein paar Beispiele hierzu: 2. Mose 32,25 ff., wo zum gegenseitigen Morden unter dem eigenen Volk aufgefordert wird (3.000 Opfer). Im 4. Buch Mose, Kap. 25 gab es 24.000 Tote; „*...nahm einen Speer in seine Hand und durchbohrte beide, den israelitischen Mann und das (midiani-*

tische) Weib, und zwar letzteres durch ihren Unterleib." In Josua 6,21 wird, wie so oft, der „Bann" vollstreckt *„an Männern wie an Weibern, an jung und alt, an den Rindern wie am Kleinvieh und an den Eseln: alles wurde mit der Schärfe des Schwertes niedergemacht"*. Auch Jesaja 34,2 ff. ist sehr „erbaulich", und in Jes. 63,1-6 besingt „der Herr" seine blutbesudelten Gewänder! In Jes. 66,17 werden die Schweinefleischesser verdammt. In Hesekiel 20,25 und 26 bekennt „der Herr", dass er dem Volk Satzungen gab, *„die nicht zum Guten waren"*. In Hes. 5,13 will „Gott" seinen Grimm an den Menschen auslassen und seinen Zorn abkühlen, um sich zu trösten! Im 2. Sam. 24 animiert „der Herr" den David zur Vornahme einer Volkszählung und bestraft dann dieses „Verbrechen" mit 70.000 Pesttoten.

Nach 1. Samuel 5. und 6. Kapitel schlägt „der Herr" Männer *„am heimlichen Ort ihrer After"*, worauf zur Ehre des Herrn fünf goldene After und fünf goldene Mäuse angefertigt werden. Ferner mussten 50.000 Menschen sterben, weil sie die Bundeslade angeblickt hatten. Bei der Tempeleinweihung nach Kön. 8,63 wurden 22.000 Rinder und 120.000 Schafe geopfert. Welch schauderhaftes Blutbad! Dazu der Gestank verbrennenden Fleisches, Qualm und Sonnenglut, fürwahr eine weihevolle Stimmung.

Jes. 13,16 frohlockt: *„Ihre Kinder werden zerschmettert vor ihren Augen, ihre Häuser geplündert und ihre Weiber geschändet."* Dazu Psalm 137,9: *„Wohl dem, der deine kleinen Kinder nimmt und zerschmettert sie am Steine."* (Menge: *„Heil dem, der deine kleinen Kindlein packt und am Felsen zerschmettert."*)! 1. Sam. 15,29 besagt, dass Gott, der Sieger in Israel, nicht schonen wird *„und es wird ihn nicht gereuen, denn er ist kein Mensch, dass er bereue"*. Menge: *„Und niemals lügt der ruhmwürdige Gott Israels und empfindet keine Reue, denn er ist kein Mensch, dass ihn etwas gereuen müsste."* Aber Vers 35 des gleichen Kapitels kündet von der Reue des Herrn, dass er Saul zum König gemacht, und im 1. Mose 6,6 reute es den Herrn, dass er Menschen gemacht hatte (was durchaus verständlich wäre).

Nach 2. Sam. 12,31 führte David das Volk der eroberten Stadt *„heraus und zersägte sie und fuhr eiserne Wagen über sie her und zerschnitt sie* *mit Messern und zog sie durch, wie man Ziegel formt; also tat er allen Städten der Söhne Ammons"* (Übersetzung nach Allioli). Luther übersetzt diese schaurige Stelle: *„Aber das Volk drinnen führte er heraus und legte sie unter eiserne Sägen und Zacken und eiserne Keile und verbrannte sie in Ziegelöfen."* Ähnlich steht es in allen früheren Bibeln, die ich kenne. Nach dem Zweiten Weltkrieg scheint mal wieder ein bisschen Bibelfälschung getrieben worden zu sein, denn nun heißt es plötzlich: *„...und stellte sie als Fronarbeiter an die Sägen, die eisernen Pickel und an die eisernen Äxte und ließ sie an den Ziegelöfen arbeiten."*[(79)]

Die fadenscheinige Begründung, Gott habe die rücksichtslose Ausrottung anderer Völkerschaften wegen des dort geübten Götzendienstes befohlen, entbehrt jeder Stichhaltigkeit, denn der Jahwe-Kult lag auf demselben Niveau. Man lese die magisch-abergläubischen Kultvorschriften im 3. Mose 1 ff., *„eine schier endlose Reihe ausgetüftelter Vorschriften für die einzelnen Opferarten, ganz so, wie sie in Babylonien für die ‚heidnischen' Götter Marduk, Nebo usw. sich finden"*, bemerkt Delitzsch.

Auffallend ist der lodernde Hass, der einem aus den alttestamentlichen Texten entgegenschlägt und der sich fortwährend in Kriegen und Greueltaten auswirkt. Auch „des Herrn" letztes Gericht wird als Tag weltweiten Schlachtens besungen (Joel 4,13 ff.), die Leichen würden nicht begraben, sondern als Mist auf dem Erdboden liegen bleiben (Jerem. 25,33), und sogar die Tiere werden zum Fleischfressen und Blutsaufen eingeladen (Hes. 39,17 ff.). Solches wird man in den heiligen Schriften anderer Religionen schwerlich finden, so dass sich der seinerzeitige französische Minister jüdischer Abkunft und Präsident der „Alliance Israélite", Crémieux, veranlasst sah zu erklären: *„Wenn die jüdische Religion in dieser Weise den Mord und das Vergießen von Menschenblut befiehlt, dann lasset uns Juden-Philosophen, Christen und Mohammedaner in Masse uns erheben und diesen barbarischen und gottesräuberischen Kult, welcher Mord und Totschlag zum Range göttlicher Gebote erhebt..., beseitigen."*[(98)]

Belangreich dünkt in diesem Zusammenhang, dass das Wort „Altar" (misbeach) als irreführende Übersetzung gilt und richtig „Schlachttisch" heißen müsste. Den Brandopfern wurden ausgesuchte Zutaten beigefügt (2. Mose 30,34 ff.), denn mit der Fleischverbrennung und der Verdampfung des Blutes bezweckte man ganz bestimmte nekromantische Voraussetzungen zur Manifestation Jenseitiger[99] beziehungsweise des „Herrn" (Vers 36). (Nekromantie = Totenbeschwörung)

Neben dieser schauderhaften blutigen Opferung, die Eingeweihten noch heute geläufig ist, gab und gibt es die unblutigen Speise- und Trankopfer, die jedoch als minder wirksam erst nach dem Blutopfer rangieren.

Dass Jakob des Nachts mit „Gott" gerungen haben soll und ihn sogar bezwang, ist ein weiteres Glied jener alttestamentlichen Ungereimtheiten, die in Unkenntnis des Begriffes „Elohim" entstanden. Nach Oskar Goldberg soll es sich bei jenem nächtlichen Ringkampf um den Elohim Asasel gehandelt haben, den „Gott der Ziegen", der auf dem Har Sëir, dem Ziegenbock-Berge, wohnte (1. Mose 36,9) und dem alljährlich der „Sündenbock" zugeführt wurde. Jakob soll gesagt haben: *„Ich habe Gott gesehen von Angesicht zu Angesicht."*[100] Von der parapsychologischen Erfahrung her wäre ein solcher Ringkampf durchaus vorstellbar, aber nicht mit Gott, sondern mit einem materialisierten Jenseitigen. Menge übersetzt denn auch vorsichtigerweise „Gott-Engel", und im 1. Mose 32,26 bittet dieser schließlich, Jakob möge ihn loslassen, denn die Morgenröte breche schon an. Welches Wesen hat Angst vor dem Sonnenaufgang, Angst vor dem Licht?

Wenn wir im Alten Testament überall da, wo von Gesprächen mit „Gott" die Rede ist, richtigerweise *ein* oder *einen* Gott beziehungsweise Geist lesen, dann wird auch die schockierende Respektlosigkeit des Jakob verständlich, der nur unter Bedingungen den „Herrn" als solchen anzuerkennen bereit war. Nach Mose 28,20-22 erkühnte sich Jakob zu sagen: *„So der Herr mit mir ist und mich behütet auf dem Wege, darauf ich wandle, und mir Brot zu essen gibt und Kleider anzuziehen, und so ich wieder glücklich in meines Vaters Haus komme: **dann** soll der Herr mein Gott sein ... Und von allem, was du mir gibst, will ich dir den Zehnten op-*

fern. " – Fürwahr, Jakob scheint kein schlechter Geschäftsmann gewesen zu sein...

In aller Kürze sei noch ein beliebtes Argument der Verteidiger des angeblich einzigartig dastehenden hebräischen Monotheismus gestreift, wonach neben dem Jahwe-Glauben niemals der Glaube an eine weibliche Gottheit habe Platz greifen können. Delitzsch kontert hierauf mit dem Hinweis, dass so etwas deshalb nicht möglich war, *„weil bei den hebräischen wie arabischen Wüstensöhnen das Weib eine viel zu niedrige, ja verachtete Stellung einnahm"*. Die Idee männlicher *und* weiblicher Gottheiten habe nur bei einem Volk aufkommen können, *„welches dem Weib eine mit dem Manne völlig gleichberechtigte Stellung, ja, sogar eine Ehrenstellung neben dem Manne zuwies. Dieses Volk aber war das sumerische Volk, das in Babylonien, vornehmlich in Südbabylonien, im 3., 4., 5. vorchristlichen Jahrtausend zu hoher menschlicher Kultur erblüht war"*.[101]

Im Alten Testament gilt die Frau so gut wie nichts, von ihrer Nützlichkeit als Arbeitskraft und sexuellem Lustobjekt abgesehen.[102] Diese anscheinend im Nomadentum wurzelnde Frauenverachtung gehört im Christentum zur paulinischen Hypothek: Die Frau hat dem Manne untertan zu sein und somit nichts zu sagen (was der Natur vieler „Evastöchter" sehr widerspricht). Mönche vergeudeten viel Zeit für hochgelehrte Abhandlungen über die Frage, ob das Weib eine Seele habe oder nicht. Ihren schlimmsten Auswuchs aber fand die alttestamentlich begründete Frauenfeindlichkeit in den furchtbaren Hexenverfolgungen. – Wen wundert es noch, dass die 144.000 Auserwählten auf Zion (Offb. 14,1) selbstredend nur solche sein können, *„die sich mit Weibern nicht befleckt haben"*? O heilige Einfalt! Hoffentlich finden es manche Frömmler nicht gar zu deprimierend, von Frauen geboren worden zu sein!

Durch den unheilvollen Einfluss alttestamentlicher Auffassungen erfuhr unser abendländischer Gottesbegriff eine deutlich antichristliche Prägung: Das personifizierte Prinzip der universellen Liebe und des allerhaltenden Lebens erscheint geradezu ins Gegenteil verkehrt. *„Du* *gleichst dem Geist, den du begreifst, nicht mir"*, lässt Goethe im „Faust" sagen. Schon Paulus vermengte sein altrabbinisches Blutopfer- und Sühnedenken mit den dem Alten Testament allgemein entgegengesetzten Lehren Jesu, und zwar in der verständlichen Absicht, seine Volksgenossen von Jesus als dem verheißenen Messias zu überzeugen. Andere scheinen ihm nachgeeifert zu haben, denn im Neuen Testament, besonders aber im Matthäus-Evangelium, fällt das schier krampfhafte Bemühen auf nachzuweisen, *„dass die Schrift erfüllet sei"*. Friedrich Delitzsch bemerkt hierzu:

> *„Darin ist sich die Wissenschaft einig, dass gerade an den im Neuen Testament zitierten alttestamentlichen Stellen die griechische Wiedergabe sehr vielfache Ausstellungen, zum Teil ernsterer Art, herausfordert, dass der... Wortlaut dem Urtext oft ganz und gar nicht entspricht. Und da nun überdies... es in den Jahrhunderten vor und nach Jesus ganz gebräuchlich war, die alttestamentlichen Zitate aus ihrem Zusammenhang zu reißen, die verschiedenartigsten Stellen, in denen zufällig das nämliche Wort vorkommt, zu einem Zitat zusammenzuschweißen, ja sogar halbe Sätze herauszugreifen unter Weglassung der für den Sinn entscheidenden anderen Hälfte, so begreift es sich leicht, dass die alttestamentlichen Zitate im Neuen Testament der theologischen Wissenschaft gar manche und große Ungelegenheit bereitet haben und andauernd bereiten."*

Bei Matthäus habe dieses Dogmatisieren *„in besonders verhängnisvoller Weise mannigfache Vergewaltigungen des alttestamentlichen Wortlauts"* verschuldet, *„da sich das Leben und Wirken Jesu von Nazareth mit dem prophetischen Messiasbilde durchaus nicht deckte"*. Dabei sei der Evangelist schon mit Nazareth in Verlegenheit gekommen, da der Messias doch nur aus Bethlehem erwartet werden konnte. Wohl heißt es auch hier (Matth. 2,23): *„Auf dass erfüllet würde, was durch Propheten gesagt ist: Er soll ein Nazoräer heißen."* (Luther: *„Er soll Nazarenus heißen."*) **Eine solche Prophetenstelle gibt es aber im Alten Testament nicht; auch Nazareth findet sich nirgends erwähnt.**
Den meisten Theologen zufolge können wir jedoch auf das Alte Testament unmöglich verzichten, weil Jesus in der Vorstellungswelt des-

selben erzogen worden sei und das Neue Testament erst aus dem Alten Testament heraus verständlich würde. Außerdem habe er ja gesagt, er sei nicht gekommen, das Gesetz umzustoßen, sondern zu erfüllen. Letzteres bezweifelte schon Marcion und meinte, es sei gerade umgekehrt gewesen, indem Jesus die Menschen aus der Knechtschaft zahlloser Gesetzesvorschriften befreien wollte (möglicherweise sogar im Sinne von Hes. 20,25). Laut Bergpredigt zerschlägt er denn auch rücksichtslos bislang geltende und für unantastbar gehaltene Vorschriften mit den Worten: *„Zu den Alten wurde gesagt..., Ich aber sage euch...“* Hätte Jesus das gewagt, wenn Jahwe für ihn Gott gewesen wäre? – Gottvertrauen und Nächstenliebe, das sei das Gesetz und alle Propheten (Matth. 22,40). Wer vermöchte diese Maxime noch einfacher und klarer auszudrücken?[103]

Mit Gegenströmungen zur Wiederherstellung des früheren Zustandes hatte das spätere Christentum immer wieder zu kämpfen, einschließlich versuchter Wiedereinführung der Beschneidung. Diese war übrigens auch bei anderen Völkern des Altertums üblich und kann somit schwerlich als Ausschließlichkeitsmerkmal eines Sonderbundes mit Gott gelten. Aber gerade dieses andauernde Bezugnehmen auf das den Geist knechtende Alte Testament mit seinen Vorstellungen eines angstverursachenden, rachedurstigen, zürnenden, strafenden, eifersüchtigen und beleidigungsfähigen Gottes führte in gerader Linie zu den betrüblichsten Kapiteln der christlichen Geschichte.

Jedenfalls wird dem Vorwurf nur schwer zu widersprechen sein, wonach der (Un-)Geist des Alten Testamentes neben grauenvollen Religionskriegen auch – bis über Luthers Zeit hinaus – jeden wissenschaftlichen Fortschritt gehemmt und finstersten Aberglauben in beträchtlichem Maße begünstigt hat. Selbst protestantische Theologen wie Melanchthon, Rhegius, Menius, Branz, Calvin und sogar Luther beriefen sich zur Rechtfertigung des bestialischen Hinmordens sogenannter Ketzer und Hexen auf entsprechende Stellen im Alten Testament. Cromwell zum Beispiel verteidigte die Ausrottung der Irländer als *„Hinschlachtung der Amalekiter“.* Auch der abendländische Sklavenhandel fand seine alttestamentliche Begründung in der absurden Idee, die Schwarzen seien als Nachkommen des von „Gott" verfluchten Kain geburtsmäßig dazu bestimmt, das Schicksal der Sklaverei zu erdulden.[(104)]

Von alledem bleibt die reine, einfache, theologiefreie Lehre Jesu glücklicherweise unberührt. Und sie ist für jedermann anwendbar. Zudem war sie in ihren Prinzipien durchaus nichts Neues. Kein Geringerer als Augustinus bekannte: *„Was jetzt die christliche Religion genannt wird, war schon bei den Alten vorhanden und fehlte nie von Anfang des Menschengeschlechts, bis dass Christus ins Fleisch kam; seitdem fing man an, die wahre Religion, die schon vorhanden war, die christliche zu nennen."* Auch die ethisch-sozialen Richtlinien der sieben beziehungsweise zehn Gebote verlieren ihre biblische Originalität, wenn man weiß, dass sie schon den Sumerern und Babyloniern selbstverständlich waren und dort anscheinend keiner speziellen Offenbarung mit Blitz und Donner bedurften.

Bedauernswerte Christenheit –
Das Kreuz mit den Kirchen
Mit einem Appell an den Vatikan

Zum Kritisieren unserer Kirchen, ja, der christlichen Religion überhaupt, gehört seit langem keinerlei Mut mehr. Sachliche Kritik ohne Gehässigkeiten sollte stets willkommen sein, denn „Ecclesia semper reformanda" heißt, sich offen zu halten für alles, was zu erweiterten Kenntnissen und Erkenntnissen führt, um unser Gottvertrauen zu begründen und zu festigen. Es spricht jedoch für einen sehr miesen Charakter, einseitig nur negative Fakten der Kirchengeschichte heraus zu streichen, ohne auch nur ein Wort der Anerkennung und Dankbarkeit übrig zu haben für all jene Millionen Ungenannten und unbekannt Gebliebenen, die tapfer und selbstlos ein Christentum der Tat praktizierten, jahre- oder gar lebenslang, oft unter vielen Entbehrungen, Nöten und Gefahren! Können gehässige Kritiker Ähnliches vorweisen?

Nun, Undank ist bekanntlich der Welt Lohn. Ordensleute, wie auch zahlreiche andere Christen, linderten in aller Welt unendlich viel Not und leisteten eine gewaltige Kulturarbeit. Jetzt jedoch zeichnen sich zunehmend Zerfallserscheinungen ab, die sehr zu denken geben.

So heißt es in der Zeitschrift „Legion Mariens" Nr. 4/2009: *„Die Kirche ist durch eine schreckliche Verwirrung erschüttert. Ihre Zukunft ist schwer bedroht. Viele Seminare und Noviziate sind geschlossen, der Rest ist fast leer. Die Verwirrung breitet sich aus, die Abtrünnigkeit wird allgemein."*

Berliner „Tagesspiegel" vom 8.10.2007: *„Immer mehr deutsche Kirchen werden zu Moscheen! Aus Mangel an Kirchgängern wollen die katholische und evangelische Kirche in den nächsten Jahren rund 10.000 Gotteshäuser schließen. Demgegenüber wächst die Zahl muslimischer Gebetsstätten rapide."*[105]

Pressemeldung vom 29.7.2011: *„Mehr Kirchenaustritte. Nach Bekanntwerden der Missbrauchs-Skandale sind 2010 laut Kirchenstatistik über 181.000 Katholiken aus der Kirche ausgetreten, 47% mehr als 2009. Erstmals gab es damit mehr Austritte als Taufen."*

Pressemeldung vom 18.2.2008: *„Weltweiter Priestermangel. Die Zahl der katholischen Geistlichen schrumpft weltweit. Laut Vatikan gab es 2006 noch 196.000 geweihte Priester. Ihre Zahl sank in den 27 Jahren des Pontifikats von Johannes Paul II. um 25 Prozent."*

Für die Schweiz gibt der „Tages-Anzeiger" vom 7.9.2006 an: *„Die Zahl der (kath.) Priester geht dramatisch zurück, zwischen 1992 und 2004 um ganze 29 Prozent, von 19.300 auf 13.700. Pfarreien werden zusammengelegt, Akademien dichtgemacht, Sozialwerke sistiert und nach McKinsey-Manier Leute wegrationalisiert. Bis zu 20.000 kirchliche Stellen werden in den kommenden Jahren gestrichen."*

Neben solchen Alarmzeichen laufen außerdem noch weltweite Bestrebungen zur „Entchristianisierung" unserer großen christlichen

Glaubensfeste: In Oxford beispielsweise wurde seit 2006 das Wort „Weihnachten" (Christmas) aus dem offiziellen Sprachgebrauch der Stadt gestrichen und durch das Wort „Lichterfest" ersetzt. Aus Rücksicht auf die religiösen Gefühle Zugewanderter gibt es in manchen deutschen Großstädten keine Weihnachtsdekorationen mehr. Weihnachtliche Gehaltszulagen hingegen erregen kein religiöses Ärgernis... Im Südtiroler Bozen müssen Kindergärtnerinnen darauf achten, dass keine Weihnachtslieder mit christlichem Bezug, wie „Stille Nacht", mehr gesungen werden.[106]

Daneben herrschen im protestantischen Kirchenleben teils verheerende Zustände. Ein Flensburger Pastor äußerte sich zur Abendmahlsfeier, dies sei für ihn *„so eine Art Vereinsessen wie beim Kleingärtner-Verein".* Studenten der Theologischen Fakultät Heidelberg forderten die Abschaffung der Predigt und des Händefaltens beim Beten, weil dies eine Unterwerfung unter die fremde Instanz „Gott" bedeute. Gott aber sei eine Erfindung der Urgemeinde. Schon in den 1950er Jahren griffen Tübinger Theologie-Studenten ihren konservativen Lehrer in einem Flugblatt an mit den Worten: *„Käsemann sieht nicht, dass das NT ein Produkt neurotischer Spießer ist. Das NT ist ein Manifest der Unmenschlichkeit, ein groß angelegter Massenbetrug. Es verdummt die Menschen, statt sie über die objektiven Interessen aufzuklären."*[107]

Nach dem Zweiten Weltkrieg wurde jungen Leuten das Theologiestudium bezahlt, mit dem Auftrag, die Kirchen zu unterwandern und den christlichen Glauben beseitigen zu helfen. *„Von 16 angehenden Pfarrern sind 15 Atheisten",* schrieb ein Berliner Amtsgerichtsdirektor an den seinerzeitigen evangelischen Bischof Scharf, *„gebe Gott, dass unsere Kirche nicht an diesem Übel zugrundegeht".*

Pressemeldung vom 16.5.2005: *„Schmuddel-Kunst in der Kirche. In der evangelischen Peterskirche in Heidelberg wurde ein choreografisches Schauspiel in 24 Szenen dargeboten. Es geht um den Mißbrauch von Gefühlen: Männer urinieren auf Männer (mit Wasser aus Plastik-*

beuteln), einer erbricht sich, ein anderer zeigt seinen nackten Hintern. Eine Frau zerdrückt unter den Hoden eines Schauspielers zwei Hühnereier. – Eklig? Die 350 Zuschauer klatschten."

In Anspielung auf Jesus zeigte das Plakat des Evangelischen Kirchentages 1987 in Frankfurt ein Affengesicht mit der Unterschrift „Ecce homo" („Sehet, welch ein Mensch"; Joh. 19,5). Schließlich noch *„ein Höhepunkt des Evangelischen Kirchentages"* in Köln 2007: *„Pfarrer feiert erotischen Gottesdienst."* 500 Gläubige drängten in die Kartäuserkirche. Rosenblätter schweben herab. Der Pfarrer am Schluss seiner Predigt: *„Vielleicht sollten wir Pfarrer öfter mit unserer Liebsten ins Bett gehen. Amen."* Dann tanzte eine knapp bekleidete Dame im Mittelgang und zu Saxofonmusik über Rosenblättern. Statt des Abendmahls gab es Rosenöl. Nach dem Vaterunser mahnte der Pfarrer: *„Lobt Gott mit euren Körpern, mit eurer Lust und Zärtlichkeit."* – Tosender Applaus!

Zunehmender Beliebtheit scheinen sich auch die Narren-Gottesdienste der *Evangelischen Kirche in Deutschland* (EKD)[108] während der Fastnachtszeit zu erfreuen. Es muss ein erbaulicher Anblick sein, den Pfarrer vorn als Narr verkleidet zu sehen. Was würden wohl die Millionen ermordeter Christen dazu sagen?
Eine alte Hausinschrift lautet: *„Die Menschen meinen immer, die Zeiten werden schlimmer. Die **Zeiten** bleiben immer, die **Menschen** werden schlimmer."*

Alles in allem: Es steht schlecht um die Zukunft der protestantischen Amtskirchen. In ihrem Dokument „Perspektiven für Kirchen in Europa" gab die 6. Vollversammlung der *Gemeinschaft Evangelischer Kirchen in Europa* (GEKE) bekannt: *„Eine Re-Christianisierung, wie sie die römisch-katholische Kirche verfolgt, ist weder realistisch noch erstrebenswert."*[109] Wie bitte? Ist das wahr? Das wäre ja eine unerhörte Selbst-Demaskierung von Leuten, die am Niedergang der Christen-Religion stark interessiert zu sein scheinen. – Dann stünde also an der geschlossenen Kirchentür nicht: *„Wegen Renovierung geschlossen"*, sondern: „*Wird abgerissen. Besuchen Sie die nächste Moschee.*" Und was sagen Kirchen- und christliche Parteiführer zu alledem? Vermutlich so gut wie nichts. Wie es beim Todesproblem ebenso der Fall ist: Der evangelische Theologe Prof. Dr. Ernst Benz aus Marburg (ich kannte ihn noch persönlich) sagte vor dem Kirchentag 1973 in Düsseldorf, im Protestantismus habe sich „*die kümmerlichste aller Jenseitsvorstellungen durchgesetzt, nämlich, dass der Mensch, wenn er stirbt, mausetot ist und dann vielleicht – nach einem Zeitraum von unbestimmter Länge, am ‚Jüngsten Tage', an den kaum noch jemand glaubt – durch einen Akt der Neuschöpfung wieder auferweckt wird, um dann ‚gerichtet' zu werden*". Dies sei alles so absurd wie nur möglich, betonte Prof. Benz treffend und verwies folgerichtig auf die Tatsache, dass „*zum persönlichen Leben die Kontinuität der Persönlichkeit und die lebendige Entwicklung gehört*"!

Glücklicherweise scheinen nur unsere protestantischen Amtskirchen vom theologischen Zersetzungsvirus unserer Zeit befallen zu sein. Im Gegensatz zu ihnen verzeichnen die Freikirchen ein enormes Wachstum. Hier stechen besonders die Pfingstgemeinden hervor: In ekstatischen Zuständen empfinden sie die Präsenz jenseitiger Welten. Die damit verbundene Erlebnisdimension umfasst Merkmale, die als „*Ausgießung des Heiligen Geistes*" interpretiert werden und als „*ganzheitliche, ekstatische und erfahrungsgestützte religiöse Praxis*".[(110)]

Festgehalten sei jedoch, wie dies auch der Hamburger Theologe, Lehrer und Nahtodforscher Jörgen Bruhn betont, dass die krasse Ablehnung der Weiterlebensforschung „*zum Glück nicht für alle evangelischen Theologen und kirchlichen Mitarbeiter zutrifft*". Er erlebte auch große Unterstützung aus den Reihen der Kirche.[(111)] Wenn man jedoch Verlautbarungen liest wie jene von Prof. Rudolf Bultmann, wonach Jesus nach seinem Kreuzigungstod „*nicht wirklich auferstanden, sondern ins Wort auferstanden*" sei, so stimme ich Jörgen Bruhn zu, wenn er sagt: „*Ich habe lieber Platon auf meiner Seite als solche Theologen!*"

Es gäbe noch etliches andere zu berichtigen, wie zum Beispiel die Bitte im Vater-unser-Gebet: „*Und führe uns nicht in Versuchung*".

Welch kindische Gottesvorstellung, Gott würde die armen Menschlein in Versuchung führen, um zu testen, ob sie die Prüfung bestehen. Zudem lesen wir bei Jak. 1,13 die Zusicherung, dass Gott niemanden versucht. Richtig müsste es an jener Stelle heißen: *„Und führe uns in der Versuchung."* oder *„Lass uns nicht in Versuchung fallen."*

Auch mit der vielerhofften *Wiederkunft Jesu* kann etwas nicht stimmen, denn die Christenheit wartet bislang vergeblich darauf. Zwar beten wir nach wie vor *„Dein Reich komme"*, vergessen aber dabei, dass Jesus betonte, sein Reich sei *nicht* von dieser Welt. Wäre es nicht Aufgabe höherrangiger Seelenhirten, sich um Klarheit zu bemühen? Pastor Dr. Günther Schwarz kam bei seinen Text-Rückübersetzungen zu anderen Aussagen und schrieb mir: *„Wozu soll Jesus wiederkommen? Was soll er hier tun? Soll er den Mächtigen ihre Macht wegnehmen? Wozu? Um selber als Erdenbewohner über Erdenbewohner zu regieren, bis in alle Ewigkeit?"* Die Errichtung eines Friedensreiches auf Erden übertrug Jesus seinen Nachfolgern, die sich Christen nennen. Er gab uns das „Rezept" hierzu. Ein weiterer Kommentar erübrigt sich.

Der Kampf gegen Religion im Allgemeinen und gegen die Christenheit im Besonderen tobt nicht erst seit gestern. Er spielt sich auf unterschiedlichen Ebenen ab. Am meisten gehasst wird die katholische Kirche. Gilt hier die Volksweisheit: *„Das sind die schlechtesten Früchte nicht, an denen die Wespen nagen."* Beim überraschenden Tod des 33-Tage-Papstes Johannes Paul I., am 29.9.1978, wurde deutlich, dass im Vatikan anscheinend auch nicht alles zum Besten steht. Nicht nur uneinheitliche Verlautbarungen erregten Verdacht, sondern auch die sehr eilige Beerdigung, ohne die Todesursache abzuklären. Fürwahr, sehr ungewöhnlich bei einem Papst! Aber das ist vielleicht weniger verwunderlich, wenn es stimmt, dass im Jahre 1963 im Vatikan insgeheim ein Ritual zur Inthronisation von Luzifer in die katholische Kirchenführung vollzogen wurde. Im Buch *„Der letzte Papst"* von Malachi Martin kann man darüber nachlesen. Pater Dr. Martin war Ex-Jesuit und Vertrauter dreier Päpste. Kurz vor seinem (ebenfalls mysteriösen) Tod betonte er gegenüber Journalisten, dass sein Buch ein Tatsachenbericht sei. Nur einige Personen- und Ortsnamen habe er verändert und die Romanform gewählt, um bestimmte Persönlichkeiten zu schützen.[112]

Die Lehre der katholischen Kirche wurde erst im Tridenter Konzil (1543-1563) einheitlich festgelegt und fand durch das Vatikanische Konzil von 1869/70 eine Fortsetzung. 1871 spaltete sich die altkatholische Kirche ab. Hier wird die lehrmäßige päpstliche Unfehlbarkeit abgelehnt, und die Priester dürfen heiraten.

Eine Erhebung des Zölibats zur Stufe der Freiwilligkeit wäre überfällig und eine Befreiung aus unnötigen Zwängen. Erkennt man nicht die Zeichen der Zeit? Sie stehen auf Sturm!

Obwohl meiner völligen Bedeutungslosigkeit bewusst, jedoch im Namen all der Millionen Menschen, die ihrer Religionszugehörigkeit wegen ermordet wurden oder noch werden, auch namens jener Unzähligen, die um eine christliche Lebensführung bemüht sind (was keineswegs leicht ist), und zugleich im Gedenken an die Kinder, die – wenn es so weitergeht wie bisher – ihres Kindseins beraubt werden[113], halte ich folgende Korrekturen im Denken von Kirchenverantwortlichen für dringend notwendig. Verständlicherweise richtet sich mein Appell zuvorderst an Rom. An wen sonst?

1. **Baldige Umwandlung des Zölibatszwanges** in die Form der Freiwilligkeit. Das von Papst Gregor VII. im Jahre 1074 eingeführte Zwangs-Zölibat ist widernatürlich und nicht von Jesus angeordnet. Eine Abschaffung dieses Zwanges würde den für die Kirche existenzgefährdenden Priestermangel bald beheben und sexuellen Missbräuchen den Nährboden entziehen.
2. **Volle Beachtung von Ergebnissen der modernen Sterbe- und Weiterlebensforschung.** Wie kann ein Pfarrer oder gar Bischof übersehen, dass hier – erstmals in unserer Kirchengeschichte – eine überzeugende Begründung christlicher Moralgebote möglich wird? Deutlich mahnend zeigt sich ferner die Tatsache, dass allem Geschehen spirituelle Gesetzmäßigkeiten zugrunde liegen und

dass ausnahmslos jeder Mensch nach seinem Körpertod einstehen muss für alles, was im Erdendasein getan, unterlassen oder auch nur gedacht wurde?

Papst Johannes Paul II. hatte in seiner Generalaudienz am 28.10.1998 den Mut zu sagen: „*Man darf nicht glauben, dass das Leben nach dem Tode erst mit der endzeitlichen Auferstehung beginnt. Ihr geht jener spezielle Zustand voraus, in dem sich jeder Mensch vom Augenblick des physischen Todes an befindet. Es handelt sich um eine Übergangsphase, bei welcher der Auflösung des Leibes das Überleben und die Fortdauer eines geistigen Elementes gegenübersteht, das mit Bewusstsein und Wille ausgestattet ist, so dass das Ich des Menschen weiter besteht, auch wenn die Ergänzung seines Körpers fehlt.*"[114]

3. Vorrangige **Förderung des Rückübersetzens neutestamentlicher Texte**, besonders der Evangelien, ins Aramäische, die Muttersprache Jesu. Wegen des Fehlens aramäischer Urtexte kam es zur heutigen Zerstrittenheit der christlichen Kirchen. Der Aramäisch-Experte Pastor Dr. Günther Schwarz (1928-2009) wies in seiner umfangreichen und hervorragend recherchierten Lebensarbeit nach, dass Jesus keine Worte oder Begriffe benutzt haben kann, die es im Aramäischen nicht gibt. Durch sehr fehlerhafte Übersetzungen ins Griechische entstanden jene vielen Unklarheiten, Widersprüche und Missverständnisse, die das Bild der heutigen Christenheit so nachteilig prägen. Fazit: Ebenso wie die Weiterlebensforschung und die Engellehre gehören die Arbeiten von Dr. Günther Schwarz in die Studienpläne theologischer Fakultäten.

4. **Aufhebung der kanonischen Autorität des Alten Testaments**. Das AT besteht aus einem Sammelsurium fehlerhafter Texte unbekannter Autoren aus verschiedenen Zeitepochen. Es enthält massenhaft grauenhafte Verbrechen, die absolut nichts mit einer höherwertigen Gottesauffassung zu tun haben. Beim Lesen all dieser Schandtaten könnte man meinen, die Leute damals hätten gerade erst das Stadium der Menschenfresserei hinter sich. Dünkt es nicht schier unfasslich, dass gegenwärtige Kirchenobere dem

AT noch immer das Prädikat „heilig" zumessen und meinen, ein ethisch feinempfindender Mensch könne sich an Aussagen erbauen wie Psalm 58,11: *„Der Fromme freut sich beim Anblick der Rache, und er kann sich im Blut des Frevlers seine Füße baden"*?[115] Schon der berühmte protestantische Theologe Adolf von Harnack widersetzte sich heftig der kirchlichen Autorität des Alten Testaments. Es sei zwar zu lesen nützlich, und wirklich erbauliche Stellen seien beachtenswert, aber die Gemeinden sollte man nicht im Zweifel darüber lassen, dass dem AT keine kanonische Autorität (das heißt kirchlich als „heilig" zu gelten) gebührt.[116] Zu allem Überfluss stellte sich mittlerweile die Unhaltbarkeit wesentlicher historischer Angaben im AT heraus: Man fand weder Spuren von David noch von Salomo. Diese seien höchstens unbedeutende regionale Fürsten gewesen, meinen sogar bekannte israelische Altertumsforscher wie die Professoren Israel Finkelstein und Neil Asher Silberman. Auch habe es weder den *„Auszug aus Ägypten"* gegeben, noch fand man Spuren von einem riesigen Königreich Salomo. Es kann auch kein *„Trompeten-Echo von Jericho"* gegeben haben, denn die Stadt besaß in kanaanitischer Zeit keine Stadtmauern, sondern erst später, im 7. vorchristlichen Jahrhundert.[117]

Außer den vier genannten Empfehlungen zur kirchlichen Kurskorrektur wären noch weitere zu nennen. Jedoch: Ist es nicht schon zu spät? Bedauernswerte Christenheit!

Aramäisch-Experte Dr. phil. Günther Schwarz – ein kirchlich unerwünschter Reformator

Der Christenheit stehen keine wirklichen Urschriften zum NT zur Verfügung, sondern bloß Übersetzungen ins Griechische, die sehr viele und teilweise gravierende Mängel aufweisen. So manches, was heute an Aussprüchen Jesu im NT steht, kann er unmöglich gesagt haben, weil es die entsprechenden Worte oder Begriffe im Aramäischen nicht gibt.

Man sollte annehmen, dass die (von ihrem religiösen Glauben her zur Wahrheit verpflichtete) christliche Theologenschaft begierig sei, nach Wegen zur Wiederherstellung der Urtexte zu suchen. Der erfolgversprechendste Weg wäre zweifellos jener der Rückübersetzung griechischer Vorlagen ins Galiläisch-Westaramäische, die Muttersprache Jesu. Dr. Günther Schwarz schreibt:

„Ist es nicht merkwürdig, dass die Kirchenführer und Neutestamentler unter den Theologieprofessoren es nie für nötig befunden haben (und es auch heute nicht für nötig halten), dass die Studierenden der Theologie zumindest auch Aramäisch lernen, um wenigstens einigermaßen sicher sein zu

Abb. 3: Dr. Günther Schwarz (1928-2009)

können, dass sie nicht das Gegenteil von dem verkündigen und lehren, was Jeschu (Jesus) verkündigt und gelehrt hat?"[118]

Nach Günther Schwarz war der Name *Jeschu* der eigentliche Name jenes Mannes, auf dessen bruchstückhaft erhalten gebliebenen Aussagen das Fundament der christlichen Lehre beruht. Wobei man wissen sollte, dass Jesus/Jeschu, wie seinerzeit alle Lehrer, seine Unterweisungen – der besseren Merkbarkeit wegen – in kurzgefasste einprägsame *Sprüche* kleidete. Erleichtert wurde die Einprägbarkeit durch bestimmte Versmaße.

Nachfolgend einige Beispiele dafür, wie die Rückübersetzung von Stellen im NT einen ganz anderen Sinn ergibt: Das Gebot der Feindesliebe (Matth. 5,44). Hier heißt es nicht mehr *„Liebet eure Feinde"*, sondern: *„Erbarmt euch über die, die euch anfeinden!"* Wir sollen also Mitleid mit jenen haben, die uns böswillig zu schaden versuchen. *„Und warum? Weil Feinde zwar nicht liebenswert sind"*, meint Dr. Schwarz, *„aber erbarmungswürdig; und zwar deswegen, weil sie weder wissen noch wissen wollen, was sie ihrem Selbst antun, wenn sie so töricht sind, jeman-*

des Feind zu sein." Gemeint sind hier die nachtodlichen Folgen unseres Tuns. Deutlich wie kaum ein anderer Theologe spricht Günther Schwarz vom Leben *vor* dem Sterben und vom Leben *nach* dem Sterben. Dabei betont er die Tragweite des Kausalitätsprinzips, des Gesetzes von der Tat und den Tatfolgen, welches trotz des leiblichen Todes keine Unterbrechung erfährt.

„Denket nicht, ich sei gekommen, Frieden zu bringen." (Matth. 10,34) Rückübersetzter Text: *„Nicht kam ich auf die Erde, um Unheil zu bringen, sondern ich kam auf die Erde, um **Heil** zu bringen!"* Also genau das Gegenteil von dem, was bislang als richtig galt und das im völligen Gegensatz zum Geist der Lehre Jesu steht.[119]

„Lob für den betrügerischen Verwalter." Nach Luk. 16,8 lobte *„der Herr seinen betrügerischen Verwalter, weil er so klug gehandelt habe"*. Wiederhergestellter Text: *„Und der Herr sagte sich los von dem betrügerischen Verwalter, weil er arglistig gehandelt hatte."*[120]

*„Sehet zu, dass ihr nicht eines von diesen Kindern **verachtet**, denn ich sage euch: Ihre Engel im Himmel sehen allezeit das Angesicht meines Vaters im Himmel."* (Matth. 18,10) Berichtigter Text: *„Hütet euch! Ihr sollt keine Kinder schänden! Denn ihre Engel haben zu jeder Zeit Zutritt zu Gott."*[121]

„Wenn jemand zu mir kommt und hasst nicht seinen Vater, Mutter, Kinder, Brüder, Schwestern und dazu sich selbst, der kann nicht mein Jünger sein." (Luk. 14,26) Richtig: *„Wenn jemand zu mir kommt und nicht zurücksetzt sein eigenes Selbst, ist es unmöglich, dass er mein Jünger ist!"*[122]

Über den Lebensweg von Dr. Günther Schwarz (1928-2009) mögen folgende Angaben informieren: In der Kriegszeit absolvierte er eine Schlosserlehre. Er geriet als Marinehelfer in Kriegsgefangenschaft. 1964-1968 erfolgte das Theologie-Studium in Hermannsburg und Celle

– Ordination am 31.10.1968. Ab da war er Gemeindepastor. Seiner Ehe mit Frau Marianne, geb. Girke, entsprossen drei Kinder: Jörn, Vera und Karin. Tochter Vera ging Ostern 2001 in die andere Welt.

Mehr als 40 Jahre lang widmete Günther Schwarz intensiv aramäischen Sprachstudien und den Rückübersetzungsarbeiten griechischer Texte des NT ins Aramäische. Zahlreiche Fachbeiträge in theologischen Zeitschriften und aufschlussreiche Bücher zeugen von seinem unermüdlichen Schaffen. Welch ungeheure Leistung im Dienste an der Christenheit! Von seiner Kirche jedoch, ja, praktisch allen evangelischen Kirchen Deutschlands, fehlte es weitgehend an Anerkennung. Im Gegenteil – seine Gattin, von der er einmal schrieb: *„Ich habe eine Frau, die meinen Werdegang und meine Arbeit tapfer und treu mitgetragen hat"*, schrieb mir: *„Man könnte ein Buch darüber schreiben. Manches ist unglaublich, was die lieben ‚Brüder' sich geleistet haben."* Am Tag seiner Beerdigung verlas seine Gattin aus einem Beileidsbrief folgende Worte: *„Durch Pastor Schwarz habe ich die Gründe meines Daseins erfahren und dadurch Ruhe, Frieden und den Mittelpunkt meines Seins erkannt. Dieser außergewöhnliche Mensch wird für immer einen Platz in meiner Erinnerung behalten."* – Ob es viele Seelsorger gibt, denen solche Anerkennung zuteil wird?

Die Forschungsarbeit von Dr. Günther Schwarz wäre hervorragend geeignet, erschlaffte Kirchen wieder mit spirituell-positiver dynamischer Energie zu erfüllen. Allerdings müssten deren Verantwortliche auch *wollen*; aber wenn deren (unchristliche) Zerstrittenheit weiter anhält, so ist nichts zu erhoffen. 1935 war der Protestantismus in Deutschland dermaßen zerstritten, dass die damals 28 Landeskirchen *„von Hitler gerettet"* werden mussten: Am 24.9.1935 erließ die Reichsregierung das *„Gesetz zur Sicherung der Deutschen Evangelischen Kirche".* Das hört man heute nicht gerne.[123]

In jeder Hinsicht unerfreulich sind auch kirchlich abgesegnete neuzeitliche Bibelverfälschungen. Im 1. Joh. 4,1 zum Beispiel ist von Kontakten mit dem Jenseits die Rede, vom sogenannten *Geisterverkehr*. Da erfolgt die Mahnung, man solle nicht jedem Geist (Jenseitigen) glauben, der sich manifestiert; man solle vielmehr die Geister prüfen, *„ob sie von Gott sind"*, das heißt, welche Gesinnung sie vertreten. Jörg Zink übersetzt: *„Ihr könnt euch nicht jedem anvertrauen, der von Gott redet. Prüft sorgfältig, woher einer sein Wort nimmt und ob er wirklich von Gott hat, was er sagt, denn man hört viel törichtes und irreführendes Geschwätz über Gott."* – Ja, gewiss, von unwissenden „Geistlichen"... In die Einheitsübersetzung (1979) wurde die Zink'sche Fassung glücklicherweise nicht übernommen. Mögen künftig dem „Kirchenvolk" *wissende* Führer und Seelsorger beschieden sein![124]

In seinem leider nicht mehr erschienenen Büchlein *„Gott muss anders sein – Quergedanken über den Gott der Christenheit"* schreibt Dr. Schwarz am Schluss:

„Und die sinnentauben Menschen? Zu allen Zeiten und in allen Zonen: Jesus nannte sie trotz ihrer Sinnentaubheit, weil er es besser wusste als sie: **Gottes Kinder!** *– Von seltenen Ausnahmen abgesehen, nehmen sie das (was die Natur uns schenkt) alles hin, als sei es selbstverständlich und als hätten sie ein Anrecht darauf. Und das, obwohl es – wenn man es kritisch und ungeblendet bedenkt – nur als Summe einer gezielten (göttlichen) Planung denkbar ist. Und was taten sie? Sie fielen darüber her, wie ein selbstentzündetes Feuer über einen Wald. Zerstörerisch und vernichtend. Und: Es ist fraglich, ob sie innehalten werden, bevor es ihnen gelungen ist, ihren Wohnplaneten unbewohnbar zu machen und sich selbst den Garaus."*

Trotz Theologen-Einspruchs:
Die göttliche Welt schweigt nicht!

Glückliche Urchristen! Sie kannten weder Theologie-Professoren noch Oberkirchenräte, keine Exzellenzen und Eminenzen. Aber eines besaßen sie: Vertrauen zu Jesus sowie ihr erfahrungsbegründetes Gottvertrauen, welches zunehmend bestärkt wurde durch Kontakte mit höheren Jenseitswelten und die sich daraus ergebende Gewissheit vom persönlichen Weiterleben nach dem Körpertode. Wenn Theologie definiert wird als „*Wissenschaft von Gott und göttlichen Offenbarungen*", so sind wir derzeit (wie in diesem Buch aufgezeigt) ziemlich übel dran. Wir sollten uns daher vor allem nur *einer* Theologie zuwenden, nämlich der Theologie der erfahrbaren Hoffnung, die zur Selbst- und Sinnerkenntnis und damit zur Glaubenszuversicht führt. Die unglaublich anmaßende Behauptung, wonach die göttlichen Offenbarungen mit dem Tode des letzten Apostels aufgehört haben, lassen auf große Unwissenheit bei geringer Intelligenz schließen. Warum, wieso und weshalb sollte das göttliche Urlicht beschlossen haben, jedwede Funkverbindung mit der tiefstverrohten Terra-Menschheit einzustellen?

Zu allen Zeiten und jedem Volk wurden Kontakte zur Jenseitswelt zuteil, entsprechend ihrer Wesens- und Kulturstufe, das heißt ihrer geistigen Aufnahmefähigkeit. Da macht auch die jüdisch-christliche Religion keine Ausnahme. Durch Neuoffenbarungen empfing die Christenheit auch in der nachapostolischen Zeit mehr als genug bestätigende oder vertiefende und weiterführende Impulse. Warum auch nicht? Jesus betonte (nach Joh. 16,12/13) ausdrücklich die Unvollständigkeit seiner Lehre: „*Vieles habe ich euch noch zu sagen, aber ihr könnt es jetzt nicht tragen.*" Christus hat Wort gehalten, als er das Kommen des „*Geistes der Wahrheit*"[125] ankündigte, der uns in alle Wahrheit führt. Doch wie wenige, die sich ihm zugehörig betrachten, begreifen das!

Demzufolge sollte es kein Christ für unmöglich halten, dass uns weiterführende Belehrungen und Informationen auch heute noch zur Verfügung stehen. Freilich, durch das Heruntertransformieren göttlicher Wahrheiten bis auf unsere niedere Entwicklungsstufe als Gesamtmenschheit, kann es zu ungewollten Trübungen und Verzerrungen kommen. Höherstufige Jenseitige betonen oft, wie schwierig es mitunter sei, uns etwas klarmachen zu wollen, wofür uns die Begriffe fehlen. Trotzdem fehlt es keineswegs an Versuchen höherenorts, unseren Kenntnis- und Erkenntniskreis zu erweitern. So war es im deutschen Sprachraum im 17. Jahrhundert Jakob Böhme (1575-1624) aus Görlitz, der als Mystiker das christliche Denken neu befruchtete. Im 18. Jahrhundert empfing Emanuel Swedenborg (1688-1772) Offenbarungen von beachtlichem Niveau. Aus dem 19. Jahrhundert ragt Jakob Lorber (1800-1864) hervor. Er schrieb das, was er hellhörend vernahm, nieder. So entstanden während eines Zeitraumes von 20 Jahren Tausende von Druckseiten, darunter ein zehnbändiges Johannes-Evangelium.

Eine leider so gut wie unbekannt gebliebene Schöpfungsgeschichte empfing im Jahre 1869 die katholische Baronin Adelma von Vay (1840-1925). Es handelt sich um das Buch „Geist, Kraft, Stoff" mit seinen Angaben zu einem Zahlengesetz, welches allem Schöpfungsgeschehen zugrunde liegt.[126] Es schildert den Verlauf eines Schöpfungszyklusses und beginnt nicht mit der Materie, sondern mit deren Ursprung, dem Geist. In Anpassung an unser Begriffsvermögen wird dieser Ursprung Gott genannt; Gott als geistiges Urprinzip, als Ur-Licht, Ur-Kraft und Ur-Leben.

In dem Buch „Geist, Kraft, Stoff" wird uns darzulegen versucht, wie es zum Entstehen materieller Weltsysteme kommen konnte und zur Entstehung von Menschen. Es sollte einleuchten, wenn gesagt wird, dass aus Gott, als reinem höchstpotenzierten Geist[127], nur geistige Wesen hervorgehen können, sogenannte Geister, aber keine Menschen von unserer Art, mit ihren schwerfälligen materiellen Leibern und allen sonstigen Unzulänglichkeiten.

Dass ursprünglich Geister ins Dasein traten, gehörte früher zur christlichen Glaubensgewissheit. So heißt es beispielsweise im berühmten „Wessobrunner Gebet", das aus dem achten oder neunten Jahrhundert stammt:

> *„Als weder die Erde noch der Himmel darüber,*
> *als weder Baum noch Berg war...*
> *...da war schon der eine allmächtige Gott,*
> *da waren mit ihm schon*
> *die Menge der göttlichen Geister."*

Zuerst also waren Geister da! Menschen unserer Art gab es erst viel, viel später. Den Darlegungen in „Geist, Kraft, Stoff" zufolge entströmten dem Urlicht intelligente, selbstbewusste, reine Geistwesen. Sie werden „Erstlinge" oder „Erstengel" genannt (hieraus entstand das Wort „Erzengel"). In ihrer Makellosigkeit waren sie zwar „rein", aber nicht vollkommen. Ihre individuelle Vollkommenheit zu erreichen, war ihr vorgezeichnetes Entwicklungsziel. Sie sollten Mitwirkende werden im göttlichen Schöpfungsplan, weshalb sie über schier unbegrenzt scheinende schöpferische Gestaltungskräfte verfügten. Als Voraussetzung zu individueller Persönlichkeitsentfaltung war ihnen als höchstes Gut die *Willensfreiheit* verliehen. In ihr aber lag und liegt eine latente Gefahr, nämlich die des willkürlichen oder unwillkürlichen Missbrauchs und dessen Folgen: ein offensichtlich ewig gültiges Gesetz, dem alle intelligent-ichbewussten Wesen noch heute unterworfen sind und auf dessen Basis jeder von uns Selbstgestalter seines Schicksals ist. Letztlich besteht ja unser Leben aus Prüfungen und Bewährungen, ob wir das wahrhaben wollen oder nicht. Bestandene Prüfungen aber sind persönlicher Verdienst.

Damals nun soll es zu schwerwiegenden energetischen Dissonanzen gekommen sein, als ein Teil jener Erstlingsengel übermütig zu werden begann. Sie kannten ja nichts anderes als Wohlergehen in beglückendem Wirken und Geborgenheit. Menschlich gesprochen: Es ging ihnen zu gut! Selbstüberheblich meinten sie schließlich, es Gott gleichtun zu können. Sie wollten, wie es in der Bibel 1. Mose 3,5 heißt, *„sein wie Gott"*. Hochmut begann sich ihrer zu bemächtigen. Das Sprichwort *„Hochmut kommt vor dem Fall"* hat seine Berechtigung. Infolge verkehrten Denkens, das nicht mehr gottbezogen war, sondern ichbezogen wurde, verursachten diese Erstlingsgeister in ihren rein geistigen Welten ein energetisches Chaos, welches sie schlussendlich nicht mehr in den Griff bekamen. Solches droht uns auch heute wieder. Die entstandenen Energieturbulenzen verdichteten sich. Vergleichbar mit Gewitterwolken, die zur Entladung drängen, kam es letztlich zur katastrophenartigen Abstoßung all dessen, was nicht mehr der ursprünglichen Frequenz entsprach.

Hier haben wir den legendären **Engelsturz**, wie er uns als dumpfe Menschheitserinnerung in verschiedenen Religionslehren entgegentritt. Es war ein Sturz aus der Einheit in die Vielfalt, aus dem Zeitlosen ins

Zeitgebundene, aus der Harmonie in die Zersplitterung. Als Folge ihres verkehrt angewendeten Eigenwillens verließen die Betroffenen den Freiraum ewiger Geistesgesetze und fielen der begrenzten Freiheit endlicher Naturgesetze anheim.

Es war jedoch nur ein *Teil* der Erstlingsgeister, die sich durch Eigenschuld abgesondert hatten. Das Wort „Sünde" kommt von „Absonderung". Trotz ihres Fehlverhaltens erfolgte keine Auslöschung ihres Ichs. In einer Ergänzung zu *„Geist, Kraft, Stoff"* wurde uns gesagt: *„Ein neues Gesetz musste die neuen Bedürfnisse der gefallenen Geister befriedigen, und so entstand das **Gesetz der Sühne**. Anfangs hatten Gottes Kinder nur der Liebe bedurft, jetzt bedurften sie auch seiner Gerechtigkeit, und so fasste das Gesetz der Sühne sowohl Wurzel in der Liebe als auch in der Gerechtigkeit Gottes. "*[128] Die Folgen der „Sünden" (des Fehlverhaltens) stellen zugleich deren Sühne (die Wiedergutmachung) dar. Dass es Wiedergutmachungsmöglichkeiten überhaupt gibt, darf als *Gnade* in dem Sinne verstanden werden, wie wir diesen Begriff allgemein aufzufassen pflegen.

Auch dieses Gnaden- und Sühnegesetz ist noch heute wirksam. Es beruht auf dem für uns nach wie vor gültigen Grundprinzip von Ursache und Wirkung: Aus jeder Entscheidung oder Tat erwachsen unabdingbare Folgen, die weitere Folgen nach sich ziehen und in irgendeiner Weise ausklingen müssen. Da nun aber jegliche Abkehr vom Grundprinzip Gott – unserem Ursprung – Fehlverhalten zur logischen Folge hat, so sind *Leiden* das quasi automatische Ergebnis davon. Alles Leid dieser Welt hat seine Grundursache in unserem Abirren vom rechten geistigen Weg. Der „Heimweg ins Vaterhaus" steht uns allerdings jederzeit offen. Im Rahmen unserer persönlichen Entscheidungsfreiheit liegt es immer und allein an uns selbst, die erforderliche Kurskorrektur zu vollziehen. Weiter lesen wir in der angegebenen Quelle:

*„Als Bindeglied zwischen den hohen, reinen, in der Prüfung erstarkten Erstlingen und den gefallenen Söhnen, dem Gegensatz, schuf Gott neue Welten, **Paradiese**, und reine Kindergeister, die dort wohnten. Den treuen Söhnen gab er die Führung dieser Welten, dieser Kinder, denn auch sie hatten dasselbe Ziel: die Vollkommenheit. Ein Teil der gefalle-*

*nen Erstlinge (...) half diese Welten zu formen und zu bilden, und durch diese gesetzliche Arbeit, durch geduldiges Tragen der Folgen ihrer Tat, erreichten sie wieder jene Stufe von Reinheit, die sie verloren hatten. Doch ein Teil wollte sich nicht beugen vor Gott und suchte nun auch die neue Schaffung Gottes hineinzuziehen in das Chaos, die Kindergeister zum Abfall zu verleiten. In der Parabel von Adam und Eva wird von diesem **zweiten Fall** gesprochen.*"

Aus der – räumlich betrachtet – oberen Welt wurde diesen Geistern der zweiten Schöpfung geistige Belehrung und Führung zuteil. Aus der unteren Sphäre, in die sie Einblick hatten, kam „die Versuchung", in der Bibel symbolisch versinnbildlicht durch die Schlange. So kam es, wiederum nach Äonen, zu einem zweiten Fall, das heißt ein Teil der Paradiesbewohner ließ sich zu falschem Wollen verleiten. Dies führte im Endeffekt abermals zu einem Absonderungsvorgang und schließlich zur Bildung neuer Weltsysteme von etwas niederer Frequenz als es die Paradieswelten gewesen waren. Jene gefallenen Erstlingsgeister jedoch, die durch bewusste, böswillige Verführung diese Katastrophe verschuldet hatten, wurden nunmehr zu dem, was die Bibel *Dämonen* nennt.

Hier haben wir also die sagenhafte „**Vertreibung aus dem Paradies**", deren Tatsächlichkeit sich offenbar dermaßen tief in die Kollektiverinnerung der Menschheit eingraviert hat, dass in vielen Religionen – mehr oder weniger deutlich – die Rede davon ist. Bedingt durch den Zwang des Kurzfassenmüssens sei zum weiteren Verlauf der Geschehnisse lediglich gesagt, dass es im Laufe von Äonen mehrere Male zu solchen Absonderungsprozessen kam. So sollen insgesamt sechs Weltstufen entstanden sein, von immer dichterer (materieller) Beschaffenheit, bis herunter zur Stufe unserer jetzigen Welt und von uns Menschen.

Damit wäre die Herkunft von Engeln und uns Menschen in einer der Vernunft nicht widersprechenden Weise geklärt. Engel wurden allerwärts und so häufig erfahren, dass es nicht mehr tunlich erscheint, ihre Realität anzuzweifeln; am allerwenigsten von „christlich" zu sein vorgebenden Seelsorgern, denn in Kol. 2,10 und Eph. 1,21 wird Christus als das Oberhaupt aller Engel bezeichnet. Christen sind daher schlecht beraten, wenn sie den Engelglauben vernachlässigen.[129]

Unerwünschte Kinder: Abtreibung? – Gianna Jessen überlebte!

Die Thematik der Abtreibung ist ein reichlich schwieriges Gebiet, zumal Beteiligte oder Beratende in der Regel keine Ahnung haben vom Leben *vor* dem Leben und dem Leben *danach*. Zwar weiß man, was nach der Befruchtung biologisch geschieht, aber damit hat sich's auch schon. Allein schon die relativ häufig erlebten Lichterscheinungen beim Zeugungsakt deuten darauf hin, dass hier weit mehr geschieht als nur beginnende biologische Wachstumsvorgänge.[130]

Auch in Bezug auf das Wissen um den Zeitpunkt, an welchem das Geist-Ich des Kindes den ausgebildeten Körper in Besitz nimmt, scheint in der Gebärmedizin wenig Gewissheit zu herrschen. Zudem dürfte dieser Zeitpunkt – auch wenn man nichts forciert – durchaus nicht einheitlich sein.

Zur Problematik des Abtreibens möchte ich eine Betroffene zu Wort kommen lassen, Frau Gianna Jessen. Sie sollte durch Abtreibung sterben, aber sie lebt: Giannas Mutter war 17 Jahre alt und seit siebeneinhalb Monaten schwanger, als sie in ein Abtreibungszentrum kam, welches ihr empfahl, eine Abtreibung durch Salzvergiftung vorzunehmen. Dies ist eine abscheuliche Methode, um eine fortgeschrittene Schwangerschaft abzubrechen und ein Kind zu töten. Der Abtreiber injiziert eine Kochsalzlösung in die Gebärmutter. Dadurch verbrennt das Kind äußerlich, aber auch innerlich, da es das Fruchtwasser schluckt. Obendrein erstickt das Kind langsam, da der Mutterkuchen sich allmählich aber sicher von der Gebärmutterwand löst. Konkret bedeutet dies, dass das Kind in einem manchmal stundenlangen Todeskampf wild um sich schlägt, währenddessen es erstickt und verbrennt – ein Todeskampf, den die Schwangere nur allzu gut fühlt. Innerhalb von 24 bis 48 Stunden wird das Kind dann tot zur Welt gebracht.

254

Gianna erzählt: „*Achtzehn Stunden lang lag ich in der Salzlösung und habe diese auch geschluckt. Doch wie durch ein Wunder habe ich dies überlebt. Ich kam am 6. April 1977 um 6 Uhr morgens lebend zur Welt. Ich hatte Glück, dass es so früh war. Mein Kommen wurde nicht vor 9 Uhr erwartet, das heißt, nicht bevor der Abtreiber ins Zentrum kommen sollte. Ich bin sicher, dass ich heute nicht hier wäre, wenn der Abtreiber bei meiner Geburt anwesend gewesen wäre...*
Einen Augenblick lang herrschte im Raum völlige Hysterie, denn der Schrei, mit dem ich auf die Welt kam, muss durch Mark und Bein gegangen sein: Auch das war mein Glück. Eine Krankenschwester war so geschockt, dass sie die Vorschriften vergaß. Sie telefonierte mit der Ambulanz. Die entführte mich aus dem Zentrum des Todes, und so kam ich völlig unerwartet in ein Hospital. Durch Gottes Gnade habe ich überlebt."

Gianna wog bei ihrer Geburt nur knapp ein Kilo. Ganz unversehrt blieb sie leider nicht, durch den Sauerstoffmangel entstand eine Hirnlähmung. Nach dreimonatigem Spitalaufenthalt kam sie zu einer Pflegemutter. Man sagte ihr, dass die Kleine wahrscheinlich nie sitzen, kriechen oder laufen könne. Doch Gianna lernte es, und mit dreieinhalb Jahren konnte sie mit Hilfe von Bügeln und einem Laufgestell laufen. Nach unermüdlichem Üben und nach vier Operationen konnte Gianna fortan selbständig laufen, wiewohl ein wenig humpelnd. Hin und wieder stürzt sie noch, nimmt es aber mit Humor: „*Nach einem ganzen Leben zu fallen, habe ich auch gelernt, es graziös zu tun.*"
Zum Zeitpunkt dieses Interviews war Gianna 29 Jahre alt. Sie verfügt über eine unbändige Willenskraft. Nach vielem Training schaffte sie am 30.4.2005 einen Marathonlauf!
Gianna ist überzeugte Christin. Sie erkannte ihre Berufung. Seit ihrem 13. Lebensjahr reist sie in der Welt herum, um sich einzusetzen für das Recht auf Leben. Sie tat dies sowohl vor dem US-Kongress als auch vor dem britischen Parlament. Sie sagt es einfach so, wie es ist. Ihr Dasein legt das Gewissen eines jeden bloß und schreit laut: „*Warum? Warum Abtreibung und mit welchem Recht?*"[131]

Ganz so einfach, wie es anmuten mag, ist eine ethisch allgemein gültige Antwort nicht: Würde das Ablehnen einer Abtreibung generell auch für Vergewaltigungsopfer gelten müssen? Es würde mir gewiss als „politisch unkorrekt" angekreidet, wollte ich auf das Schicksal von hunderttausenden Frauen und Mädchen verweisen, die den Mutwillen von „Siegern" an sich erdulden mussten. Man bedenke bei alledem: Es hängt von den Begleitumständen bei der Kindeszeugung ab, von welcher „spirituellen Qualität" die durch den Akt herbeigezogenen Geistwesen/Seelen sind. Das Gesetz der Anziehung des Ähnlichen dürfte auch hier Geltung besitzen. Außerdem waren die Lebensverhältnisse nach dem Kriege besonders für Flüchtlinge mehr als trostlos. Wollte sich jemand anmaßen, Frauen, die unter derartigen Zwangsumständen eine Abtreibung vornehmen ließen, moralische Vorwürfe zu machen?

Wissende Paare sollten daher den Zeugungsakt bewusst und gebetsverankert gestalten, im Dank zu Gott und den Engeln für Schutz und Segen.

Schließlich noch etwas zu der Frage, wann und zu welchem Entwicklungszeitpunkt die sich einkörpernde Seele Besitz vom werdenden materiellen Leib nimmt: Die Aussagen Jenseitiger hierzu sind ebenso uneinheitlich wie die Antworten von Menschen die – zumeist in Hypnose – in ihrem Lebensalter zurückgeführt wurden bis zum Geburtsvorgang und noch weiter. Die US-Forscherin Dr. Helen Wambach fand heraus, dass allgemein eine Abneigung der Seele bestand, sich mit dem Fötus zu vereinigen. Nur ein Prozent berichtete, sie seien vor dem vierten Schwangerschaftsmonat in ihn eingedrungen, und nur 14 % erklärten, dies zwischen dem vierten und achten Monat getan zu haben. 85 % vereinten sich mit ihrem neuen Körper erst nach dem achten Schwangerschaftsmonat. 33 % gaben an, dies erst unmittelbar vor der Niederkunft getan zu haben. 15 % hingegen behaupteten, sich mit dem Kindeskörper erst vereinigt zu haben, nachdem die Geburt erfolgt war.

Eltern und alleinerziehende Mütter, denkt bitte immer daran: Eure Kinder erhoffen und erwarten von Euch wichtige Orientierungshilfen für ihren irdischen Lebensweg. Und: Deren Schutzengel sind auch für Euch da!

Eine Geburtshelferin aus dem Jenseits

Heinrich Heinen aus Sulzburg, ein langjähriger Freund von mir, sammelte zahlreiche Erfahrungsberichte aus den Grenzbereichen unseres Wissens. Darunter den folgenden, welcher von einer hochgebildeten Dame stammt:

„Wie mir meine Mutter öfters erzählte, kam ich unter ganz besonderen Umständen zur Welt. Am 2. Mai 1905 setzten nachts die Wehen zu meiner Geburt ein. Eine Hebamme kam, die aber nach einiger Zeit und stärker werdenden Wehen einen Arzt kommen ließ. Dieser blieb längere Zeit, ging dann aber weg mit der Weisung an die Hebamme, ihn zu verständigen, wenn es mit der Niederkunft nicht vorangeht. Er würde dann mit der Gebärenden ins Krankenhaus fahren."

Die werdende Mutter blieb dann mit der Hebamme allein im Zimmer. Die Wehen verstärkten sich, die Intervalle wurden kürzer, die Gebärende war erschöpft und der Verzweiflung nahe. Sie betete. Schließlich sagte die Hebamme:

„Jetzt müssen wir den Arzt rufen, damit Sie ins Krankenhaus kommen. Ich bereite schnell noch einen Kaffee." Jene Frau erzählt weiter: *„Meine Mutter lag nun ängstlich, erschöpft, allein im Zimmer, im Bett, während sich die Hebamme in der Küche befand. Alles war ruhig. Da geht die Tür vom Flur ins Schlafzimmer hinein auf, und ihre vor 20 Jahren gestorbene Großmutter kommt in voller Größe und Kleidung, wie zu ihren Lebzeiten, auf ihr Bett zu, bleibt davor stehen, streicht mit ihrer rechten Hand zweimal vom Kopf bis zu den Füßen über die Bettdecke, im Abstand von etwa 10 cm, und spricht dabei: ,Frieda, so kannst Du das Kind nicht kriegen, Du musst aufstehen!' Dann trat sie zurück, hob nochmals ihre rechte Hand, streckte den Zeigefinger (wohl zur besonderen Betonung des Gesagten) **und löste sich auf der Stelle auf!**...*
Der Mutter war es nun ganz leicht, alle Spannung war fort. Sie stand sofort auf, und als sie neben dem Bett stand, kam eine leichte Wehe, eine Sturzgeburt, und ich war da! Glücklich rief die Mutter nach der Hebamme, die aus der Küche kam und Mutter dann weiter versorgte."

Mit jener Großmutter, die selber elf Kinder gebar, verband die Enkelin ein sehr inniges Verhältnis.

NTEs schaffen ein Wissen, das auf Erfahrung beruht: Einige Anhaltspunkte und Hinweise

1. Wir Menschen sind keine Zufallsprodukte der materiellen Entwicklung (Evolution), sondern sind derzeit in einem materiellen Weltsystem befindliche *Geistwesen*. Als solche haben wir bereits vorgeburtlich existiert. Wir bringen ein gewisses Schicksalsgut (Karma) aus vorherigen Leben mit, sind also kein „unbeschriebenes Blatt". Dies beweisen unter anderem unsere Handlinien und die vielen Berichte von Kindern beziehungsweise Menschen, die sich an ihre Vorleben erinnern.

2. Je nach dem Grade der persönlichen spirituellen Entwicklungsstufe ist unser Ich nach der Empfängnis am Aufbau seines werdenden Körpers (Fötus) beteiligt. Es gibt freiwillige sowie gesetzmäßig-zwangsweise Einverleibungen (Inkarnationen).

3. Neben unserem sichtbaren physischen Leib besitzen wir auch einen unsichtbaren inneren Organismus, zumeist *Astralkörper* genannt. Er ist der Träger unseres Bewusstseins sowohl bei bestimmten *außerkörperlichen Erfahrungen* (AKEs) als auch nach dem sogenannten Tode.

4. Der Einfachheit halber spreche ich hier lediglich vom *Astralkörper*, obwohl unser Gesamtorganismus aus weiteren feinstofflichen Komponenten besteht, die wir gesamthaft als *Seele* bezeichnen können. Man kann sagen: Der Mensch besteht aus zwei Wesenshälften, nämlich aus seinem physisch-materiellen Körper und seinem inneren nichtphysischen Organismus. Beide sind funktionell auf zwei artverschiedene Daseinsebenen programmiert: der Erstgenannte auf die Lebensbedingungen in der materiellen Welt, und der andere auf jene andere Welt, die wir das *Jenseits* nennen. Wenn Verstorbene sichtbar erscheinen (was häufiger vorkommt als die meisten ahnen), so verdichten die Betreffenden – bewusst

oder unbewusst – ihren Astralkörper. Das ist die Ursache für den weltweit verbreiteten Geister- und Gespensterglauben.

5. Im Sterbevorgang beenden wir unsere irdische Lebensstrecke und verlassen unseren „Bruder Leib" für immer. Seine Materie geht zurück in den Kreislauf des Naturhaushalts – wir geben der Mutter Natur das ihrige zurück. Bei alledem verändert der Sterbeprozess nicht im Geringsten unsere Persönlichkeit, sondern nur unsere Lebensbedingungen. Für Wissende hat jedoch das Sterbenmüssen nichts Entsetzliches an sich. Schlimm können nur die Umstände sein, die zum sogenannten Tode führen, wie schwere Verletzungen oder ein langes Dahinsiechenmüssen. Im Gebet um einen harmonischen, schmerzfreien und bewussten Hinübergang zu bitten, sollte uns zur Gewohnheit werden.

6. Das, was wir „sterben" nennen, diese Trennung des äußeren vom inneren Leib, vollzieht sich im Wesentlichen bei allen Menschen gleich, aber das, was dabei empfunden und erlebt wird, ist – je nach der Wesensqualität des Sterbenden – individuell sehr unterschiedlich: Im Extremfall zeigen die Gesichtszüge ungut Gestorbener blankes Entsetzen, während auf dem Antlitz selig Heimgegangener ein Abglanz jener Herrlichkeit zurückbleibt, in die sie eingehen durften.

7. Nach dem Verlassen unseres irdischen Leibes ist die sogenannte *Silberschnur* (vgl. Pred. 12,6) noch nicht gerissen. Die meisten Nahtod-Erfahrenen fühlten sich durch eine Art „Tunnel" gleitend, an dessen Ende ein Licht erstrahlte. Im Allgemeinen wird dieses große Licht als überaus wohltuend und nicht blendend geschildert. Man wird von einer bis dahin ungekannten *Liebe* durchströmt und zumeist auch von einer liebevollen *Lichtgestalt* empfangen, so dass man hier für immer verbleiben möchte.

Es kommt zum Wiedersehen mit lieben Vorausgegangenen in einer wunderschönen Landschaft. Schließlich gelangt man an eine Art „Grenze", und man spürt deutlich: Wenn man diese überschreitet, gibt es kein Zurück mehr. Hier entscheidet sich, ob man umkehren will, darf oder nicht. Manchmal darf man selbst entscheiden. Vielen jedoch wird gesagt, sie müssen zurück, weil sie auf Erden noch Aufgaben zu erfüllen haben.

Der Gedanke an ein Wiedersehendürfen mit Menschen, die unserem Herzen sehr nahestehen, ist für uns trostvoll. Handelt es sich bei ihnen um charakterlich und seelisch-geistig überdurchschnittliche Persönlichkeiten (was mit Schulbildung nichts zu tun hat), so müssen wir allerdings eine ähnlich hohe Stufe erreicht haben, um mit ihnen beisammen sein zu können.

8. Weil wir wissen, dass unsere dahingegangenen Lieben nicht „tot" sind, sondern weiterleben und uns nie vergessen, kann unsere Trauer nicht in Verzweiflung münden. Tiefe Trauer belastet die Verstorbenen sogar und hindert sie am Glücklichseindürfen, weil sie uns ja nicht verdeutlichen können, dass es ihnen gutgeht wie nie im Erdendasein. Im Übrigen zeigt die Erfahrung, dass uns „von drüben" vielerlei Hilfe zuteil werden kann. Unsere Dankbarkeit hierfür sollten wir bezeugen durch unser Gebetsgedenken für alle unsere Lieben in der anderen Welt.

9. Nahtod-Erfahrene wissen: Die Weltordnung beruht auf ethischen Prinzipien. Warum das so ist, wissen wir nicht. Wir erkennen jedoch die *Liebe* als Grundprinzip aller Welten. Leute, die töricht genug waren, in ihrem Erdenleben für andere (auch für Tiere!) Teufel zu sein, bekommen alles, was sie anderen an Bösem zufügten, verstärkt zu spüren, denn im Astralkörper empfindet man alles viel intensiver. Mörder sehen ständig ihre anklagenden Opfer vor sich, in entsprechend schauerlicher Umgebung... Ist so etwas erstrebenswert?

10. Während unseres Erdendaseins entziehen sich die Bereiche des Jenseits der Wahrnehmungsfähigkeit unserer Sinne. Das Jenseits beginnt für den Einzelnen da, wo seine Sinne aufhören, ihm Eindrücke zu vermitteln. Bei Hellsichtigen verläuft diese Grenze anders. Sie kann auch durch Herbeiführung eines außergewöhnlichen psychischen Zustandes zeitweilig verlagert werden, wie bei Trance, Somnambulismus (Schlafwandeln) oder durch Hypnose.

11. Die „räumlich" nächstgelegene Welt, in die wir nach dem Sterbevorgang eintreten, wird im Allgemeinen *Astralwelt* genannt. Das Jenseits gliedert sich in vielerlei Existenzebenen, wobei die Schöpfungszahl Sieben eine Rolle spielt. Die jenseitigen Sphären sind vergleichbar mit den Schichten einer Zwiebel, wobei die einzelnen Bereiche ineinanderfließen, einander durchdringen und mit zunehmender Entfernung von der Erde immer subtiler werden. Die Astralwelt enthält zwar sehr schöne, beglückende Zonen, aber auch Unterwelten, von denen Friedrich Schiller sagte: *„Der Mensch begehre nimmer zu schauen, was die Götter gnädig bedeckten mit Nacht und Grauen!"* Doch selbst paradiesisch anmutende Astralweltbereiche sind *nicht* unsere eigentliche geistig-göttliche Heimat. Diese liegt weit jenseits des Jenseits.
Der in der Bibel erwähnte *„Zweite Tod"* besteht für uns im Ablegen und Zurücklassen des Astralkörpers. Nach dem Offenbarungswerk *„Geist, Kraft, Stoff"* geschieht dies in der 7. Sphäre des 7. atmosphärischen Ringes.[132]

12. Ein merkwürdiges, aber recht nachhaltiges Erleben Nahtod-Erfahrener, ist das überraschende Ablaufen des persönlichen *Lebensfilmes*. Es kann sich dies in sehr unterschiedlicher Weise vollziehen: In größter Deutlichkeit sieht man sein ganzes Erdenleben vor sich, in allen längst vergessenen Einzelheiten und Situationen, bis in die früheste Kindheit, ja mitunter sogar bis in die Schwangerschaftsperiode der Mutter.
Ein Mann, der als erstes merkte, dass er sich außerhalb seines Körpers befand, sagte: *„Danach war mir, als ob um mich herum ein Schauspiel ablaufe: Mein ganzes Leben rollte vor mir ab. Vieles von dem, was ich da zu sehen bekam, hat mich mit tiefer Scham erfüllt! Ich muss plötzlich ein ganz neues Bewusstsein besessen haben, denn das Licht zeigte mir, was ich alles falsch gemacht hatte. Und zwar durch und durch realistisch! Es zeigte mir auch, welche Folgen mein Tun für andere Menschen hatte. Ich konnte alles fühlen, das Gefühl war beteiligt. Ich entdeckte, dass sogar unsere Gedanken nicht verlorengehen. Jeder Gedanke war erhalten geblieben!"* Und

das Schlimmste: Jeden physischen oder seelischen Schmerz, den man anderen zufügte, bekommt man nun selber zu spüren!
Zuweilen erfolgt auch eine Schau in die persönliche Zukunft. Im Übrigen sollen wir jedoch nicht aus Berechnung „gut sein", sondern um des zeitlos Guten selbst willen (um anderen Lebensmut zu vermitteln).

13. In der jenseitigen Welt herrschen andere Naturgesetze. Wir fühlen uns unwiderstehlich zu jener Seinsebene hingezogen, deren Bewohner genau unserer eigenen „Persönlichkeitsqualität" entsprechen. Prinzipiell manifestiert sich somit das geistig-seelische *Anziehungsgesetz des Ähnlichen*. Während es uns im Erdendasein freisteht, unseren Umgang (Freunde und Bekannte) auszuwählen, sind wir in der anderen Welt – quasi automatisch – Gleiche unter Gleichen. Jeder male sich selbst aus, was das in der Realität bedeutet.

14. Zum Beglückendsten und Trostvollsten der hier dargestellten, spirituellen Weltanschauung gehört das Wissen um die erfahrbare Liebe unserer *Schutzengel* und *Schutzgeister*. Bei Letzteren handelt es sich um ehemalige Erdenmenschen, welche die Fähigkeiten für ein so schwieriges Amt erwarben. Oft sind es vormalige Verwandte oder Freunde, die wir – derzeit – gar nicht persönlich kennenlernten.
Auf jeden Fall hat jeder Mensch, sofern er nicht dämonischer Herkunft ist, einen Schutzengel und eventuell auch mehrere Schutzgeister. Hierbei bedenke man: Es muss also, allein auf und für den Planeten Erde, Milliarden Schutzengel geben! Solche sind doch aber nur dann erforderlich, wenn es etwas zu schützen *gibt*. Welch unermesslichen Wert muss demnach unser Dasein haben, wenn zu unserem Schutz und Heil ein solcher Riesen „Personalaufwand" getrieben wird! Und wie deprimierend muss es für unsere Schutzwesenheiten sein, wenn sie immer wieder vergeblich gegen die stupide Unansprechbarkeit ihrer Schützlinge ankämpfen müssen! Hätten wir da nicht schon längst die Geduld verloren und *„den Kram hingeschmissen"*?

Hier sei jedoch betont: Durch unseren guten Willen, das heißt auf der Basis gottbezogener Lebenseinstellung, können wir die Einflussmöglichkeiten unserer Beschützer *erheblich verstärken*. Und außerdem sollte man auch hier über gewisse Wechselwirkungen informiert sein: Das Bestehen unserer Lebensaufgabe bedeutet auch für unsere persönlichen Schutzwesenheiten „Erlösung", weil sie hierdurch den Aufstieg zur nächsthöheren Seinsstufe erreichen.

Da sich nun unsere Schutzengel selber als „Gottesboten" bezeichnen, sollte uns dies als glaubwürdiger Hinweis auf jene höchste Intelligenz, die wir „Gott" nennen, genügen. *„Gott kann man nur erleben, und wem das geschah, dem versagt die Sprache."*(133) Durch unsere stets ansprechbaren Schutzengel sind wir mit dem, was wir unter „Gott" verstehen, direkt verbunden. Deshalb lautet unser „Erfolgs-Code": Gott – Engel – Erfahrungsreligion!

15. Die christliche Religion ist, wie die meisten anderen ebenso, eine *Offenbarungsreligion*. Ihre stets erfahrbare Grundlage beruht auf der Überzeugung vom Vorhandensein eines „Jenseits", das heißt der Existenz sowohl höherer als auch niederer nichtmaterieller Welten von eigenständiger Realität. Bewohner spirituell höherer Ebenen können niedere betreten, aber nicht umgekehrt. Geistwesen höherer Ordnung geben ihr Wissen an die nächstniedere Sphäre weiter (laut Bibel die „Jakobsleiter"). Da solche Offenbarungen nicht direkt aus dem Urlicht kommen, sind sie infolge des „Heruntertransformierens" mit Mängeln behaftet, auch die christliche. Jesus hätte nach Joh. 16,12 noch vieles zu sagen gehabt, aber man hätte ihn nicht verstanden. Wie enttäuscht muss er über die Tatsache sein, dass Dummheit und Denkträgheit nach nunmehr 2.000 Jahren eher noch zugenommen haben!

16. Wie aber kam es zum Menschen, und woher kommen wir? Entstanden wir von Anbeginn mit einem schweren Erdenleib, samt allen damit verbundenen Mühseligkeiten? Dies annehmen zu wollen, widerspricht unserer Vorstellung von der Weisheit Gottes. Wenn Gott als Inbegriff der Vollkommenheit gedacht wird,

so kann logischerweise nichts Unvollkommenes aus ihm hervorgehen.

Frage: Wäre es denn wirklich so abwegig anzunehmen, dass den religiösen Mythen und Sagen fast aller Völker ein Wahrheitskern zugrunde liegen könnte? Dass sich der legendäre *Engelsturz* und die *Paradiesvertreibung* tief im Kollektivbewusstsein der Menschheit verankert hätten? War die ursprüngliche Schöpfung womöglich gar keine materielle, sondern eine *geistige*?

17. Dem Offenbarungswerk *„Geist, Kraft, Stoff"* zufolge entstanden ursprünglich reine *Geistwesen*, die sich auf der Basis ihrer Willensfreiheit entfalten konnten und sollten. Wäre es wohl so undenkbar, dass ein falscher Gebrauch dieser Willensfreiheit zu einem nicht schöpfungskonformen Verhalten führte und damit auf Irrwege? Könnte es demnach nicht unsere *eigene* Schuld gewesen sein (die sogenannte „Erbsünde"), dass wir uns, evtl. im Verlauf beträchtlicher Zeiträume, immer weiter von unserem Ursprung entfernten und dass schließlich die Entstehung materieller Weltsysteme notwendig wurde, um uns die Wiedererlangung unserer ursprünglichen Bewusstseinsstufe offen zu halten?

18. Wer die hier aufgezeigte spirituelle Weltschau annehmbar findet und bereit ist, darüber nachzudenken, der wagt vielleicht eine weitere Überlegung, nämlich die, dass das Leidenmüssen nicht „gottgewollt" war oder ist, sondern von uns selber mitverschuldet wurde infolge unseres Abirrens vom rechten Weg?

Irgendwann, vor unermesslichen Zeiten, mag dies begonnen haben. Und hier liegt der Grund unseres Mitschuldigwerdens an den leidvollen Begleiterscheinungen unseres Daseins. Jesus nannte das Leidenmüssen eine *„Folge der Sünde"*. Wenn er einen Kranken heilte, so pflegte er zu sagen: *„Sündige hinfort nicht mehr!"* Das bedeutet: *„Vermeide Ursachen, die Leiden zur Folge haben!"*

19. Unter dem Begriff *Sünde* wäre somit ein (bewusstes oder unbewusstes) Verstoßen gegen die Lebens- und Naturgesetze zu verstehen, denen wir alle unterworfen sind. Auf körperlicher Ebene wären dies zum Beispiel starkes Rauchen, übermäßiger Alkohol-

genuss und Drogenmissbrauch. Auf seelisch-geistigem Gebiet sind es negative Gemütsbewegungen wie Neid, Geiz, Eifersucht, Verlogenheit, mangelnde Vergebungsbereitschaft oder gar Hass. Auf Dauer wirken sie sich nachteilig auf den harmonischen Ablauf der Lebensprozesse im Körper aus und beginnen sogar, unsere Gesichtszüge zu prägen. Es empfiehlt sich daher allein schon aus psycho-hygienischen Gründen, seelisch-geistige Faktoren nicht länger zu ignorieren.

20. Die Art unseres Denkens beeinflusst die Struktur unseres Gehirns. Aber nicht unser Gehirn denkt, sondern *wir selbst* denken, unter Zuhilfenahme des Gehirns. Dieses produziert ebenso wenig die Gedanken, wie ein Uhrwerk die Stunden (Claude Bernard). Erzeugt etwa der Hunger das Brot, das ihn stillt?[134]

21. Viele, die sich bereits an der Grenze zum Jenseits befanden, sagen, sie seien zurückgeschickt worden mit dem Auftrag, ihr Erleben bekannt zu machen. Dies gehöre nunmehr zu ihrer Lebensaufgabe und sei vordringlich, um die verhängnisvolle Unwissenheit über Tod und Weiterleben beseitigen zu helfen. Dank der Sterbe- und Weiterlebensforschung wurde erstmals eine wissenschaftlich untermauerte *Begründung ethischer Lebensgebote* möglich. Klug und besonnen handelt, wer dies erkennt und danach zu leben versucht.

Zwar werden wir auch in Zukunft nicht verschont bleiben von Kummer und Leid, aber wir werden alles besser verkraften können. Auch schlimme Ungerechtigkeiten, die uns widerfahren oder empfindliche materielle Verluste (man denke an die Heimatvertriebenen), lassen uns die Sonne in unserem Herzen nicht untergehen. Wir werden Hass nicht mit Hass erwidern, sondern alles getrost den „Mühlen Gottes" überlassen; nämlich jenen spirituellen Gesetzmäßigkeiten, die mit absoluter Präzision für den gerechten Ausgleich sorgen. Und trifft dann das Gesetz jene, die uns schweres Leid zufügten, so wird uns Schadenfreude fernliegen. Wir sollen vielmehr für sie beten und ihnen *das* Wissen wünschen, über das *wir* verfügen.

22. Im Gegensatz zu den *Tieren* hat der Mensch die Möglichkeit und die Freiheit, gegen Naturgesetze zu verstoßen. Wir haben dann allerdings die Folgen zu tragen. Und bei uns erstrecken sich diese Folgen – ob positiv oder negativ – über das Grab hinaus!
Gestorbene, die sich mit Schuld beluden, befinden sich dann in seelisch qualvoller Lage. Zumeist haben sie noch Einblick in unsere Welt. Sie sind an die Örtlichkeiten ihrer Verbrechen gebannt. Der katholische Gebets-Gedenktag *Allerseelen* ist eine weise Einrichtung.
Äußerst wichtig ist in diesem Zusammenhang zu wissen, was auf energetischer Ebene beim Beten und Segnen geschieht, ebenso wie beim Fluchen oder Verwünschen. Wie enorm viel hier bereits experimentell erforscht wurde, hatten wir im Kapitel „Bete nie zum Schein" erfahren.

23. Auch über das Wesen von Pflanzen-, Baum- und Tierseelen wissen wir recht gut Bescheid. Mit beiden Naturreichen verbindet uns mehr als die meisten ahnen. Tieren gegenüber, besonders unseren Haus- und Nutztieren, sollte der Mensch eine Art *Entwicklungshelfer* sein; denn durch den Umgang mit uns können Tiere viel lernen und sich hierdurch stärker individualisieren. Dies kommt ihrer Weiterentwicklung enorm zugute. – Früher wusste man über solche Dinge erheblich mehr als der heutige naturentfremdete und zivilisationsgeschädigte Mensch.
Bekannt sind uns außerdem die geheimnisvollen Welten der *Naturgeister* und *Elementarseelen*. Bei ihnen handelt es sich um ausgesprochene Seelenwesen, das heißt, sie besitzen noch nicht den spirituellen Status des Menschen. Als Lenker und Überwacher von Natur- und Wachstumsprozessen können sie diese, wie auch die Elemente als solche, sowohl zu unserem Heil beeinflussen als auch zu unserem Unheil (Naturkatastrophen).

24. Den wenigsten Christen scheint aufzufallen, dass an den theologischen Fakultäten praktisch nur noch Materialisten und Atheisten herangebildet werden. Frage: Wie sollen solche „Berufs-Christen" an Gräbern imstande sein, trauernden Hinterbliebenen

wahrhaften *Trost* zu vermitteln? – *Wir* haben da andere Auffassungen, gegründet auf Forschungsergebnissen und Erfahrungen. Dass uns, von Ausnahmen abgesehen, ausgerechnet von seiten kirchlicher Amtsträger entschiedene Ablehnung zuteil wird, ist kein Witz, sondern eine bedauerliche Tatsache. Ist der Grund hierfür eine unterschwellig-dominierende Heidenangst vor den persönlichen Konsequenzen für den Fall, dass es wirklich ein nachtodliches Weiterleben geben könnte und man für seine Handlungen geradestehen muss, auch über das Grab hinaus?

In atheistischen Diktaturen ist Sterbeforschung verboten. Insgeheim interessieren nur machtpolitische Aspekte wie zum Beispiel Hellseh-Spionage und Fernbeeinflussung. Aber auch in der „westlichen Wertegemeinschaft" ist seriöse Grenzbereichsforschung ein Stiefkind der Wissenschaften. Offen oder anonym Machtausübenden scheint es durchaus unerwünscht zu sein, eigenständiges Denken zu fördern. Die Leute sollen ja leicht beeinflussbar bleiben und – das walte Gott Mammon! – sich willig vorschreiben lassen, wen und was sie zu lieben oder zu hassen haben. Nur eines sollen sie auf keinen Fall tun, nämlich nachdenken über Sinn, Zweck und Wozu des ganzen Theaters, das wir *Leben* nennen! Dies dürfte sogar der Hauptgrund sein für die allgemein und so intensiv betriebene Volksverdummung überhaupt! Das erkannte seinerzeit schon Schopenhauer, als er sagte: „*Das Wahre und Echte würde leichter in der Welt Raum gewinnen, wenn nicht diejenigen, welche unfähig sind, es hervorzubringen, zugleich verschworen wären, es nicht aufkommen zu lassen!*"

25. Fragt man theologisch Gebildete nach ihrer Meinung zu den Aussagen Nahtod-Erfahrener, so wird mit dem Hinweis abgewinkt, die Betreffenden seien ja gar nicht tot gewesen, sonst hätten sie nicht zurückkommen können. – Nun, das wissen wir auch. Dennoch zeugt eine solche Null-komma-nix-Antwort lediglich vom Ausmaß persönlichen Nichtswissens: Vernahmen solche Leute noch nie etwas von einem noch eindrücklicheren *zweiten Licht*, dem Sterbende begegneten? Nichts vom Zustand

des kaum fasslichen *Allwissens* und nichts vom Erhobenworden-sein in die überwältigenden Weiten des gottbezeugenden Alls? – Wenn eine Steigerung des Begriffes „nichts" zu formulieren wäre, so müsste diese lauten: Nichts / weniger als nichts / überhaupt nichts / und als Höchstform: Theologie (von rühmlichen Ausnahmen abgesehen).

Ein unversehens neuer und weiterführender Aspekt der Weiterlebensforschung ist das sogenannte „empathische" Sterbe-Erlebnis: Menschen, die in der Sterbestunde eines Abschiednehmenden zugegen sind, erleben unerwarteterweise und vollbewusst das Begleitendürfen auf dessen Weg zum „Licht am Ende des Tunnels", samt des Mitbetrachtens seiner Lebensrückschau! Freilich wird dies in der Regel nur stark miteinander verbundenen Menschen zuteil werden, aber diese bislang kaum bekannt gewesene Variante der Sterbe-Erfahrung eröffnet uns neue, hoffnungsfrohe Horizonte der Weiterlebensforschung.

Diese Zusammenfassung wichtiger Aussagen zum Thema „Lebenssinn, Tod und Weiterleben" ist zwangsläufig unvollständig. Vieles Wesentliche wäre noch anzuführen, aber dieses Buch soll ja zu eigenem Denken, Überlegen und Schlussfolgern anregen, im Sinne von Albert Schweitzer, welcher schrieb:

*„Was seit 19 Jahrhunderten als Christentum in der Welt auftritt, ist erst ein **Anfang** von Christentum, voller Schwachheiten und Irrungen, nicht volles Christentum aus dem Geiste Jesu. Nun sitzen wir hier, studieren Theologie, streiten uns nachher um die besten Pfarrstellen, schreiben dicke gelehrte Bücher, um gar Professor der Theologie zu werden, und was draußen vorgeht, ficht uns nicht an. Und ich sollte mein Leben nun weiter immer ‚kritische Entdeckungen' machen, um ein ‚berühmter Theologe' zu werden, und immer wieder Pfarrer ausbilden, die hier sitzen bleiben...*
Ich habe jahrelang überlegt, hin und her. Zuletzt wurde mir klar, dass dies mein Leben sei: nicht Wissenschaft, nicht Kunst, sondern einfach Menschwerden und im Geiste Jesu irgend etwas Kleines zu tun. Auf die

*Füße kommt unsere Welt erst wieder, wenn sie sich beibringen lässt,
dass ihr Heil **nicht in Maßnahmen, sondern in neuen Gesinnungen**
besteht. Was aber dem Christentum nottut, ist, dass es ganz vom Geiste
Jesu erfüllt sei und in diesem sich zur lebendigen Religion der Verin-
nerlichung und der Liebe vergeistige, die es seiner Bestimmung nach ist.
Nur als diese vermag es Sauerteig des geistigen Lebens der Menschheit
zu werden."*

Ergänzend hierzu sei Josef Kral zitiert, der verdienstvolle Herausgeber der katholischen Zeitschrift *„Die verborgene Welt, Zeitschrift für
christliche Parapsychologie, Seelen- und Schicksalsforschung"* aus Abens-
berg: *„Der Kampf der Materialisten, wie er jetzt geführt wird, geht um die
höchsten Dinge der Menschheit. Nicht um einzelne Fachfragen, sondern
darum, ob es eine jenseitige Welt und diese beweisende Tatsachen gibt. Mit
der Verneinung dieser Frage steht und fällt das Christentum und jede jen-
seitsgerichtete Religion."*[(135)]

Bombennacht in Hamburg – von einem Kind erlebt

Mit dem folgenden Bericht möchte ich Ihnen eine Ahnung von der Existenz höherer Welten und Kräfte übermitteln, die weitaus stärker sind
als die übermächtig scheinenden Energien des allenthalben wirkenden
satanischen Prinzips. Es handelt sich um das Erlebnis einer Frau, das sie
als Kind während eines Bombenangriffes auf Hamburg hatte. Sie berichtet:

*„Es war in einer kalten Oktobernacht 1944. Über Hamburg tobte ein
schwerer Bombenangriff. Ich, ein damals zwölfjähriges Mädchen, stand
am Fenster und schaute hinaus in das Inferno. Es war so sinnlos geworden, in den Luftschutzkeller zu gehen, der für viele Menschen zur
Mausefalle wurde, aus der es kein Entrinnen gab.
Die mondlose Nacht war hell erleuchtet von Scheinwerfern und Feuerschein, dazu der Lärm der Bombendetonationen und der Fliegerab-
wehrgeschütze. Nicht weit von uns stand ein großes Mietshaus, vom*

Keller bis zum Estrich, in Flammen. Ich hatte Angst, nichts als Todes-
angst, und lehnte zitternd an der Fensterscheibe.
Aus dieser Angst heraus begann ich das Vaterunser zu beten, wieder
und wieder! Nicht willentlich oder bewusst, aber auch nicht routinehaft
*automatisch. **Es betete gleichsam aus mir heraus!** – Wie oft ich es wie-*
derholt habe, weiß ich nicht. Aber ganz unmerklich verschwand der
Feuerschein, der Lärm ebbte ab, und die ganze Umgebung wurde all-
*mählich von einem immer intensiver werdenden **kühlen blauen Licht***
erhellt und in eine ganz unwirkliche, beruhigende Stille gehüllt... Ein
großes Schweigen!
Wie lange dieser Zustand dauerte, weiß ich nicht, denn jede Zeit-
vorstellung hatte aufgehört. – Ebenso allmählich, wie es entstanden war,
verschwand das Licht wieder, es herrschte wieder Bombenlärm und
*Feuer. Doch **auch die Angst war verschwunden**, und ich konnte ruhig*
in das furchtbare Geschehen schauen... Und so blieb es bis zum Ende
des Krieges.
Was ich damals erlebt hatte, verstand ich nicht, aber ich fühlte mich be-
hütet von einer höheren Macht. Es war kein Traum[136]*, denn ich war*
*hellwach und ahnte bewusst, dass das, was ich schauen durfte, **ein***
Schimmer einer wirklicheren Wirklichkeit war, als die Wirklichkeit
der Bombenangriffe!
Ich konnte später nicht darüber sprechen, denn ich fürchtete, ausgelacht
zu werden, weil ich gar nicht das hätte ausdrücken können, was ich er-
lebt hatte. Doch war dieses Erlebnis so intensiv, dass es mir heute noch,
nach über 30 Jahren, ganz deutlich in der Erinnerung ist."

Anlässlich eines Vortrages von mir in Zürich wurde mir die Freude
zuteil, die Berichterstatterin persönlich kennenzulernen. Mit den unzu-
länglichen Worten *„es betete gleichsam aus mir heraus"*, versucht die damals Zwölfjährige anzudeuten, *wie* sie – trotz aller Todesangst – in einen höheren Bewusstseinszustand und in eine damit verbundene fried-
liche Umgebung gelangen konnte. Was uns anbelangt, so sollten wir
uns über das *Wie* weniger Gedanken machen als über die Tatsächlichkeit und Möglichkeit derartiger Vorkommnisse an sich. Wer beispiels-

weise ganz plötzlich in schwere Lebensgefahr gerät, der wird wohl kaum Zeit und Besinnung zu einem Stoßgebet finden...

Im Zentrum von *Hiroshima* steht heute eine Marien-Gedenkkirche, in der Tag und Nacht gebetet wird. Errichtet wurde sie von vier katholischen Ordensleuten, aus Dankbarkeit für das Wunder ihrer Errettung aus dem Höllenfeuer der ersten Atombombe. Es geschah am 6. August 1945, um 8:15 Uhr. Urplötzlich zuckt ein greller Lichtblitz über die Stadt, und damit begann das Inferno. Pfarrer Winfried Pietrek schreibt: *„Wie ein wirbelndes Blatt wird auch der Deutsche Hubert Schiffer vom Stuhl geschleudert und liegt, mit dem Gesicht nach unten, in zersplittertem Holz. Ein schwerer Gegenstand drückt auf seinen Rücken. Schiffer, ein Frankfurter, lebte mit seinem Mitbruder Hugo Lasalle sowie den Patres Kleinsorge und Cieslik in ihrem Pfarrhaus nur acht Häuserblocks vom Einschlagszentrum der Atombombe entfernt. Tausende werden im Flammenmeer zu lebenden Leichnamen. Die Haut hängt in Fetzen von nackten, abgesengten, schwarzgebrannten Leibern. Wenigstens 200.000 Menschen sterben, oft erst nach einem langen Todeskampf...*
Hubert Schiffer und seine Mitbrüder blieben inmitten dieser Feuerhölle am Leben, jedoch ohne sich bewegen zu können. Doch sie beteten. Erst nach einem langen Tag in diesem Inferno können Rettungsmannschaften die vier Verletzten bergen. Zur Verwunderung aller ist das Pfarrhaus unversehrt! Als einzige in einem Umkreis von 15 km haben diese vier Patres überlebt!"

Die US-Besatzer verweigerten den Opfern medizinische Hilfe. Man untersuchte sie jedoch häufig, um Kenntnisse zu gewinnen. Hubert Schiffer und seine Mitbrüder wurden insgesamt etwa zweihundertmal untersucht. Es bleibt bis heute unerklärlich, *„warum keiner der vier durch radioaktive Strahlung geschädigt war: Nur äußerliche Verletzungen hatten sie erlitten"*.
„Hubert Schiffer starb 1982 in Frankfurt am Main. Gott hat ihn noch 37 Jahre lang auf Erden gebraucht", schließt Pfarrer Pietrek seinen Bericht...

Übrigens wäre der Einsatz der Atombomben in Hiroshima und Nagasaki (letztere am 9. August 1945) gar nicht nötig gewesen, denn Japan hatte seine Kapitulation längst angeboten. Dies ist eine historische Tatsache und wirft ein bezeichnendes Licht auf die vielgepriesenen *„westlichen Werte"*. Jedoch: *„Nichts ist so fein gesponnen, es kommt alles an die Sonnen"*, sagten unsere Altvorderen. Merkwürdig, wie viel Wahrheit in alten Volksweisheiten zu finden ist.

Zum Ausklang

Noch vieles Wichtige wäre zu erwähnen gewesen, aber erstens setzt der Buchumfang Grenzen, und zweitens will ich kein Lehrmeister oder gar esoterischer Guru sein, sondern nur Anregungen geben zu eigenem Nachdenken und Weiterforschen. Immerhin geht es ja um die bedeutsamsten Lebens- und Sinnfragen überhaupt, nämlich stichhaltiges Beweismaterial beizubringen für unser Weiterleben nach dem körperlichen Tode. Nicht mehr, und nicht weniger. Bis zum Beginn neuzeitlicher Sterbeforschung war die Religion zuständig für Fragen nach dem Wesen des Sterbevorganges: Ob, und wenn ja, *wie* es danach weitergeht. Generationen von Theologen haben sich mit der Bibel behelfen wollen, doch dort wird Zuverlässiges vom Widersprüchlichen entwertet. Hilfreich wäre allein eine vorurteilsfreie, seriöse Forschung. Und die gibt es bereits seit rund 150 Jahren! Es liegt nur am guten Willen, sich darum zu kümmern und deren Ergebnisse, samt der sich daraus ergebenden (evtl. reichlich unbequemen) Konsequenzen, anzuerkennen.

Die Naturwissenschaft erklärt uns, *wie* die Welt entstanden ist. Die Theologie soll uns erklären, *warum* sie entstanden ist und ob unser Dasein einem biologischen „Zufall" entspringt oder einem irgendwie *„höheren Sinn"* dient oder ob *„mit dem Tode alles aus und vorbei"* ist. Wenn sie dies, nach 2.000 Jahren, noch immer nicht vermag, verfehlt sie ihren Zweck. Es ist daher ein geistiges Armutszeugnis für die Gegenwartstheologie, wenn ein Studierender bekennt: *„Nach einem Studium von neun Semestern evangelischer und sieben Semestern katholischer Theologie stand ich ohne lebendige Jenseitshoffnung da."*

Wegen der in diesem Buch aufgezeigten Fakten und Aspekte streiten zu wollen, wäre allerdings töricht, denn unser nach wie vor bescheidenes menschliches Wissen verhält sich gegenüber unserem Nichtwissen wie ein Tropfen Wassers zum Ozean. In philosophisch-religiöser Hinsicht möge daher jeder den Weg gehen, der ihr/ihm (derzeit) richtig dünkt. Einmal werden wir ja alle den Übergang, „Sterben" genannt, vollziehen müssen. Danach werden wir weitersehen. Vielleicht diskutieren wir dann im Jenseits weiter...

Jenen Leserinnen und Lesern, die sich mit der vorherrschenden primitiv-materialistisch-atheistischen Denk- und Lebensweise nicht anzufreunden vermögen, soll dieses Buch Orientierungshilfe, Hoffnung und Lebensfreude vermitteln. Von drüben ruft man uns zu: *„Helfet einander: Davon hängt Eure Seligkeit ab!"* Dies stimmt überein mit der Weisung in Galater 6,2: *„Einer trage des andern Last, so werdet ihr das Gesetz Christi erfüllen."* − Noch Fragen?

Das Folgende sei aber nicht bloß Theologen und Seelsorgern ins Stammbuch geschrieben, sondern auch Wirtschaftsmächtigen, Gierbankern, Politikern, Hochschullehrern und Volkserziehern, sogenannten Kulturschaffenden ebenso wie den Massenmedien mit ihrer Sex- und Gewaltpropagierung. Kurz gesagt allen, die nichts als Gossenmentalität zu bieten haben: Weil Ihr Euch weigert, das von Sterbeforschung, Parapsychologie und Quantenphysik erarbeitete neue Menschen- und Weltbild zur Kenntnis zu nehmen, geht auf Euer Konto − wie schon bisher − jeder weitere Krieg, jede blutige Revolution, jeder Mord und jede Gewalttat, jeder Selbstmord und alle sonstigen Abscheulichkeiten, die nicht oder nur in weit geringerem Maße als es der Fall ist begangen würden, wenn die Menschen über das in diesem Buch Skizzierte Bescheid wüssten! Wer jedoch das hier nur angedeutete umfangreiche Material der Weiterlebensforschung kennt und trotzdem so tut, als sei das alles wertlos und „unbeweisbar", der leugnet seinen eigenen Geist! Für solche Zeitgenossen sollte man eine weitere Seligpreisung ins NT aufnehmen, mit dem Wortlaut: *„Selig sind die Bekloppten, denn sie brauchen keinen Hammer mehr!"*

Niemand von uns sollte meinen, der Einzelne könne gegen den „Strom der Zeit" nichts ausrichten. Das stimmt nicht (siehe Naturschützer Franz Weber und zahlreiche andere Mutige). Schauen wir nicht nur auf unsere eigenen Probleme, denn die werden sich zum Guten wenden, wenn wir die richtige Kurskorrektur in unserem Denken und Handeln vollziehen. Carl Rennhofer, langjähriger Herausgeber der Monatszeitschrift „Das geistige Reich", gibt uns da Starthilfe mit folgendem Zitat:

„Wenn es dir möglich ist, ein Licht auch nur für eine einzige
im Dunkel irrende Seele zu entzünden –
einem Betrübten die Lichtseiten des anderen Lebens zu zeigen –
einem anderen Menschen eine höhere und edlere Lebensanschauung zu
vermitteln, damit er ein gütigerer und glücklicherer Mensch werde –
wenn du mit einem Funken Liebe die Welt erfreust –
dann hat dein Leben einen Sinn bekommen
und wird Gottes Segen herabziehen."

So sei es!

Friedrich Schiller gab uns zudem eine Empfehlung, die ich seit 50 Jahren mit zunehmendem Dankbarsein befolge: „Solche wähle zu Begleitern auf des Lebens Bahn, die Dein Herz und Deinen Geist erweitern, Dich ermutigen, erheitern, mit Dir eilen himmelan!"

Gut Licht allerwege wünscht Ihr Mitwanderer

Rudolf Passian

DANKSAGUNG

Neben dem Himmel und meinen jenseitigen Helfern gilt mein innigster Dank gleichermaßen allen diesseitigen Freunden, die mir seit Jahren oder Jahrzehnten mit wohltuender Freundschaft begegnen – allen, ohne Ausnahme. Und es blieb nicht nur bei Freundschaft an sich, sondern es wurde auch tatkräftig geholfen, wenn es nottat. Vergelt's Gott! – Das ist besser als „Dankeschön".

Meinem mutigen Verleger danke ich für sein Vertrauen, denn er gab mir volle Freiheit zu schreiben, was ich für richtig halte. Ihm wurde selber eine Jenseitserfahrung zuteil. Als Wissender besitzt er das rechte Verständnis für die Notwendigkeit dieses Buches.

Meinem Freund Philippe Elsener danke ich für seine Geduld beim Besorgen des Computersatzes,

...und meiner verständnisvollen Frau Evelyne danke ich nicht nur für ihr allzeit umsichtiges Für-mich-dasein, so dass ich im 88sten Lebensjahr noch so „gut beisammen" bin, sondern auch für ihr häufiges Verzichtenmüssen auf Zweisamkeit...

Rudolf Passian, Grenzbereichsforscher

(Jahrg. 1924) Kaufmännische Ausbildung. Kriegsteilnehmer als Infanterist, schwere Verwundungen, Beinamputation. 1946 Heimatvertreibung. 1948-1955 Strafgefangenschaft. Jahre erschwerter Isolationshaft. 2006 Rehabilitation aus Moskau: Verurteilung sei zu Unrecht erfolgt.

Insgesamt elf Jahre Konfrontation mit dem Tode ergaben bohrende Fragen nach Lebenssinn und Wesen des Sterbevorgangs: Folgt dem Tode etwas nach?

1956 Studienbeginn grenzwissenschaftlicher Art, unter anderem Sterbeforschung, außergewöhnliche Bewusstseinszustände, Afro-Brasilianische Religionen, Trance-Chirurgie und Ethno-Medizin. Am eigenen Leib erlebte er quasi-chirurgische Eingriffe ohne Anästhesie und Asepsis, mit teils primitiven Instrumenten und im Beisein des deutschen Botschaftsarztes in Rio: Nierensteine, Bandscheibenvorfall, Prostata.

18 Studienreisen nach Übersee: Brasilien, Ecuador, Peru, Philippinen. Mitglied einer Untersuchungskommission betreffend des angeblichen Jesus-Grabes in Srinagar (Kaschmir). Vortragsreisen nach Argentinien, Brasilien, Chile, Paraguay. TV-Auftritte in Brasilien, Deutschland, Italien, Luxemburg, Österreich, Schweiz.

Weitere Bücher von Rudolf Passian:
- *„Abschied ohne Wiederkehr? – Tod und Jenseits in parapsychologischer Sicht"*, mit einem Vorwort des deutschen Vaters der Raumfahrt, Prof. Hermann Oberth (ISBN 978-3-87667-066-9)
- *„Neues Licht auf alte Wunder – Sind alle Bibelwunder unglaubwürdig?"* (ISBN 978-3-87667-089-8)
- *„Abenteuer PSI – Spiritismus, Wunderheiler, Umbanda-Kult, Magie"* (vergriffen)
- *„Licht und Schatten der Esoterik – Eine kritische Orientierungshilfe"* (ISBN 978-3-87667-250-2)

- *„Der Engelreigen – Antworten und Beweise zur Existenz von Engeln"* (ISBN 978-3-87667-286-1)
- *„Ist ein Leben nicht genug? – Reinkarnation, pro und contra"* (ISBN 978-3-939626-01-5)
- Daneben viele kleinere Publikationen. Fremdsprachliche Übersetzungen erschienen in Brasilien, Holland, Italien und 2009/10 in Moskau.

Auf eine 1973 von Rudolf Passian erfolgte Anregung gründete der damalige Leiter der „Evangelischen Zentralstelle für Weltanschauungsfragen", Kirchenrat Dr. Dr. Kurt Hutten, den „Arbeitskreis PSI und christlicher Glaube". Hier ging es nicht um das Wie und Warum paranormaler Phänomene, sondern um deren Einbindung ins christliche Weltbild. Dieser Arbeitskreis existierte zehn Jahre.

Zwei der Bücher von Rudolf Passian wurden in der Schweiz preisgekrönt. Nach fünf Jahrzehnten unermüdlichen Forschens erklärt er:
„Der Mensch ist kein seelenloses Zufallsprodukt der Evolution, sondern eine unzerstörbare geistige Individualität, die ihr Verhalten zu verantworten hat. Nach einer Nahtod-Erfahrung weiß man, dass es eine ausgleichende Gerechtigkeit und höhere Ordnung wirklich gibt. Man nehme die Berichte von Nahtod-Erfahrenen sehr ernst, denn sie sind unsere besten Lehrer. Und was GOTT anbelangt, so sollte uns – als Existenzhinweis – allein schon die persönliche Erfahrbarkeit unserer Schutzengel genügen, die allesamt Wert darauf legen, als Gottesboten verstanden zu werden. Wir sollten uns daher nicht länger täuschen lassen über Leben und Tod, denn die Wirklichkeit ist anders!"

Quellenverzeichnis und Fußnoten

(1) Übersetzung von Dr. Dr. Hermann Menge lautet: *„Sie reden ja nicht, was zum Frieden dient, nein, gegen die Stillen im Lande ersinnen sie Worte des Truges."*

(2) Vgl. Johannes Jürgenson, „Das Gegenteil ist wahr", Argo Verlag, D-87616 Marktoberdorf – Jahrbücher von Gerhard Wisnewski, „Verheimlicht, vertuscht, vergessen. Was nicht in der Zeitung stand", Knaur-Verlag, München.

(3) Vgl. Passian, „Der Engelreigen. Antworten und Beweise zur Existenz von Engeln", Reichl-Verlag, D-56329 St. Goar / Moskau, ISBN 978-3-87667-403-2

(4) Unterstützenswert: Vierteljahres-Zeitschrift „Journal Franz Weber", case postale, CH-1820 Montreux. Man lese unbedingt: „Franz Weber, Rebell für die Natur", Herbig-Verlag, München 2005, ISBN 3-7766-2325-X

(5) Aus unserem Körper heraustreten, das heißt ihn zeitweilig verlassen, kann sowohl der Äther- als auch der Astralkörper oder beide gemeinsam. Dies ergibt jeweils unterschiedliche Phänomene. Der Austritt des Ätherleibes allein bewirkt, dass man keine Schmerzen mehr empfindet, man agiert jedoch wie gewohnt. Dies dürfte seinerzeit der Fall gewesen sein bei dem Holländer Mirin Dajo, der sich bei vollem Bewusstsein lebensgefährlich mit Stichwaffen durchbohren ließ.

(6) Turm-Verlag, D-74321 Bietigheim-Bissingen. Die Verfasserin beschreibt unter anderem, wie sie von ihrem Schutzengel in himmlische Bereiche geführt wurde.

(7) Der Ansatzpunkt der erwähnten „Silberschnur" am Körper ist unterschiedlich und hat offenbar mit der Persönlichkeitsqualität des Betreffenden zu tun: Bei charakterlich guten Menschen, von der Herzgegend an aufwärts.

(8) Cherie Sutherland, „Tröstliche Begegnungen mit verstorbenen Kindern", Scherz-Verlag 1988, S. 37

(9) F. W. Doucet, „Die Toten leben unter uns", S. 256

(10) Doucet, wie (9), S. 258

(11) Doucet, wie (9), S. 256

(12) H. H. Kritzinger, „Magische Kräfte. Geheimnisse der menschlichen Seele", S. 110

(13) Zeitschrift für Parapsychologie, 1930, S. 177

(14) in seinem Buch „Erscheinungen und Spukhäuser – Beweismaterial für ihre Realität" (1939 und 1971)

(15) Hier geschah also auf diesseitiger Ebene das, was bei Sterbenden normalerweise von jenseitiger Ebene aus erfolgt, nämlich das Begleitet- und Abgeholtwerden durch vorangegangene Angehörige oder Freunde.

(16) „Neue Wissenschaft", 1956, S. 72

(17) Resch-Verlag, Postfach 8, A-6010 Innsbruck

(18) Die Frau wohnte eine halbe Stunde entfernt.

(19) Berlin, 1936-39 und 1962

(20) Adelma von Vay, „Visionen im Wasserglas", Budapest 1877

(21) W. H. C. Tennhaeff, „Kontakte mit dem Jenseits?", Berlin 1973, S. 254. Im Experiment traten ausgetretene Hirnwellen auf, deren Rhythmus weder dem Wach- noch dem Schlafzustand entsprechen.

(22) Gary Doore, „Gibt es ein Leben nach dem Tod?", 1994, S. 80

(23) Gemeint ist nicht das Erleiden der schweren Verwundung, sondern das tiefgreifende Erlebnis der unerwarteten, ethisch bewerteten Lebensrückschau.

(24) Während das mit unserem „Weg zur Vervollkommnung" stimmt, liegt die Definition bzgl. des „Jüngsten Gerichts" total daneben. Schon während des Sterbens oder kurz danach erfolgt das persönliche „Jüngste Gericht": die bestürzend klare und wahrheitsgemäße Lebensrückschau, mit ihrer ethischen Bewertung und der Frage: *„Was hast du aus deinem Leben gemacht?"* Möge es jenem Pfarrer nicht zur schmerzhaften seelischen Belastung gereichen, seine Zeit nicht für Besseres genutzt zu haben als zum Ausdenken von Verbrechergeschichten.

(25) Rawlings, „Zur Hölle und zurück", Verlag C. M. Fliss, Hamburg 1996

(26) „Teufel und Satanas" (Offb. 12,9) ist quasi das ‚heiße' und das ‚kalte' Böse. Nicht erst die Anthroposophie unterteilt das Böse personell in Lucifer und Ahriman. Im altgermanischen Glauben waren es die „Midgardschlange" und „Loki". Luzifer hieß bei den Germanen „Lokipher". Das bedeutet „Träger der Verlockung". Kahir bemerkt hierzu: Luzifer, das ist *„die fallende Atombombe, sind die brennenden Städte und rauchenden Trümmer des modernen Luftkrieges. Das ist der hasserfüllte Sadismus der Straflager, die schreiende Not der Heimatvertriebenen. – Und Satan, das ist das schleichende Gift wirtschaftlicher und moralischer Druckmittel; ist die erbarmungslose Erfindungskraft negativer Wissenschaft und vernichtungsbewusster Technik; ist die eiskalte Berechnung von Methoden zur Abwürgung jedes guten Willens, den ein großer Teil der Gesamtmenschheit diesem Totentanz noch entgegenzusetzen vermag".*
In seinem Buch „Nahe an 2.000 Jahre", das 1958 erschien, schreibt Kahir: *„Im selben Maße als der Materialismus und eine überspitzt technisierte Lebensordnung den kalten Nur-Intellekt über alle tieferen Gemütswerte siegen ließ, wuchs damit zwangsläufig das Reich des Antichristen. Er ist eine in dieser Welt ebenso wirksame Macht, solange die Menschheit ihr nachgibt, wie die Christus-Kraft der Liebe. Sein (des Antichrists) furchtbares Walten hat die Welt zwar auf einen Höhepunkt der Zivilisation geführt, zugleich aber auf einen Tiefpunkt jeglicher Kultur."* Und Kahir fährt fort: *„Das ist die geistige Finsternis unserer Tage: dass wir über das Woher, Wohin und Warum des Lebens nicht mehr Bescheid wissen, dass wir mit der Leugnung Gottes unseren eigenen Geist verhöhnen, dass Symbole und Gleichnisse nicht mehr lebendig zu uns reden, dass... wir die lebendigen Kräfte des Kosmos nicht mehr empfinden und dass wir als Menschen uns selbst fremd geworden sind... Muss da nicht als Weltwende eine gewaltige Wandlung kommen, um die Menschheit wieder zum Lichte zu führen?"*

(27) „Erschreckende Nahtoderfahrungen", von Bruce Greyson und Nancy Evans Busch, übersetzt von Andreas Sommer; desgleichen die beiden folgenden Fälle.

(28) Halluzination, Sinnestäuschung: Ein Wahrnehmungserlebnis, ohne dass der wahrgenommene Gegenstand in der Wirklichkeit existiert (Duden-Fremdwörterbuch, 7. Aufl., Mannheim 2000). Besser formuliert: ...Gegenstand in der für andere wahrnehmbaren Wirklichkeit existiert.

(29) „Kirchen-Bote", November 2006, S. 5

(30) Santiago-Verlag, D-47574 Goch, 2004

(31) Der oft beanstandete Ausspruch Jesu: *„Niemand kommt zum Vater denn durch mich"* (Joh. 14,6) bedeutet nicht, dass nur Christen zu Gott gelangen, sondern sein Anerbieten, allen, die zu Gott wollen, das *Gesetz* bekanntzugeben, wodurch man dieses Ziel er-

reichen kann: betätigte Liebe und anzustrebende Weisheit! Das ist der einzige Weg, um zum „Vater" zu gelangen und damit zum Freiwerden von allem Leid.

(32) „Zur Hölle und zurück", Hamburg 1996, S. 6/7
(33) Die katholische Lehre vom Fegefeuerzustand ist „nicht aus der Luft gegriffen".
(34) „Oberrheinisches Pastoralblatt", Karlsruhe, März 1951
(35) „Esotera" Nr. 9/1997
(36) Siehe Kapitel „Warum immer nur Jesus?" in meinem Buch „Der Engelreigen".
(37) Bruno Grabinski, „Zwischen Himmel und Hölle", Eupen 1956, S. 118
(38) Bruder des Radikal-Materialisten Ludwig Büchner (1824-1899), nach dessen populärem Hauptwerk „Kraft und Stoff" nur die Materie Eigenständigkeit besitzt. Die Seele wird als Inbegriff beschreibbarer Gehirnfunktionen definiert (Brockhaus).
(39) Die katholische Lehre vom „Limbus" als einer jenseitigen Örtlichkeit, in welcher unge-tauft verstorbene Kinder – zwar ohne Schmerzen, aber auch ohne Gottesnähe (!) – verweilen müssen, wurde inzwischen mit dem Dokument „Die Hoffnung auf Heil für ungetauft gestorbene Kinder" abgeschafft. Kardinal Ratzinger, jetzt Papst Benedikt XVI., betonte als Chef der Glaubenskongregation schon 1985, der Limbus sei *niemals definierte Glaubenswahrheit* gewesen. Als solche galt sie jedoch jahrhundertelang, wo-durch zahllosen Eltern, besonders Müttern, herber Seelenschmerz zugefügt wurde mit der quälenden Vorstellung, ihren Kindern sei himmlische Seligkeit verwehrt. Die von mir dargelegte Erfahrungsreligion bietet keine Anhaltspunkte für derlei Annahmen.
(40) in „Universitas" Nr. 41/1986, S. 363
(41) Pattloch-Verlag, Aschaffenburg
(42) In anderem Zusammenhang drückte dies der deutsche „Vater der Raumfahrt", Prof. Hermann Oberth, mit den Worten aus: *Im Leben stehen einem anständigen Menschen soundsoviel Wege offen, um vorwärts zu kommen. Einem Schuft stehen bei gleicher Intelligenz und Tatkraft diese Wege auch alle offen, daneben aber auch andere, die ein anständiger Kerl nicht geht. Er hat daher mehr Chancen, vorwärts zu kommen. Und deshalb findet eine Anreicherung der höheren Gesellschaftsschichten mit Schurken statt. Das muss man wissen, wenn man die Weltgeschichte verstehen will.* " (H. Oberth, „Katechismus der Uraniden", Wiesbaden 1966, S. 95)
(43) Schon oft baten Verstorbene ihre verzweifelt trauernden Hinterbliebenen, nicht mehr zu weinen. Dies würde sie ebenfalls schmerzen und am Glücklichseindürfen hindern, weil sie außerstande sind mitzuteilen, dass es ihnen gut geht.
(44) In ihrem Buch „Trost aus dem Jenseits", Scherz-Verlag, 1998
(45) Gut formuliert.
(46) Bro Harmon, „Edgar Cayce", Genf 1992, S. 75
(47) Auch auf der Traumebene sind Kontakte mit Jenseitsbewohnern möglich. Nicht alle Träume sind Schäume.
(48) vgl. R. Passian, „Neues Licht auf alte Wunder", Kleinjörl 1982, S. 228
(49) Hier haben wir das typische außerkörperliche Erlebnis: Man betrachtet seinen eigenen verlassenen Körper wie etwas Fremdes, man fühlt sich leicht und froh.
(50) Ein hochgebildet klingendes Fremdwort fördert möglicherweise die Glaubwürdigkeit.
(51) Jene Mitmenschen, denen ich meine siebenjährige sowjetische Strafgefangenschaft zu verdanken habe, waren politische Denunzianten. Ich hege keinen Zorn mehr gegen sie. Erfolgt eine politisch motivierte Denunziation in einer Diktatur, so ist dies für die Op-

fer und deren Familien gleichbedeutend mit Verhaftung, Misshandlungen, Hunger, Not und Tod (KZ). In Ländern der „westlichen Wertegemeinschaft" kann man aber auch erfolgreich denunzieren, indem man jemanden als „Neonazi" verunglimpft. Arbeitsplatzverlust ist dann das Nächste, was passiert. Eine Gruppe von „Christen", die mit Ausnahme des Sprechers anonym blieb und denen ich gewiss niemals etwas zuleide tat, beschuldigte mich ebenfalls des Rechtsradikalismus, unter anderem per Rundschreiben an 56 Personen, behördliche Stellen und Zeitungsredaktionen! Damit wurde mir nachhaltiger Schaden zugefügt. Dennoch empfinde ich keine Revanchegelüste und denke im Stillen: *„Es wünsch' mir einer, was er will, dem gebe Gott dreimal so viel!"* Weiterhin trete ich für eine Wiederherstellung der Meinungsfreiheit für alle ein, denn eine Unterbindung derselben widerspricht der Menschenwürde und bedeutet zunehmende Versklavung.

(52) Pressemeldung vom August 2004
(53) Matth. 5,26
(54) B. Staehelin in „Haben und Sein", Zürich 1969, S. 160-165
(55) Wenn man unter „Intellekt" den klügelnden Verstand und unter „Intelligenz" die Vernunft versteht, so würde für die Freud'schen Ideen der Erstere maßgebend sein.
(56) Dr. Anton Brieger in seinem Vorwort zu Carl du Prel, „Die Psyche und das Ewige", Pforzheim 1971, S. 45
(57) Evang. „Deutsches Pfarrerblatt", Nr. 3, Februar 1972
(58) Tages-Anzeiger, Zürich, 24.9.1999
(59) Pressemeldung vom 10.1.1988
(60) Lothar Tirala, „Massenpsychosen der Wissenschaft", Tübingen 1969, S. 104
(61) Pressemitteilung vom 22.10.2005: *„40 Autoren untersuchten die verschlungenen Pfade der Psychoanalyse."* E. M. Thornton bezeichnet in seinem Buch „Die Freud'sche Täuschung" die von Freud mit angezettelte „sexuelle Revolution" als eine steinige Wüste, *„und Sigmund Freud, der Führer ins gelobte Land, war nichts als ein falscher Prophet".* In dem Buch „Tiefenschwindel" nennt Dieter E. Zimmer die Psychoanalyse *„die Freud'sche Fehlleistung des Jahrhunderts"*! Doch schon 1929 gab es warnende Stimmen, wie das Buch von Charles E. Maylan, „Freuds tragischer Komplex".
(62) Zitiert nach Rolf Kaufmann, „Zankapfel Bibel", Zürich 1992
(63) Dr. Michael Schröter-Kunhardt in seinem Beitrag „Das Jenseits in uns" in der Zeitschrift „Psychologie heute", Heft Juni 1993, S. 69
(64) Der schweizerischen evangelisch-reformierten Zeitung „Kirchen-Bote" zufolge (Nr. 4/1996), wurde der deutsche Ausdruck „Wiederkunft" eindeutig falsch übersetzt. Im gleichen Blatt wird zum Stichwort „Himmel" verkündet, im Himmel sei immer nur Gott selbst mit seinen Heerscharen von „guten Geistern". Von der Erde sei nur ein einziger je in den Himmel gekommen: Jesus. Aber: Im NT *wird nicht ein einziges Mal etwas davon gesagt, dass der Mensch je in den Himmel komme".* Weiter: Der Begriff „ewiges Leben" kommt im NT 35 Mal vor *und bezieht sich stets nur auf das Leben in der Gegenwart, aber kein einziges Mal auf ein nach dem natürlichen Tod vorgestelltes Leben".* Und: *„Ewigkeit kommt nur Gott zu, nie dem Menschen. Menschen sind vergängliche, sterbliche Wesen, denen kein Ewigkeitswert zukommt"*!!! O Jesus, Deine Versager!
(65) Drewermann, in der Zeitschrift „GEO", Nr. 12/2000, S. 75
(66) *„Was jetzt die christliche Religion genannt wird, war schon bei den Alten vorhanden und*

fehlte nie seit Anfang des Menschengeschlechts, bis dass Christus ins Fleisch kam. Seitdem fing man an, die wahre Religion, die schon vorhanden war, die christliche zu nennen." („Retractiones", 1,13)

(67) „*Während meiner vielen Kampfjahre habe ich wieder und wieder feststellen müssen, dass es kaum eine fanatischere, hysterischere, grimmiger entschlossene Clique gibt als die Mafiosi des Baugewerbes! Diese Clique stellt keine Denkmäler mehr auf, sie frisst nur noch Boden. Bereits heute können wir den Tag absehen, da fast alles auf unserer kleinen Erde verbaut sein wird, wenn wir ihnen die Suppe nicht sofort versalzen – und all jenen versalzen, die sich an der Zerstörung unserer Landschaften, der Zerstörung unserer Städte beteiligen. Ich meine willfährige, korrupte Behörden, und ich meine jene modernen Architekten, die den Planeten... mit den stereotypen, lebensfeindlichen Ausgeburten ihrer ich-besessenen Gehirne überziehen."* (S. 157 im Franz-Weber-Buch)

(68) Aus einem Gedicht unseres Autors.

(69) Näheres in Masaru Emoto, „Wasserkristalle", KOHA-Verlag

(70) MuSch, 9. Jg., Nr. 15, 18. Man vergleiche hierzu das Erlebnis des Kosaken-Heerführers Poltawetz von Ostranitza in Rudolf Passians Buch „Abschied ohne Wiederkehr?", Reichl-Verlag, St. Goar, S. 101 ff.

(71) Die Fragen stellte Rudolf Passian, übersetzt von Andreas Sommer. Andreas Sommer war Herausgeber von „Human Nature, International Journal of the Study of Spirituality, Psychical Research and Survival of Death" und langjähriger Schriftleiter der Monatshefte „Wegbegleiter".

(72) deutsch: „Trost aus dem Jenseits", Scherz-Verlag, ISBN 3-502-14260-2

(73) International Association for Near-Death Studies (IANDS). In der BRD: netzwerk nahtoderfahrung e.V., Alois Servaty, Borgheeserweg 90, D-46446 Emmerich (Tel. 02822-3375 Fax: 02822-791921) www.netzwerk-nahtoderfahrung.de. Diesen Freunden wünsche ich bei ihrer Tätigkeit weiterhin viel Erfolg!

(74) Wie der aufschlussreiche Bericht über den Gatten von „Frau B." in meinem Buch „Licht und Schatten der Esoterik", S. 15, aufzeigt. Die sich dort manifestierende Wesenheit nannte sich „Dr. Natas". Man lese diesen Namen rückwärts!

(75) Kardec zu Ehren widmete die Brasilianische Post bereits dreimal Sonderbriefmarken. Eine weitere erschien zum Tode des berühmten Schreibmediums Chico Xavier (1910-2002).

(76) In der Parapsychologie nennt man materialisierte Gestalten „Phantome".

(77) Es ist ein beliebter und fast immer erfolgreicher Trick von Vertretern der Dunkelwelten, ihren Opfern den Auserwähltseins-Wahn zu suggerieren.

(78) PsStud 1912, S. 622

(79) Paulus-Verlag, Freiburg/Schweiz, 1960

(80) Zur Klarstellung sei betont, dass ich zwei Diktaturen erlebte und drei Demokratien (die einzige, die diese Bezeichnung (noch) verdient, ist die schweizerische). Meinungsfreiheit, ohne Not und Tod als Folge, ist – neben Gesundheit und Freiheit – eines unserer kostbarsten Güter. Sie gewaltlos zu verteidigen schließt jedweden Hass gegen andere aus. Hier lautet der Grundsatz: „*Was du nicht willst, das man dir tu', das füg' auch keinem andern zu!*" Und: „*Vergeben statt vergelten!*" Jemanden in eine links- oder rechtsextreme Ecke zu schubladisieren, um ihn auszuschalten, zeugt von einer sehr unchristlichen, um nicht zu sagen teuflischen Gesinnung.

(81) Raymond Moody & Paul Perry, „Zusammen im Licht – Was Angehörige mit Sterbenden erleben", Goldmann-Verlag, 2011

(82) Laut Duden-Fremdwörterbuch bedeutet „Empathie" die Bereitschaft und Fähigkeit, sich in die Einstellung anderer Menschen einzufühlen.

(83) In der Schweiz sind Tiere seit 2003 keine „Sachen" mehr.

(84) In der Zeitschrift „Mensch + Tier", Zürich, Winter 1993/94

(85) vgl. P. Tompkins und Chr. Bird, „Das geheime Leben der Pflanzen", Reichl-Verlag

(86) Eines der besten Bücher über die Kommunikation mit Tieren: Emmy Jutzler-Kindermann, „Können Tiere denken?", Reichl-Verlag, St. Goar.

(87) Knaur-Verlag, München, 1995. Man lese auch das aufschlussreiche Kapitel „Naturgeister und Elementseelen" in Rudolf Passian, „Licht und Schatten der Esoterik", Reichl-Verlag, St. Goar, S. 228

(88) Medikamente mit Brom-Substanzen sind giftig.

(89) Delitzsch erzählt im Vorwort zu „Die große Täuschung": *„Ich hörte als junger Student bei einem gefeierten liberalen alttestamentlichen Theologen das Kolleg ‚Alttestamentliche Einleitung' und lernte dort, dass das sogenannte 5. Buch Mose, das Deuteronomium, gar nicht von Moses verfasst sei, obwohl es sich durchweg als von Moses selbst gesprochen, ja, sogar niedergeschrieben bezeugt, dass es vielmehr erst sieben Jahrhunderte später zu einem ganz bestimmten Zweck verfasst worden sei. – Aus einer streng rechtgläubigen lutherischen Familie hervorgegangen, war ich durch das Gehörte, gerade weil es mich überzeugte, tief bewegt und besuchte deshalb noch am gleichen Tage meinen Lehrer in dessen Sprechstunde, wobei mir mit Bezug auf den Ursprung des Deuteronomiums das Wort entschlüpfte: ‚Da ist also das 5. Buch Mosis, was man eine Fälschung nennt?' Die Antwort lautete: ‚Um Gottes willen! Das wird wohl wahr sein, aber so etwas darf man nicht sagen!' Dieses Wort, sonderlich sein ‚Um Gottes willen!' klingt in meinen Ohren fort bis auf den heutigen Tag."*

(90) Augustin musste ebenso wie seinem Gegner, dem Bischof der Manichäer zu Mileve/Nordafrika, bekannt sein, dass die vorhandenen Schriften höchst unsicheren Ursprungs waren. Dieser Bischof hatte nach der Kanonisierung des Neuen Testaments in Nicäa und vor dessen Kanonisierung durch Augustin geäußert: *Jedermann weiß, dass die Evangelien nicht von Christus und auch nicht von den Aposteln geschrieben sind, sondern lange Zeit nachher, von Unbekannten. Diese wussten sehr wohl, dass man ihnen in Dingen, die sie nicht selbst gesehen hatten, keinen Glauben schenken würde, und sie setzten daher vor die Erzählungen die Namen von Aposteln und Jüngern jener Zeit."*

(91) Die verschiedenen Lesarten in den neutestamentlichen Manuskripten werden offiziell auf 50.000 bis 150.000 geschätzt. Im „Buch Emanuel" heißt es hierzu: *„Dass die Evangelien erst lange nach Christi Tod aus den Überlieferungen niedergeschrieben wurden, sollte für euch eher eine Ursache des Trostes als der Trauer sein, denn so erklären sich die Widersprüche, die in ihnen enthalten sind. Und wie herrlich, wie göttlich muss der Geist der Christlehre sein, wenn er – obschon nur halb verstanden, obwohl durch Überlieferung abgeschwächt – noch jetzt als ein Licht, das eine Welt zu durchleuchten vermag, aus den Evangelien hervorstrahlt."*

(92) Vergleiche 1. Mose 1,26: *„Lasset uns Menschen machen."* Sollte „der Herr" zuweilen im Plural majestatis gesprochen haben? – Übrigens wurden nach Vers 27 Mann und Weib zugleich erschaffen, während nach 1. Mose 2,21-22 die Frau erst später aus einer Rippe Adams entstanden sein soll.

(93) Vergleiche hierzu den vermeintlichen „Heiligkeits"-Terminus *kadosch*. Derselbe Stamm des Wortes kadosch, das die „höchste Heiligkeit" bedeutet (2. Mose 26,34), ist zugleich die Bezeichnung für Prostitution (5. Mose 23,18).

(94) Nach Goldberg zeigt sich dies unter anderem darin, dass der Elohim IHWH als der „Elohim chajim" (5. Mose 5,23), das ist der lebendige, in der hiesigen Welt lebende (das bedeutet nämlich althebräisch „chajah") Elohim bezeichnet wird, woher es komme, dass ein Gestorbener und somit nicht mehr in unserer Welt Lebender als Urquell und Prototyp der Unreinheit (abi abot hatumah) gilt (4. Mose 19,14).

(95) kanonisch: Schriften, die von der Kirche als göttlich eingegeben (inspiriert) gelten, speziell die Bibel. Kanonisation: Heiligsprechung, zum Beispiel von gestorbenen Personen, die in den Kanon (in das Verzeichnis) der Heiligen aufgenommen werden.

(96) Beitrag „Die Theologie der Intoleranz" in „Universelle Religion", Nr. 8/1977

(97) Dr. Georg von Langsdorff schrieb 1899: *„Zum dritten Male wurden vor einigen Jahren durch die Engländer sowohl das Alte Testament wie Neue Testament revidiert und vieles Anstößige gestrichen."* Mit Verlaub: Darf man das am „Worte Gottes" so ohne weiteres tun?

(98) unter § 11 seines am 7.4.1840 im „Journal des Débats" abgedruckten Offenen Briefes

(99) vergleiche Homers „Odyssee", X. und XI. Gesang.

(100) Ohne Kenntnis des mehrdeutigen Elohim-Begriffs widerspräche sich 2. Mose 33 im gleichen Kapitel, wenn es in Vers 11 heißt, Moses habe Gott von Angesicht zu Angesicht gesprochen, während doch dieser selbe Gott gemäß Vers 20 (und ähnlich Vers 23) versichert: *„Mein Angesicht kannst du nicht schauen, denn kein Mensch, der mich schaut, bleibt am Leben."* Für einen Moment nur lässt sich die Erscheinung von hinten betrachten. Außerdem preist sie Gott als einen barmherzigen und gnädigen Gott (2. Mose 34,6), also kann es nicht Gott selber gewesen sein. Wenn nach 2. Mose 24,9-10 Moses und Aaron, Nadab und Abihu und siebzig von den Ältesten den Gott Israels schauten, so sahen sie eben den Schutz- und Führergeist ihres Volkes. Realitätsbezogener und somit glaubwürdiger bleibt auf jeden Fall Joh. 1,18: *„Niemand hat Gott je gesehen."*

(101) Friedrich Delitzsch, „Die große Täuschung" Bd. 1, Stuttgart 1921, S. 99

(102) Das Lob der Hausfrau in Spr. 3 1,10ff ist deutlich weit jüngeren Ursprungs, zumal von Schnee die Rede ist.

(103) Zeitweilig beluden auch die christlichen Kirchen ihre Gläubigen mit vielerlei Vorschriften, teils unsinnigster Art und mit Androhung exemplarischer Strafen. Wenn man zum Beispiel eine Hostie, die am Gaumen kleben blieb, mit dem Finger berührte, so galt dies als *„eine so große Sünde, dass man ihm das lebendige Fleisch abschaben muss, womit er's hat berühret"*.

(104) Sklaverei existierte auch bei andersgläubigen Völkern und war unter den afrikanischen Stammesfürsten selbst gang und gäbe, christlicherseits aber wurde sie unter Berufung auf das Alte Testament gerechtfertigt und verteidigt. Papst Eugen IV. (1431-47) war es, der Portugal den Sklavenhandel gestattete, und das erste englische Schiff, das schwarze Menschenfracht nach Amerika brachte, hieß „Jesus".

(105) Nichts gegen die Errichtung von Glaubenszentren anderer Religionen bei uns, aber wäre es nicht weniger als recht und billig, dasselbe Recht auch den Christen in muslimischen Ländern zu gewähren? Der Augsburger katholische Bischof Walter Mixa forder-

te mehr Zurückhaltung bei der Genehmigung islamischer Gotteshäuser in Deutschland. Solange Christen in islamischen Staaten so gut wie keine Daseinsberechtigung haben, würden bei uns auch schlichte muslimische Andachtsräume genügen. Heftige Anfeindungen gegen den Bischof waren die Folge. („Rheinische Post", 27.7.2007)

(106) „Vertraulicher Schweizer Brief" Nr.1237 vom 9.1.2010

(107) Dr. Kurt E. Koch in „Okkultes ABC", ohne Jahrgang, S. 238

(108) Evangelische Kirche Deutschlands

(109) „Kurier der christlichen Mitte", Nr. 4, April 2007

(110) „Tages-Anzeiger", Zürich, 28.9.2006 und 9.10.2007. In Zürich wird für die Belange der Stadt gebetet, gegen Jugendgewalt und Arbeitslosigkeit, für die Lehrer in ihren schwierigen Aufgaben oder die so einflussreichen Medien, *dass sie die Wahrheit sagen und nicht verdrehen"*. Kurz: *„Im Gebet bestürmen wir Gott, dass Jesus in den Menschen unserer Stadt Einzug halten kann."*

(111) Jörgen Bruhn, „Blicke hinter den Horizont", Alsterverlag, Hamburg 2009

(112) Im Buch „Der letzte Papst" (Knaur-Verlag) wird bezüglich des Autors Malachi Martin gesagt, er *„lebt heute in New York"*. Der kath. Zeitschrift „Mystik" zufolge (Herausgeber Claus P. Clausen) starb er *„einen mysteriösen Tod"*. So manches im täglichen Geschehen mag absolut unglaubwürdig anmuten. Doch gerade wegen ihrer Unglaubwürdigkeit entzieht sich die Wahrheit oft dem Erkanntwerden. (Heraklit) Nicht minder unwahrscheinlich: Auf dem Gelände der UNO wurde ein Luzifer-Meditationsraum eingerichtet, beruhend auf dem Gedankengut der Theosophin Alice Ann Bailey. Sie gründete am 11.11.1922 die „Lucifer-Publishing-Company" (Luzifer-Verlagsgesellschaft). 1924 wurde diese Bezeichnung umgeändert in „Lucis Trust".

(113) Sex-Unterricht schon im Kindergarten, Kondomverteilung an Minderjährige (ab 12 Jahren) sowie die auf einem satanischen Experiment beruhende Gender-Ideologie: Volker Zastrow, „Gender, Politische Geschlechtsumwandlung", Manuscriptum-Verlag, 2006

(114) Bereits am 17.5.1979 schrieb Bischof Wojtila, der spätere Papst Johannes Paul II., in einem Schreiben an die Glaubenskongregation in Rom: *„Die Kirche bekräftigt das Leben und Fortbestehen eines geistigen Elementes nach dem Tod, das mit Bewusstsein und Willen ausgestattet ist, so dass das Ich des Menschen fortbesteht. Um dieses Element zu bezeichnen, verwendet die Kirche das Wort ,Seele', welches durch Schrift und Tradition sanktioniert ist."* Prof. Dr. Manfred Müller betont sein Erstaunen, *„dass diese doch so wichtige Aussage, bei Katholiken... unbekannt zu sein scheint"* (in seinem Buch „Ein Leben nach dem Leben? Bekenntnisse eines notorischen Zweiflers", Argo-Verlag 2006, S. 176 und 229). Ob evtl. die zu Schlafmützen umfunktionierten Bischofsmützen und Kardinalshüte schuld daran sein mögen? – Überflüssige Bücher schreibende Bischöfe sollten eben nicht in wohltemperierten und abgeschirmten Baulichkeiten verwahrt werden, sondern fürs Volk etwas Nachhaltiges tun. So wie Bischof Erwin Kräutler, *„ein Bischof zum Anfassen"* aus Altamira / Brasilien, dies vorlebt, und zwar unter Einsatz seines Lebens. Bischof Kräutler erhielt 2011 den Alternativen Nobelpreis. Er gab mir für mein Indianer-Hilfswerk (für den Stamm der Caiapó, 1993 am Rio Xingú) wertvolle Hinweise.

(115) Oder Jeremias 48,10: *„Verflucht sei, wer sein Schwert aufhält, dass es nicht Blut vergieße."* Jesaia 13,16: *„Zerschmettert werden ihre Kinder vor ihren Augen, geplündert ihre Häuser und geschändet ihre Weiber."* Psalm 137,9: *„Wohl dem, der deine jungen Kinder nimmt*

und zerschmettert sie an dem Stein." (Übersetzung Menge: „*Heil dem, der deine Kindlein packt und am Felsen sie zerschmettert.*")

(116) A. v. Harnack, „Marcion, das Evangelium vom fremden Gott", Leipzig 1921, S. 255

(117) I. Finkelstein & N. A. Silberman, „Keine Posaunen vor Jericho", Verlag C. H. Beck, München 2002. Engstirnigen christlichen Fundamentalisten wurde somit gründlich der Wind aus den Segeln genommen; aber Fanatismus macht blind und taub für Vernunft und Wahrheit...

(118) Günther Schwarz, „Worte des Rabbi Jeschu – Eine Wiederherstellung", Verlag Styria, Graz/Wien 2003, S. 17. Rückübersetzungen ins Aramäische versuchten deutsche Forscher schon um die Wende zum 20. Jahrhundert. Ergebnisse der damaligen Grundlagenforschung brachte Matthew Black in seinem Buch „An Aramaic Approach to the Gospels and Acts", welches von Günther Schwarz ins Deutsche übersetzt und unter dem Titel „Sprachliches Urgestein in den Evangelien und in der Apostelgeschichte" herausgegeben wurde.

(119) G. Schwarz, „Wenn die Worte nicht stimmen – Dreißig entstellte Evangelientexte wiederhergestellt", Ukkam-Verlag 1990, S. 37-41

(120) wie (119), S. 84-86

(121) G. Schwarz, „Jetzt hilft nur noch die Wahrheit", Ungedruckt gebliebenes Manuskript, S. 17, für dessen Überlassung ich Frau Marianne Schwarz von Herzen danke.

(122) wie (121), S. 186

(123) In der Präambel heißt es: „*Nach dem Willen des evangelischen Kirchenvolkes ist der Zusammenschluss der Landeskirchen zu einer Deutschen Evang. Kirche vollzogen und in einer Verfassung verbrieft. Mit tiefster Besorgnis hat die Reichsregierung jedoch beobachten müssen, wie später durch den Kampf kirchlicher Gruppen untereinander und gegeneinander, allgemach ein Zustand hereingebrochen ist, der... den Bestand der evang. Kirchen schwersten Gefahren aussetzt. Von dem Willen durchdrungen, einer in sich geordneten Kirche möglichst bald die Regelung ihrer Angelegenheiten selbst überlassen zu können, hat die Reichsregierung ihrer Pflicht als Treuhänder gemäß und in der Erkenntnis, dass diese Aufgabe keiner der kämpfenden Gruppen überlassen werden kann, zur Sicherung des Bestandes der Deutschen Evang. Kirche und zur Herbeiführung einer Ordnung, die der Kirche ermöglicht, in voller Freiheit und Ruhe ihre Glaubens- und Bekenntnisfragen selbst zu regeln, das nachfolgende Gesetz beschlossen, das hiermit verkündet wird.*"

(124) Einige der wichtigsten Arbeiten von Dr. Günther Schwarz: 1986-88 erschienen im Kohlhammer-Verlag die Titel „Jesus, der Menschensohn", „Und Jesus sprach" sowie „Jesus und Judas". Diese Bücher sind vergriffen. „Tod, Auferstehung, Gericht und ewiges Leben", 1988 im G. Emde-Verlag. 1993 „Das Jesus-Evangelium", Ukkam-Verlag. 2003 „Worte des Rabbis Jeschu", Styria-Verlag (vergriffen). 2006 „Glaubwürdiges Credo", Lit-Verlag, Münster. 2011 erschien „Schauungen der Therese Neumann aus Konnersreuth", Mainz-Verlag, Aachen.

(125) Johannes Greber in seiner NT-Übersetzung aus dem Griechischen (Teaneck/USA, 1936) schreibt: „*Sobald aber jene Geisterwelt der Wahrheit gekommen ist...*"

(126) Reichl Verlag, D – St. Goar, 1993

(127) vgl. Joh. 4, 24: „Gott ist ein Geist." Das persönlichkeitsbezogene Wörtchen „ein" ist nur noch in älteren Bibelausgaben zu finden.

(128) E. v. Bergbach: „Geisterkundgebungen", Siegismund, Berlin 1891, S. 45ff.

(129) Entnommen aus R. Passian, „Der Engelreigen", Kapitel „Über die Herkunft von Engeln und Menschen", Reichl-Verlag, St. Goar

(130) In einem Pressebeitrag vom 14.6.1984 heißt es: „*Viele Paare erleben in der Sekunde, in der sie ein Baby zeugen, vor ihren Augen einen hellen Lichtschein, oft so stark, dass es sie erschreckt. Mehr als 30 Personen schilderten dem Prof. Petersen, Hannover, ihre Erlebnisse: ,Obwohl ich die Augen geschlossen hatte, überflutete mich ein Gefühl unbeschreiblicher Helligkeit.' – ,Ich fühlte einen Lichtblitz, der so hell war, dass ich noch nach 24 Stunden alle Farben intensiver sah.'*" Bei Männern trat dieses Phänomen immer gleichzeitig mit dem sexuellen Höhepunkt auf.

(131) „Leben und Familie", Nr. 3-4/2006

(132) vgl. Adelma von Vay, „Die Sphären zwischen der Erde und Sonne", Irmgard Herrmann-Verlag, D-21444 Vierhöfen, 2007, ISBN 978-3-939626-04-6

(133) O. M. Schlemmer, „Woher – Wohin?", Augarten-Verlag, Wien 1935, S. 38

(134) Autor dieses Vergleichs unbekannt

(135) Nr. 3/1.7.1958. Josef Kral (1887-1965) gab zuerst die Zeitschrift „Glaube und Erkenntnis" heraus (vom 15.1.1952 bis einschließlich 1954), danach „Die verborgene Welt". 1965 übernahm Pater Prof. Dr. Dr. Andreas Resch die Zeitschrift, die seit 1967 die Bezeichnung „Grenzgebiete der Wissenschaft" trägt. Prof. Resch ist Gastdozent im Collegio Alfonsiano (Lateran-Universität) in Rom sowie Gründer und Direktor des Instituts für Grenzgebiete der Wissenschaft in Innsbruck (Resch-Verlag, Postfach 8, A-6010 Innsbruck).

(136) Es war auch keine Nahtod-Erfahrung, sondern (meiner Auffassung zufolge) die Umformung in einen höherfrequenten Seinszustand, bewirkt durch meditative Gebetskraft plus der Gegenwart unsichtbarer Helfer.

(137) Auch hier ist wiederum erkennbar, dass Menschen im Koma ansprechbar sind, aber nicht zu reagieren vermögen. Demnach wäre eine Organentnahme bei sogenannten ,Hirntoten' als Verbrechen einzustufen.

(138) Maurice S. Rawlings, „Zur Hölle zurück", Verlag CM Fliß, Harnburg 1996, S. 42

(139) Aquamarin-Verlag (ISBN 3-89427-275-9). Das entscheidende Buch zur Versöhnung des Kirchenchristentums mit der Wiederverkörperungslehre: Niemand wird weiterhin behaupten können, der Reinkarnationsglaube ließe sich im AT oder NT nicht nachweisen. – Siehe auch R. Passian, „Ist ein Leben nicht genug? – Reinkarnation pro und contra." Irmgard Herrmann-Verlag, D-21444 Vierhöfen (ISBN 978-939626-01-5). Das Buch erhielt 1986 den Schweizerpreis für parapsychologische Fachliteratur. Kirchenvater Augustinus schreibt im 1. Buch „Confessiones", im 6. Kapitel: „*War ich aber schon vor jener Zeit (als ich mir selbst bewusst wurde), o mein Gott, an irgend welchem Ort? War ich in irgend welcher Person? – Niemand anderes als Du kann es mir sagen.*"

(140) Friedrich Funcke, „Christentum als Weltanschauung und Lebenskunst", Renatus Verlag 1929, S. 114, 368 und 369

Bildquellen

(1) www.hedayati.eu

(2) Privatarchiv Passian

(3) Privatarchiv Passian

GEHEIMGESELLSCHAFTEN 3

Jan van Helsing

Halten Sie es für möglich, dass ein paar mächtige Organisationen die Geschicke der Menschheit steuern? Jan van Helsing ist es nun gelungen, einen aktiven Hochgradfreimaurer zu einem Interview zu bewegen, in dem dieser detailliert über das verborgene Wirken der weltgrößten Geheimverbindung spricht – aus erster Hand! Dieser Insider informiert uns darüber: Was die Neue Weltordnung darstellt, wie sie aufgebaut wurde und seit wann sie etabliert ist – weshalb die Menschen einen Mikrochip implantiert bekommen – dass die Menschheit massiv dezimiert wird – welche Rolle Luzifer in der Freimaurerei spielt – dass der Mensch niemals vom Affen abstammen kann – welche Rolle die Blutlinie Jesu spielt – dass es eine Art Meuterei in der Freimaurerei gibt und was im Jahr 2012 aus Sicht der Freimaurer auf die Menschheit zukommt.

ISBN 978-3-938656-80-8 • 26,00 Euro

DIE JAHRTAUSENDLÜGE

Jan van Helsing & Stefan Erdmann

Seit Jahrtausenden sind die Menschen von den ägyptischen Pyramiden fasziniert, dem letzten der sieben Weltwunder der Antike. Sie strahlen etwas Mystisches, etwas Magisches und Geheimnisvolles aus, und viele haben sich – so wie Stefan und Jan – in der Großen Pyramide aufgehalten, dort gar die eine oder andere Nacht verbracht und können von eigenartigen Erlebnissen, Visionen oder ganz besonderen Eindrücken berichten. Wie passt das zur gängigen Theorie, dass die Große Pyramide von Gizeh ein Grabmal gewesen sein soll? Oder war sie eine Einweihungsstätte, wie manch Esoteriker es annimmt? Was ist denn an solchen Behauptungen dran, was davon ist bewiesen? Oder war die Große Pyramide etwas ganz anderes?

Durch ein geheimes Zusammentreffen mit einem hochrangigen ägyptischen Diplomaten erfuhren Stefan und Jan von neuen, geheimen Grabungen und einer Entdeckung, welche den Sinn und Zweck der Erbauung der Großen Pyramide in ein ganz neues und gänzlich unerwartetes Licht rückt. In diesem Buch präsentieren die beiden ihre Erkenntnisse und vor allem auch Beweise einer abenteuerlichen Recherche – die moderne Wissenschaft macht's möglich...

ISBN 978-3-938656-30-3 • 19,70 Euro

Johannes Holey

Rote Karte für Krankheits- und Ernährungsschwindler

Der überraschende Beschluss der Regierungsvertreter Nahrungsergänzungs- und Naturheilmittel zu verbieten, jedoch weiterhin z.B. WLAN, das unsere Gehirne regelrecht ,grillt', in allen Ecken und Winkeln zu erlauben, weckt Protest. Stellen Sie sich auch manchmal die Frage, wie man in einem solchen Chaos überhaupt gesund bleiben kann? Johannes Holey deckt in seinem 2. Band »Jetzt reicht's!« erneut eine Menge dreister Schwindel für Sie auf. Wussten Sie beispielsweise, dass man mit System die Familien zerstören will oder dass aus Profitsucht gezielt Krankheiten erfunden werden?

In einer Zeit, in der immer mehr Masken fallen und Lügen Beine kriegen, floriert aber auch gleichzeitig ein noch nie dagewesenes Potential an neuen Unterstützungsmöglichkeiten!

ISBN 978-3-938656-09-9 • 19,70 Euro

Johannes Holey

Wie lange lassen wir uns das noch gefallen?
Lügen in Wirtschaft, Medizin, Ernährung und Religion

Sind Sie der Meinung, dass Sie durch Fernsehen und Presse die Wahrheit erfahren? Dann können Sie sich das Lesen dieses Buches ersparen. Der Autor lässt Sie einen Blick hinter all jene Lügen riskieren, die Ihre Gesundheit, Ihr Leben und das Ihrer Kinder bis aufs Äußerste belasten. Seine Recherche in der alternativen Fachpresse und in weit über hundert Wissenschaftsberich-ten liefert dazu die jeweiligen top-aktuellen Wahrheiten. Dort, wo mächtige Organisationen das Weltgeschehen steuern und die Mainstream-Medien dazu schweigen müssen, suchte und fand er reichlich Aufklärung, auch wenn man darüber teilweise sehr erschrickt.

Johannes Holey demaskiert Lüge um Lüge – von erfundenen Krankheiten, über bewusste Mangelerzeugungen (Vitamin B12, Eisen u.a.), systematische Vergiftungen (Fluor, Übersäuerung u.a.), die lukrativen Ernährungslügen, den Fleisch-, Zucker- und Getränkeschwindel. Die möglichen Krankmacher Mikrowelle, Kunstlicht und Mobilfunk sind mit dabei wie auch das Klimakatastrophen-Märchen und die geplante Währungsreform.

ISBN 978-3-938656-44-0 • 21,00 Euro

HÄNDE WEG VON DIESEM BUCH!

Jan van Helsing

Jan van Helsing

Sie werden sich sicherlich fragen, wieso Sie dieses Buch nicht in die Hand nehmen sollen. Handelt es sich hierbei nur um eine clevere Werbestrategie? Nein, der Rat: **„Hände weg von diesem Buch!"** ist ernst gemeint. Denn nach diesem Buch wird es nicht leicht für Sie sein, so weiterzuleben wie bisher. Heute könnten Sie möglicherweise noch denken: *„Das hatte mir ja keiner gesagt, woher hätte ich denn das auch wissen sollen?"* Heute können Sie vielleicht auch noch meinen, dass Sie als Einzelperson sowieso nichts zu melden haben und nichts verändern können. Nach diesem Buch ist es mit dieser Sichtweise jedoch vorbei! Sollten Sie ein Mensch sein, den Geheimnisse nicht interessieren, der nie den Wunsch nach innerem und äußerem Reichtum verspürt hat, der sich um Erfolg und Gesundheit keine Gedanken macht, dann ist es besser, wenn Sie den gut gemeinten Rat befolgen und Ihre Finger von diesem Buch lassen.

ISBN 978-3-9807106-8-8 • 21,00 Euro

DIE KINDER DES NEUEN JAHRTAUSENDS

Jan van Helsing

Mediale Kinder verändern die Welt!

Der dreizehnjährige Lorenz sieht seinen verstorbenen Großvater, spricht mit ihm und gibt dessen Hinweise aus dem Jenseits an andere weiter. Kevin kommt ins Bett der Eltern gekrochen und erzählt, dass „der große Engel wieder am Bett stand". *Peter ist neun und kann nicht nur die Aura um Lebewesen sehen, sondern auch die Gedanken anderer Menschen lesen. Vladimir liest aus verschlossenen Büchern und sein Bruder Sergej verbiegt Löffel durch Gedankenkraft.*

Ausnahmen, meinen Sie, ein Kind unter tausend, das solche Begabungen hat? Nein, keinesfalls! Wie der Autor in diesem, durch viele Fallbeispiele belebten Buch aufzeigt, schlummern in allen Kindern solche und viele andere Talente, die jedoch überwiegend durch falsche Religions- und Erziehungssysteme, aber auch durch Unachtsamkeit oder fehlende Kenntnis der Eltern übersehen oder gar verdrängt werden. Und das spannendste an dieser Tatsache ist, dass nicht nur die Anzahl der medial geborenen Kinder enorm steigt, sondern sich auch ihre Fähigkeiten verstärken. Was hat es damit auf sich?

Lauschen wir den spannenden und faszinierenden Berichten medialer Kinder aus aller Welt.

ISBN 978-3-9807106-4-0 • 23,30 Euro

WAS SIE NICHT WISSEN SOLLEN!

Michael Morris

Einigen wenigen Familien gehört die gesamte westliche Welt – und nun wollen sie den Rest!

Eine kleine Gruppe von Privatbankiers regiert im Geheimen unsere Welt. Das Ziel dieser Geldelite ist kein Geringeres als die Weltherrschaft, genannt die *Neue Weltordnung*!
Michael Morris erklärt über die Zukunft der Finanz- und Wirtschaftswelt: *„Die Ländergrenzen werden bleiben, aber die Währungsgrenzen fallen! Ich habe in diesem Buch den Fokus auf die Wirtschaft, auf Geld und das Bankwesen gelegt, denn die Mechanismen des Geldes sind der Schlüssel zur Macht dieser Bankiers-Clans. Seit fast zweihundert Jahren sind wir immer wieder auf dieselben Tricks hereingefallen... Jeder Börsencrash war geplant und so ist es auch der nächste – und der kommt sehr bald!"*

ISBN 978-3-938656-13-6 • 21,00 Euro

GEHEIMAKTE BUNDESLADE

Stefan Erdmann

Was wissen Sie über die Bundeslade? War Ihnen bekannt, dass es sich hierbei um den bedeutendsten Kultgegenstand der Juden und Christen handelt? Doch was verbirgt sich in ihr, was genau ist sie? Waren die zehn Gebote darin aufbewahrt? War es eine technische Apparatur oder gar ein Gerät zur Kommunikation mit den Göttern?
Offiziell ist sie nie gefunden worden. Einige Quellen behaupten, sie sei spurlos verschwunden.

Stefan Erdmann enthüllt in diesem Buch erstmals Details über einen geheimnisvollen Fund der Tempelritter im Jahre 1118, den diese aus Jerusalem nach Frankreich brachten und der die Grundlage für ihren unermesslichen Reichtum wurde. Auf seiner Spurensuche traf er sich unter anderem auch mit Vertretern verschiedener Logengemeinschaften und fand erstmals Verbindungen zwischen den Templern, den Freimaurern, den Zisterziensern und der Thule-Gesellschaft. Diese Verknüpfungen waren die Grundlage für geheime militärische wie auch wissenschaftliche Operationen, und es wurde offenbar, dass das Grundlagenwissen für den Bau deutscher Flugscheiben während des Zweiten Weltkriegs wie auch für das US-amerikanische Philadelphia Experiment im Jahre 1943, zum Teil aus Geheimarchiven der Zisterzienser stammte.

ISBN 978-3-9807106-2-6 • 21,00 Euro